U0153468

思想的·睿智的·獨見的

經典名著文庫

學術評議

丘為君　吳惠林　宋鎮照　林玉体　邱燮友
洪漢鼎　孫效智　秦夢群　高明士　高宣揚
張光宇　張炳陽　陳秀蓉　陳思賢　陳清秀
陳鼓應　曾永義　黃光國　黃光雄　黃昆輝
黃政傑　楊維哲　葉海煙　葉國良　廖達琪
劉滄龍　黎建球　盧美貴　薛化元　謝宗林
簡成熙　顏厥安（以姓氏筆畫排序）

策劃　楊榮川

五南圖書出版公司 印行

經典名著文庫

學術評議者簡介（依姓氏筆畫排序）

- 丘為君　美國俄亥俄州立大學歷史研究所博士
- 吳惠林　美國芝加哥大學經濟系訪問研究、臺灣大學經濟系博士
- 宋鎮照　美國佛羅里達大學社會學博士
- 林玉体　美國愛荷華大學哲學博士
- 邱燮友　國立臺灣師範大學國文研究所文學碩士
- 洪漢鼎　德國杜塞爾多夫大學榮譽博士
- 孫效智　德國慕尼黑哲學院哲學博士
- 秦夢群　美國麥迪遜威斯康辛大學博士
- 高明士　日本東京大學歷史學博士
- 高宣揚　巴黎第一大學哲學系博士
- 張光宇　美國加州大學柏克萊校區語言學博士
- 張炳陽　國立臺灣大學哲學研究所博士
- 陳秀蓉　國立臺灣大學理學院心理學研究所臨床心理學組博士
- 陳思賢　美國約翰霍普金斯大學政治學博士
- 陳清秀　美國喬治城大學訪問研究、臺灣大學法學博士
- 陳鼓應　國立臺灣大學哲學研究所
- 曾永義　國家文學博士、中央研究院院士
- 黃光國　美國夏威夷大學社會心理學博士
- 黃光雄　國家教育學博士
- 黃昆輝　美國北科羅拉多州立大學博士
- 黃政傑　美國麥迪遜威斯康辛大學博士
- 楊維哲　美國普林斯頓大學數學博士
- 葉海煙　私立輔仁大學哲學研究所博士
- 葉國良　國立臺灣大學中文所博士
- 廖達琪　美國密西根大學政治學博士
- 劉滄龍　德國柏林洪堡大學哲學博士
- 黎建球　私立輔仁大學哲學研究所博士
- 盧美貴　國立臺灣師範大學教育學博士
- 薛化元　國立臺灣大學歷史學系博士
- 謝宗林　美國聖路易華盛頓大學經濟研究所博士候選人
- 簡成熙　國立高雄師範大學教育研究所博士
- 顏厥安　德國慕尼黑大學法學博士

經典名著文庫052

人口論（下）

托馬斯・羅伯特・馬爾薩斯 著
(Thomas Robert Malthus)
周憲文 譯

經典永恆・名著常在

五十週年的獻禮・「經典名著文庫」出版緣起

總策劃 楊榮川

五南，五十年了。半個世紀，人生旅程的一大半，我們走過來了。不敢說有多大成就，至少沒有凋零。

五南忝爲學術出版的一員，在大專教材、學術專著、知識讀本出版已逾壹萬參仟種之後，面對著當今圖書界媚俗的追逐、淺碟化的內容以及碎片化的資訊圖景當中，我們思索著：邁向百年的未來歷程裡，我們能爲知識界、文化學術界做些什麼？在速食文化的生態下，有什麼值得讓人雋永品味的？

歷代經典・當今名著，經過時間的洗禮，千錘百鍊，流傳至今，光芒耀人；不僅使我們能領悟前人的智慧，同時也增深加廣我們思考的深度與視野。十九世紀唯意志論開創者叔本華，在其〈論閱讀和書籍〉文中指出：「對任何時代所謂的暢銷書要持謹愼的態度。」他覺得讀書應該精挑細選，把時間用來閱讀那些「古今中外的偉大人物的著作」，閱讀那些「站在人類之巔的著作及享受不朽聲譽的人們的作品」。閱讀就要「讀原著」，是他的體悟。他甚至認爲，閱讀經典原著，勝過於親炙教誨。他說：

> 「一個人的著作是這個人的思想菁華。所以，儘管一個人具有偉大的思想能力，但閱讀這個人的著作總會比與這個人的交往獲得更多的內容。就最重要的方面而言，閱讀這些著作的確可以取代，甚至遠遠超過與這個人的近身交往。」

爲什麼？原因正在於這些著作正是他思想的完整呈現，是他所有的思考、研究和學習的結果；而與這個人的交往卻是片斷的、支離的、隨機的。何況，想與之交談，如今時空，只能徒呼負負，空留神往而已。

三十歲就當芝加哥大學校長、四十六歲榮任名譽校長的赫欽斯（Robert M. Hutchins, 1899-1977），是力倡人文教育的大師。「教育要教眞理」，是其名言，強調「經典就是人文教育最佳的方式」。他認爲：

> 「西方學術思想傳遞下來的永恆學識，即那些不因時代變遷而有所減損其價值

的古代經典及現代名著，乃是眞正的文化菁華所在。」

這些經典在一定程度上代表西方文明發展的軌跡，故而他爲大學擬訂了從柏拉圖的《理想國》，以至愛因斯坦的《相對論》，構成著名的「大學百本經典名著課程」。成爲大學通識教育課程的典範。

歷代經典．當今名著，超越了時空，價值永恆。五南跟業界一樣，過去已偶有引進，但都未系統化的完整舖陳。我們決心投入巨資，有計畫的系統梳選，成立「經典名著文庫」，希望收入古今中外思想性的、充滿睿智與獨見的經典、名著，包括：

- 歷經千百年的時間洗禮，依然耀明的著作。遠溯二千三百年前，亞里斯多德的《尼各馬科倫理學》、柏拉圖的《理想國》，還有奧古斯丁的《懺悔錄》。
- 聲震寰宇、澤流遐裔的著作。西方哲學不用說，東方哲學中，我國的孔孟、老莊哲學，古印度毗耶娑（Vyāsa）的《薄伽梵歌》、日本鈴木大拙的《禪與心理分析》，都不缺漏。
- 成就一家之言，獨領風騷之名著。諸如伽森狄（Pierre Gassendi）與笛卡兒論戰的《對笛卡兒沉思錄的詰難》、達爾文（Darwin）的《物種起源》、米塞斯（Mises）的《人的行爲》，以至當今印度獲得諾貝爾經濟學獎阿馬蒂亞．

森（Amartya Sen）的《貧困與饑荒》，及法國當代的哲學家及漢學家余蓮（François Jullien）的《功效論》。

梳選的書目已超過七百種，初期計劃首爲三百種。先從思想性的經典開始，漸次及於專業性的論著。「江山代有才人出，各領風騷數百年」，這是一項理想性的、永續性的巨大出版工程。不在意讀者的眾寡，只考慮它的學術價值，力求完整展現先哲思想的軌跡。雖然不符合商業經營模式的考量，但只要能爲知識界開啓一片智慧之窗，營造一座百花綻放的世界文明公園，任君遨遊、取菁吸蜜、嘉惠學子，於願足矣！

最後，要感謝學界的支持與熱心參與。擔任「學術評議」的專家，義務的提供建言；各書「導讀」的撰寫者，不計代價地導引讀者進入堂奧；而著譯者日以繼夜，伏案疾書，更是辛苦，感謝你們。也期待熱心文化傳承的智者參與耕耘，共同經營這座「世界文明公園」。如能得到廣大讀者的共鳴與滋潤，那麼經典永恆，名著常在。就不是夢想了！

二〇一七年八月一日 於

五南圖書出版公司

導讀

《人口論》由十八世紀的英國政治經濟學者馬爾薩斯（Thomas Robert Malthus, 1766-1834）所著。作者雖已離世超過一百八十年，然而該書迄今仍是人口學的經典。人口學者均認爲《人口論》是該領域舉足輕重的著作，值得讀者溫故知新，透過《人口論》理解馬爾薩斯從其所處的時代，如何看待人口議題及其趨勢。

《人口論》的時代背景是十九世紀的歐洲。馬爾薩斯分析當時英國與歐陸的社會及人口現象，並且提出悲觀的預測。儘管馬爾薩斯的人口預測並未實現，但是無損及其經典地位，特別是我們閱讀《人口論》之際仍能得到啓發，諸如人口成長的警示、社會福利的倡議，還有人口對環境生態與氣候變遷（climate change）的潛在威脅。本書有助於讀者理解馬爾薩斯的人口觀點及其後世影響。

作者生平

馬爾薩斯出生於一七六六年，倫敦郊外的富裕家庭，其父親 Daniel Malthus 是英國經驗主義哲學家休謨（David Hume）與法國自由主義哲學家盧梭（Jean-Jacques Rousseau）

的熱情擁護者。因爲父親認同盧梭的教育理念，所以讓馬爾薩斯在家自學，並於一七八四年進入劍橋大學耶穌學院（Jesus College, Cambridge University）就讀。一七八八年畢業之後擔任英國國教牧師，一七九一年獲頒碩士學位，並於一七九三年成爲耶穌學院教師。一八〇五年，馬爾薩斯獲聘爲英國東印度公司學院（East India Company College）的歷史與政治經濟學教授，擔任東印度公司高階文職人員的訓練工作。馬爾薩斯在一八一九年擔任英國皇家學院（Royal Society）成員，一八二一年加入政治經濟俱樂部（Political Economy Club），再於一八二四年進入皇家文學會（Royal Society of Literature）。一八三四年共同創立了皇家統計學會（Royal Statistical Society）。馬爾薩斯終身從事學術研究直至一八三四年過世。馬爾薩斯出版不少著作，諸如一八二〇年的《政治經濟學原理》（Principles of Political Economy）和其他關於穀物、濟貧與關稅等著作，《人口論》則是影響最爲深遠者。

馬爾薩斯身處於十八世紀末與十九世紀初風雲劇變的時代。十四世紀後的文藝復興（Renaissance）與宗教革命（Protestant Reformation）促成以人爲本的思潮，文藝復興末期，科學革命（Scientific Revolution）伴隨著數學、物理學、天文學與生物學等科學領域的大幅進步，諸如伽利略（Galileo Galilei）支持了日心說（Heliocentrism），與牛頓（Isaac Newton）的牛頓運動定律等，拓展了歐洲人的知識視野，也促成啓蒙運動（Enlightment）的興起，讓當時歐洲人樂觀相信知識的理性發展，將能解決生存問題，促成歐洲社會逐漸朝向現代化的發展歷程。與此同時，歐洲政治制度也面臨重大變革，特別是十七世紀以來英國君主立憲的推動，還有一七八九年的法國大革命，讓當時人類社會與思想同樣處於激盪之中。

社會與思想的激盪、科學進步與工業革命促成人類能否邁向美麗新世界烏托邦（Utopia）的論辯。儘管人文主義、科學研究、工業革命與政治變革帶來進步的曙光，但是一般民眾實際生活仍然艱困。例如，英國中世紀延續下來的圈地運動（Enclousre）讓農民流離失所而湧進都市成爲底層的勞動者。這些勞動者處於極爲惡劣的生活環境，賺取工資難以溫飽。不僅如此，這些底層的勞動者普遍缺乏生育控制的知識，嬰兒死亡率也居高不下，多數這些民眾的平均壽命甚至低於鄉村地區。馬爾薩斯及其父親對於烏托邦能否實踐意見紛歧，其父親對人類社會的發展比較樂觀，認同無政府主義的烏托邦思想，但是馬爾薩斯就自身所觀察的英國社會的前景卻完全不是如此樂觀；理想烏托邦與現實社會有著難以跨越的鴻溝。馬爾薩斯於是將與父親的論辯寫成小冊子，並經由父親鼓勵，以匿名方式出版，也就是本書一七九八年最初的原型。

《人口論》的主要論點

然而，馬爾薩斯不太認同無政府論者及其烏托邦世界觀，也成爲人口論的論述脈絡。

英國無政府論者 William Godwin 在法國大革命期間，於一七九三發表的《政治的正義與倫理對於幸福的影響之研究》（Enquiry concerning Political Justice, and its Influence on General Virtue and Happiness），其認爲完美的人類社會終會來到，理性之人將毋須法律與制度約束，永遠過著富裕和諧的生活。馬爾薩斯在《人口論》序言反駁 William Godwin 與法國哲學家 Nicolas de Condorcet 的觀點，批判科學帶來人類無限進步的虛幻理想，認爲兩位學者只是偏頗反應法國大革命之初的樂觀進步的氛圍，但是人類社會的烏托邦根本不可能實現。馬爾薩斯認爲人口成長速度永遠超過生產糧食的速度，人類社會最終將落入供不應求的困境。爲此，十九世紀的英國歷史學者 Thomas Carlyle 將馬爾薩斯悲觀而負面的經濟論述，將經濟學標籤爲憂鬱的科學（dismal science）。

除此之外，馬爾薩斯也反駁了重商主義（mercantilism）的論點。重商主義的經濟理論盛行在十六世紀到十八世紀之間，其支持國家積極追求富足與強盛，以最大程度掌控所有經濟利益。因此，重商主義強調國家人口規模必須有效擴張，因爲人口規模擴張將有助於海外殖民的管理與軍事需要，同時也有更多人口參與勞動，透過生產與外銷商品替國家賺取更多利益。然而，馬爾薩斯認爲人口增加不會帶來重商主義希冀的經濟效果，反造成社會貧窮的現象每況愈下。

科學革命與科技的發展讓人類努力探究自然與社會定律。伽利略支持的日心說或牛頓的三大運動定律等不斷促成自然科學的典範轉移，建構了科學進步、孕育著人們未來生活的美好憧憬。十八世紀以降，不論是 William Godwin 等無政府主義論者或其他社會科學學者，都希望如同自然科學家般，嘗試掌控人類生活的基本定律，進而促成理想中的完美社會的實現。馬爾薩斯的《人口論》也不例外，其意圖仿照自然科學的邏輯，勾勒人類生活的規律與原則。基本上，《人口論》奠基於「生存」與「繁殖」兩個重要的命提，也就是中國俗諺所謂的「食色性也」。生存是生產糧食，或者是透過勞動換取糧食，糧食是人類生存的必需品；另外則是繁殖以孕育下一代，兩性的情慾與相互吸引都是在試圖繁衍後代。

《人口論》凸顯了殘酷的社會事實，人口與土地成長速度不同。人口若缺乏節制，將以幾何級數增加，馬爾薩斯預估每二十五年會增加一倍，如果以七二法則爲計算的基準，每年人口增加百分之三左右；但是生存所需物資只能以算術級數增加，特別是糧食生產。換言之，繁衍是人類本能，具有無限制的擴張潛力，但是糧食卻受到土地報酬遞減的限制，不可能永無止境的增加，因此糧食生長速度終究追不上人口擴增，馬爾薩斯說道：「在兩世紀之後，人口與生活資料的比數爲二五六對九；三世紀之後，則爲四〇九六對三，二千年之後，這一差額，幾乎無法計算。」當人口與糧食成長失去均衡，就會發生人口過多卻糧食不足的困境，甚至流於貧困、挨餓、犯罪與戰爭等情況，弱勢群體往往承受更嚴重的負面影響，亦即「馬爾薩斯災難」（Malthusian catastrophe）。

《人口論》強調人類生存條件會受到某種程度的障礙。馬爾薩斯認爲人口增加會導致生活資源受限；除非存在有效的障礙（checks），否則人口必然隨著生活資源的增加而擴張；經由窮困（misery）和罪惡（vice）的障礙，可以消彌人口增加超過資源增加的問題，讓人口與資源之間維持平衡。限制人口增加的障礙分爲兩類：一爲積極的障礙（positive checks），又稱爲自然的障礙，諸如天然災害、疫病和戰爭導致死亡率提高之途；二爲預防的障礙（preventive checks），又稱爲人爲的障礙，包括道德的抑制，像是獨身、禁慾和晚婚等降低生育率之途。道德的抑制主要著重在貧窮家庭的狀況，其強調夫妻應該延遲生育，直至彼此能夠負擔生活開銷，養育子女爲止。馬爾薩斯對人口控制並不樂觀，其認爲預防性障礙難以落實。同時，馬爾薩斯的宗教背景，特別是身爲英國國教牧師，馬爾薩斯也不贊成節育。《人口論》除了關注人口與資源的競合，也激發達爾文（Charles Darwin）提出自然汰擇理論（nature selection theory），以及優生學的發展，強制某些族群人口與家庭的生育子女數等措施。

此外，《人口論》花費相當篇幅討論政府政策。例如英國一六〇一年通過的《濟貧法》（Poor Law），該法建立英國初步救濟行政制度與救濟途徑，成爲《人口論》討論對於社會底層民眾的影響。當時英國各地依據《濟貧法》均有對於貧病者提供資助以維持最低生活水準，但是馬爾薩斯反對國家濟貧措施，認爲此舉僅變相鼓勵怠惰，窮人若無濟貧輔助將迫使其更能自立。馬爾薩斯強調根據人口原理，幫助窮人就好比取得新的土地讓人口快速成長，結果只會造成更窮困與罪惡回到人口與資源之間的均衡。

《人口論》的當代影響

《人口論》反應一般民眾或社會底層在無限制生育所帶來的生活困境與災難。從全球人口長期趨勢觀之，《人口論》的預言並未成眞，科技發展與技術的進步，提高了社會一般民眾的生活水準。以英國來說，工業革命以來能源使用與機械研發，農業生產力大幅提升，國家得以養活更多人口；同時，蒸汽機使用與鐵道建設，讓國家內部不同地區均能以更低廉價格取得生活必需品。然則，回顧馬爾薩斯所屬時代，從鄉村移入都市底層民眾的確過著相當困苦的生活，節育知識不足導致生養眾多，營養缺乏復以公共衛生落後導致高嬰兒死亡率與低平均壽命。因此，《人口論》部分反應著當時英國都市底層的生活困境，這樣的困境亦見諸於其他國家工業轉型與發展過程。《人口論》除了關注人口數量的變動，更強調人口與資源之間的均衡，以改善民眾的生活狀況。

《人口論》可以讓我們反思全球不同區域的人口趨勢與政策差異。發達國家基本上會依照人口轉型理論（demographic transition theory）的人口發展趨勢，歷經高出生率／高死亡率、高出生率／低死亡率、低出生率／低死亡率三個階段。十八世紀工業革命以前高死亡率與高出生率並未造成人口大幅增長，反而是工業革命以後，因爲生活水準的提升與交通通訊技術的進步，才改善糧食短缺的問題促成人口高度成長；從全球人口趨勢來看，自有人類社會以來，直至一八〇〇年才出現十億人口，一百三十年後，一九三〇年出現二十億人口，一九六〇年出現三十億人口，一九六〇年到二〇一〇年已增至七十億人口，人類社會人口大幅度的成長在二十世紀才實現。一九七二年，一群麻省理工學院教授組成羅馬俱樂部（Club of Rome），出版了有名的《成長的極限》（The Limits of Growth）一書，重新強調馬爾薩斯的觀點，以簡單的統計模型模擬，推估人口成長趨勢維持不變，世界將在未來某個臨界點崩毀。一九六八年史丹佛大學生物學教授 Paul Ehrlich 也出版了《人口爆炸》（The Population Bomb）一書，同樣強調人口過剩，資源的濫用，將會造成社會動盪，一九八〇年以後，將有數億人口因爲飢荒喪生，任何預防措施都將無效，全球死亡率大幅上升已成定局。因此 Paul Ehrlich 強調全球必須加速人口控制，並且讓糧食大幅增產；但是 Ehrlich《人口爆炸》的悲觀論點均未實現也受到諸多批評。因爲一九七〇年代以後，西方爲主的發達國家因爲經濟發展、避孕技術的創新，對於抑制人口產生相當的作用。

我們目前所處的世界，可以區分爲人口增長貧窮的北半球，和人口增長豐沛的沙哈拉沙漠以南地區國家與社會。人口貧窮的歐洲與東亞國家普遍採取預防的障礙，甚至政府因爲少子化與高齡化，轉而以政策介入的方式鼓勵生育。但是沙哈拉沙漠以南非洲國家多面對積極的障礙，由於生活水準低落、公共衛生匱乏與政治不穩定等因素，讓多子多孫多福氣仍是這些國家民眾生存的主要手段。

然而，人口快速成長與否的主因仍在於生活水準提升與公共衛生改善，因爲死亡率有效控制才是人口成長主因。科技進步與綠色革命固然提升落後地區的生活水準，但是人口成長具有如同物理學中所謂的「慣性」定律，總生育率（Total Fertility Rate）若超過二點一，人口就會繼續增長，當婦女總生育率降回二點一後，人口的增長才會趨緩。根據聯合國統計，全球目前每年約增加八千萬人，人口持續成長仍是嚴峻的挑戰，以目前的人口增加趨勢，全球的人口增長，一直要到二〇五〇年後，才會緩慢減少。從人口變動的歷史紀錄觀之，二十一億到五十億人花費五十年時間，但是從一九九九年六十億人到二〇〇九年七十億人僅花了十年時間。隨著公共衛生進步以及人口「慣性」定律，加上目前十五歲以下人口居於全球多數，未來全球人口將以每年百分之一點一速度增加。全球將達到九十億人，我們要問人口增加是地球宿命嗎？美國洛克菲勒大學人口學者 Joel Cohen 以數學模擬方法，估計未來全球女性的總生育率，依據中推估，二〇五〇年時，全球有九十一億人口，此時全球女性的總生育率已開始下降。若二〇〇五年開始減少零點五個子女，二〇五〇年時，全球將僅有七十七億人口；若二〇〇五年的婦女生育率持平，沒有改變，二〇五〇年時，全球將有一百一十七億的人口。現今全球估計約有兩億女性無法取得避孕裝置，特別是開發中國家女性。人口學者認爲：未來若能強化女性地位、普及女性教育與提升女性勞動參與率等方式，增進女性賦權，特別是開發中國家女性，我們可以預見全球人口將大幅控制。

對於臺灣而言，《人口論》具有歷史與生態雙重意義，值得讀者閱讀。馬爾薩斯在《人口論》中運用許多當時的田野觀察資料，說明不同社會人口障礙的習俗，成爲瞭解當時各地有關人口習慣的重要史料。就歷史意義而言，《人口論》曾提及臺灣西拉雅族關於女性墮胎的奇異風俗。人類學研究認爲當時西拉雅族確有此風俗，此一記載在傳教士甘治士（Rev. Georgius Candidius）在一六二八年所著《臺灣略記》（Discourse ende cort verhael van 't eylant Formosa）提及以按摩強制女性墮胎的習俗。《臺灣略記》記載結婚頭幾年妻子不能生育否則必須墮胎，直到三十五歲至三十七歲才可以開始生育。馬爾薩斯認爲西拉雅族此舉是考量人口壓力，以強制墮胎來控制人口，但是當時居住在平地的西拉雅族的生態環境相當富足，有足夠的糧食與提供蛋白質的野生動物。根據田野研究，維吉尼亞大學人類學者邵式柏教授認爲當時的確有此習俗，但是推論結果並非因爲人口壓力，而是因爲部落禁忌，男勇士與妻子結婚後，制定許多禁忌保護下一代生命，因爲女性從事農業採集，男性以獵頭、狩獵爲主，因此當男性還是部落勇士時，與妻子生產同時發生，勇士與嬰兒的精神連結會對出去征戰、狩獵的勇士產生危險，所以將這些嬰兒殺死直到退出不再擔任勇士爲止。當這些丈夫征戰、狩獵責任退休後，妻子才能開始生育，因此當時可能是勇士不能成爲父親。有興趣讀者可以閱讀《人口論》上冊第八十二頁。換言之，《人口論》間接爲臺灣原住民的生活形態提供歷史史料記載。

目前全球人口持續增長，根據聯合國的估計，二〇五〇年時全球將有大約九十億的人口。就生態意義而言，《人口論》提醒人口與資源競合的困境。我們看到羅馬俱樂部與史丹福大學教授 Paul Ehrlich 教授的末日危機預言，但是地球對於人類與生物的承載到底是多少？人口的持續增加會不會釀成生態災難，人類是否終將面對糧食生產不足與飢荒的危機？知名的丹麥經濟與農業發展學者 Ester Boserup，長年參與聯合國計畫從事於低度開發國家，尤其是印度的農業開發的工作，她認爲「需求是發明之母」，科技的進步增進糧食作物生產，將足夠應付人口成長的需求。儘管 Boserup 站在反對馬爾薩斯的陣營，但是目前的農業作物的生產，眞的能夠應付全球未來的需求嗎？人口學者認爲地球的人口最大負載是一百億人，目前全球農業生產，足以應付未來一百億人口的生存需要。但是每年的穀物生產，僅有百分之三十中人類消費，而其餘的穀物均作爲飼料，生產肉類蛋白質。生產高品質的蛋白質所產生的溫室氣體排放，對於地球暖化有重大的影響。目前全球中產階級的擴大化，有更多的肉類需求，對於地球而言，將是不可承受之重。此外，許多地區的糧食不足問題，是由於政治不安、交通運輸難阻等人爲因素所造成的結果，如何將全球糧食生產合理化，同時顧及分配問題，來應對全球人口成長與環境資源問題，可能是當務之急。

對於臺灣而言，臺灣也屬於人口貧瘠地區。臺灣現今處於少子化與高齡化的挑戰，根據推估將在二〇三〇年成爲全球最老的國家之一。然而，臺灣人口密度也是全球排名最高的國家，能源與糧食自給率也都普遍不足，糧食自給率爲百分之三十，能源自給率則低於百分之五，而臺灣地區的碳排放足跡名列全球第五名，如何面對人口與自然資源間的關係，馬爾薩斯《人口論》所討論之人口成長與土地生產的關係，閱讀本書的讀者，藉由馬爾薩斯的論述，可以揣摩臺灣人口與各種資源，包括土地、糧食與能源之間取得平衡的思考。

值得一提的是，本書的譯者周憲文先生，是一位對於臺灣經濟學界與歷史學界，具有卓越貢獻的學者。周憲文教授畢業於日本京都帝國大學經濟學部，在大陸期間曾擔任許多重要職務；來臺後曾擔任中興大學前身，法商學院院長，以及國立臺灣大學法學院院長及人文研究所所長的職務。周教授的重大貢獻是成立臺灣銀行經濟研究室，從事臺灣經濟研究，與翻譯經典世界經濟名著的工作。馬爾薩斯的人口論也是這些經典翻譯著作之一。周教授翻譯此書期間，適逢家人遭遇病痛，內心煎熬與工作壓力，讓本書的翻譯稿紙遍灑汗水與淚水，令人不捨。周憲文教授於一九八九年過世，留下了眾多的著作與翻譯經典文獻，閱讀此一翻譯的巨作，有令人見賢思齊的感動。

中央研究院社會學研究所研究員　楊文山

譯序

一

由於社會人士的鼓勵與本行當局的支持，本叢書已開始作第三次的推進。這一次，最初決定譯書七種。這七種是：(1)Malthus 的《人口論》，(2)Say 的《經濟學泛論》，(3)List 的《國民經濟學體系》，(4)Mises 的《貨幣與信用原理》，(5)Klein 的《凱恩斯革命》，(6)Kalecki 的《經濟變動的理論》及(7)Schumpeter 的《經濟分析史》。後又增加三種，即(8)Menger 的《國民經濟學綱要》，(9)Gide 的《經濟學原理》及(10)Dorfman 的《線型計劃與經濟分析》。

在這裡，我似有一述個人對於本叢書所持態度的必要。當本叢書計劃進行的時候，我曾就商於一位朋友；他表示這工作十分要緊，但其最後的結論，是帶點告誡口吻的接連三個「需要愼重」。我答覆他：這工作需要愼重，那是不成問題的，但不能因爲需要愼重而就不做。所謂「需要愼重」，說痛快些，就是難得適當的譯者，翻譯怕有錯誤。關於此點，我明白表示與他的見解不同。我認爲：一本理論著作的翻譯，錯誤是在所不免的。試看現代的所謂「先進國家」，它們對於外國的名著，都不止有一種的譯本，而且每種譯本都經過多次的訂正（甚而至於每版都有訂正）；這就是翻譯有錯的公開告白。它們未曾「怕有錯誤」而停住不做。我們出版本叢書，只想做點開路的工作。西諺：「路是人走出來的」；我們不能只見眼前的「康莊大道」，而忘前人的「篳路藍縷」；天下事那有都可「一蹴即幾」的。我們只能就此時此地，盡其在我；我們不能坐待「聖人出現」；這是超現實的。

而且，今天已是二十世紀的後半期，說我們還沒有夠譯這類書籍的人，即使是事實，我也得問：要到什麼時代才會有？其實，我已說過，一本理論書籍的翻譯，要說絕對正確，這是不可能的（雖然有人在我面前說過：他的翻譯是絕對正確的）；即使是最簡單的日常用語 good by，我們譯「再見」；嚴格說來，這是誤譯（按：good by 爲 God be with you 的略稱，不論所謂直譯或意譯，都沒有「再見」的意思）。至於相對的正確，凡有相當修養的譯者，都是可以辦到的；但得有一條件，那就是充分的時間。誰都知道：同樣一本書，同一人用一年時間譯的與用五年時間譯的，它的正確性決非一與五之比。當然，這所謂時間，也絕不是孤立的；假使一個人終日爲生活所苦，他縱有充分的時間，也是不會有理想的結果的。

總而言之，我們做的只是已經落後幾十年的開路工作，我們不存盡善盡美的幻想，我們希望「繼起有人而後來居上」；一本名著，有幾種譯本，那是應該的。

二

我想：世界上知道者最眾、共鳴者最多而反對者最烈的著作，恐無過於 Malthus 的《人口論》（An Essay on the Principles of Population）了。但是，從頭到尾讀過《人口論》的，可能不會太多。不過，至少，凡有現代社會科學常識的人，不僅無不知道這本書，而且無不知道這本書的根本原理，即所謂 Malthusism。至於不知道這本書，而與這本書的根本原理發生共鳴的，那是充滿了世界的任何角落與任何階層。今天那些感覺孩子太多、生活困難而需要節育的，都是所謂新 Malthusism 者（Malthusism 與新 Malthusism 的區別，詳見下文）。但在反對方面，早在十八世紀，就有人對本書絕詞痛罵，說這只是一些淺薄的材料；如果要說著作，那是一本最無聊的著作。

那末，這本書到底講些什麼呢？它的結論十分簡單（任何有價值的著作，都是論證複雜而結論簡單的）。即著者由「食色性也」兩大法則出發，根據各種論證，斷言人口的增加一定超過食物的增加。照著者的說法，人口如無限制，是按幾何級數的比率（即一、二、四、八、一六的比率）增加，而食物的增加，則僅按算術級數的比率（即一、二、三、四、五的比率）。故『在兩世紀之後，人口與生活資料的比數爲二五六對九；三世紀之後，則爲四〇九六對一三；二千年之後，這一差額，幾乎無法計算』。但因人類沒有食物絕對無法生存，所以這種優勢的人口增加力，一定以某種障礙的形式，而被抑制於食物增加率的水準。此所謂某種「障礙」，著者最初說是罪惡與窮困，主要是指戰爭與疾病（見初版《人口論》）；後來加上了「道德的抑制」（moral restraint）①，主要是指延緩結婚。著者並就各種「障礙」的性質，而分為「積極的障礙」與「預防的障礙」；前者主要為罪惡與窮困，後者主要為延緩結婚。這就是《人口論》的精華，也就是通稱之Malthusism。後人再加上了「節制生育」（著者當時還不知道生育是可人為節制的），這就是新Malthusism。

首先，必須指正一點誤解。有人曾以後來的事實，證明人口的增加未必是按幾何級數的，食物的增加也未必是按算術級數的，因謂著者的理論為不可信。這是誤解。蓋著者之所謂幾何級數與算術級數，實在都是為了說明的方便，至多是就著者當時所得的統計數字而言；它的眞正含義，只是說：如無其他障礙，則人口的增加快過食物的增加。

① moral restraint，是謂出於道德觀念的自我約束；指不聽其自然，由罪惡、貧困、疾病、戰爭這類悲慘的方式來抑制人口，乃明白利弊所在，遵從理智判斷，願以克制私欲來實踐人口抑制；而其主要方式則為延緩結婚；本譯書統譯「道德的抑制」，幸勿以詞害意。

三

只就上文所述，原無什麼問題（嚴格說來，我認爲是有問題的；問題就在「如無其他障礙」這一前提；此且不論）。但是，後人拿著者的 the checks to populatoin（對於人口的障礙），理解而成人口限制；情形就完全兩樣。說詳細些，著者的出發點，原只客觀地說：食物不足是人口增加的障礙；而後人則主觀地說：因爲食物不足，故須限制人口。儘管前者自然也認有限制人口的必要，但與後者的含義顯不相同。而事實證明：即使著者主張限制人口，他的動機，也毋寧是較多消極的成分；即其主要目的，是在反對當時那些獎勵生育的議論。尤其是到了新 Malthusism 時代，主張以人爲方法節制生育，以求符合食物的產量；因爲這樣一來，必然會發生下列諸問題。

第一：就時間來說，需要限制人口的，比較之下，將是地廣人稀的太古時代（有人說是亞當、夏娃時代）而非人口眾多而土地俱已相當開發的現代；因在太古時代，雖然到處都是荒原，但因當時生產智識與生產技術的落後，這無補於食物的生產。但是，多少年來，人口大量地增加，人類的生活反而大爲改善。

第二：就空間來說，今天如需限制人口，則比較之下，這不是五穀不分的都市士紳而反是胼手胝足的鄉村農民。假定某國國內發生糧荒而國外糧食又無法接濟，試想首先挨餓的到底是哪些人？如果國外糧食雖可接濟而仍有部分人民必須挨餓，則尤其如此。

第三：Malthus之所謂人口與食物問題，原就全世界而言，而在世界被分爲許多國家的時代，自然也可應用於各國；但總不能應用於國內的某一地區（不論省區或市區）。如以國內地區而論，則都市人口麇集而不產粒米，這卻未聞成爲需要限制人口（指節制生育）的理由。

第四：人們直接吃的固然是食物，但在今天這一貨幣經濟與交通經濟時代，就一國家來說，毋寧說人們吃的是一國的購買力或生產力；除非像在戰時，對外交通斷絕（這已在問題的範圍以外），平時只要有充分的購買力或生產力，就不愁沒有充分的食物（如果世界食物不足，挨餓的是購買力不足的人）。假定現有某一國家，其全部農地完全變爲工廠廠基，國內不產粒米；此時，這一國家的農業與農民儘管是沒有了，但其人口的養活能力，顯然只有大量增加，決不因而絕滅。

國家如此，個人尤然。今天每個人所注意的，乃是本身購買力的有無與多少而非市上糧食的有無與多少，至少絕非本國糧食生產的有無與多少。假使你執某人而對之曰：現在國家產米不多，請你少生一個孩子，請問他會有怎樣的感想？同樣的道理，東南亞那些經濟落後地區，雖其產米極爲豐富，但不成爲可以大量增加人口的理由。

第五：「窮人多產」，這似有生物學的根據②，所以由於社會的進步與生活的改善，人口增殖力自有減少的趨向；而同時文化的發展與環境的轉換，也使人類自動地（不是由於糧食的壓迫）改變其「多子多福」的傳統觀念，所以結婚勢必延遲，人口的出生率勢必減低。目前世界人口的急速增加，毋寧是由於醫藥的進步與衛生的改善，使人類的生存率大爲提高（特別是嬰兒），使人類的壽命大爲延長。其次，著者認爲對於人口增加的另一障礙，即由於戰爭的死亡，也因文明的進步而日益減少（儘管武器的殺傷力日益兇猛），而且，瞻望前途，和平而無戰爭的世界，當非幻想（至少，我們應以此爲努力的目標）。

第六：過去，我不研究人口問題；今後，我也不打算研究人口問題。現在，我譯《人口論》，這只由於偶然的原因（詳見下文）；因此，我不怕說「外行話」，貽笑方家。Malthus 說「人口的增殖快過糧食的增殖」（且不說前者是幾何級數的，後者是算術級數的）。但是，在我想來，不論動植物，它的增殖，總該是低級的快過高級的。以人口與糧食對比，這應是糧食的增殖快過人口的增殖，而非人口快過糧食。而且，自有生民以來，幾千

---

② 有位先生告訴我，所謂「窮人多產」，『既無科學根據，而且流弊極大』。我乃請教我所認識的某生物學家，他說這是確有根據的。不過，這在此處，並不重要（我原打算把它刪去）；此處的主要意義，只是說：由於社會的進步與文化的發展，結婚勢必延遲，人口的出生率勢必減低。

萬年，人的生長，「十月懷胎」，雖有現代的科學，也未能使其生長的時間縮短，今後也無此可能；至於糧食的生長，則現代科學不僅已使其生長的時間縮短，而且已使其「單位面積的產量」大爲增加，今後還有此可能。我絕不否認：古代（與現代對稱）糧食有欠充足，妨礙一般人民的生存，但這原因是另有所在。（只有一點，那就是說：人口與糧食都生長在地面上，而地面有限，人口愈增加，所占的地面愈多，勢必至糧食生長所需的地面愈少，終使「糧食」日益落在「人口」之後。但是，即使有此可能，這也不是過去與現在的事情；它的實現（假使實現）也將在遙遠的未來；所以，這與本書所討論的問題，毫不相干。）

第七：那麼，它的原因究竟何在呢？這不是這篇「譯序」所當討論的。不過，《人口論》裡有節文字，似與這一原因有關，不妨引述。Malthus 說：『據 Park 的報導，在非洲還有許多肥沃的耕地；所以也許有人以爲：饑饉的原因是在人口的缺乏。但是，如其果然，則如此大量的人口，每年向外國輸出（按：指當時非洲的大量人口向外輸出爲奴隸而言），這理由是無法想像的。黑人眞正缺乏的，確是財產的安全與勤勉（勤勉一般是跟著財產的安全而來的）；如果少此兩者，則人口的增加，只有使窮困深刻化。如果爲了填滿似乎人煙稀薄的地方，而給以巨額的生育獎勵金，則其結果，恐怕只是戰亂的頻發、奴隸輸出的增加及貧困的加重；眞正的人口增加是幾乎或完全難以希望的』。這確是當年的實在情形；但問題是在：Malthus 肯定了非洲缺乏「財產的安全」而反對增加人口；這猶肯定了掠奪的存在，而謂「漫藏誨盜」，反對積蓄。因像當時的情形，一方面既有大量的沃土未能耕種，而同時則又有不少的人民不能生活，這顯然不是什麼人口增殖快過糧食增加的問題，更不能由此而得出需要限制人口的結論。這一定是有些什麼阻礙了「人未能盡其力、地未能盡其利」；而 Malthus 之所謂「缺乏財產的安全」，只其一端而已。但即就此一端而言，我們應有的主張與措施，也毋寧是力求「財產的安全」，而使人口得以增殖、土地得以耕種、糧食得以增產。此後非洲的發展，也確實是走這一條路。

據上所述，似乎我是反對節制生育的，其實不然；至少到了今天，我是傾向於節制生育的。而且，不論科學如何發達，縱使人類已可依賴化學糧食而生活（這是大有可能的），根本已無 Malthus 之所謂「糧食不足」，我也不甚了解儘量促使人口增加，除非還有廣大的國土急需人力開發，這到底有何必要（這在過去是有必要的）。我既不只因本國糧食不足而主張節制人口，更不只因本國糧食充足而主張獎勵人口。固然，人不能沒有飯吃；但是，人不能只要有飯吃。此人之所以爲人，此人之所以爲萬物之靈。

總而言之，我的意思，人口問題，這與其由一國的糧食生產量來衡量，毋寧應以一國的生產力爲標準；這與其由個人的經濟出發，毋寧應就國民的健康著想（如果節制生育完全由個人的經濟出發，這將成爲窮人特有的義務）。因此，這就變成了國民優生的問題。換句話說，今後人口問題的眞正焦點，與其說在「量的節育」，毋寧說在「質的優生」。「質的優生」如能達到，「量的節育」聯帶完成。不過，國民優生的實現，亦得要有一定的社會條件，絕不像過去那些優生學者所幻想的這樣容易推行。因爲：一方面，優生的本質，原是科學的結晶；而同時，優生的實行，則須有民主的前提。沒有科學，根本無從知道優劣；沒有民主，就是知道了優劣，也無從實行。現在舉個近似（只是近似）的例子。在「以家爲主」之迷信的、宗法的社會，「不孝有三，無後爲大」，只是爲了「上墳祭掃」，也得有個「不肖兒孫」，誰又願意爲了國民的優生而絕後。我所以說這只是一個「近似的例子」，乃有種種理由，此處不擬申述，其中之一，就是目前生育的作用，除了「傳後」以外，還有「防老」的意義；故在防老的問題未得解決以前，優生仍是不易澈底推行的。然則如何可以解決防老的問題呢？這自有待於民生主義的澈底實現；務必達到「人不獨親其親，不獨子其子，使老有所終，壯有所用，幼有所長，鰥寡孤獨廢疾者，皆有所養」的地步而後可。（說通俗些，民族、民權、民生的三民主義是不可分割的，而且都須以科學爲基礎。）

四

接著，得介紹一下著者的經歷與本書的背景。

著者 Thomas Robert Malthus，一七六六年二月十四日③生於倫敦附近 Surrey 地方

---

③ 關於著者的生日，一說二月十七日，一說二月二十七日；二月十四日，是根據 Malthus 的墓碑的，比較可

的 Rookery 山莊；父名 Daniel Malthus，是一富有教養的紳士。著者幼年，按照英國上流社會的習慣，受教於家庭教師；一七八四年入劍橋大學，習哲學與神學；一七八八年，以優等成績卒業。此後幾年間，在其父親身邊，繼續研究。一七九七年，充任英國教會的牧師，主持 Surrey 地方的一小教區。本年，其最初著作《危機》（Crisis）成，因反對當時英國總理 Pitt 的政策，爲其父親所扼而未印行。翌年，即一七九八年，初版《人口論》問世；時，著者三十二歲。從一七九九年至一八〇二年，遊歷歐洲大陸。一八〇三年，二版《人口論》問世，分量比較初版約增四倍。一八〇五年與 Harriet 結婚；同年，受聘於東印度學校。該校設在倫敦附近的 Haileybury 地方，是東印度公司的職員養成所。此後三十年間，連續擔任歷史與經濟學的課程。他於教課之餘，經常從事《人口論》的訂正與增補；此外，並於一八一四年著《穀物關稅論》，一八一五年著《地租論》，一八一七年著《救貧法論》，一八二〇年著《經濟學原理》，一八二七年著《經濟學諸定義》；在經濟學上，貢獻甚大。一八二一年，他與 Ricardo 及 J. Mill 等組織經濟學會，又於一八三四年發起統計學

靠。但 J. M. Keynes 於一九三三年，出版《傳記論集》（Essays in Biography），說著者的生日是二月十二日，他是以當年 Wotton 教區的出生登記簿爲根據的。

會；同年十二月二十九日去世④，享年六十八；遺體葬在 Bath Abbey。

著者成長的時代，正是英國產業革命的時代。各種機械，相繼發明；利用這些機械的工場工業，逐漸取代了老式的手工業；勞資的對立，愈益顯著。被工場工業所驅逐的小手工業者與因農業資本主義化而失去土地的農民們，陸續加入了工資勞動者的陣營。同時，當時歐洲戰亂相尋。而且，英國又常爲饑荒所苦；英國人民，生活艱窘。食物的價格，一再上升；但是一般的工資，反因人浮於事而趨下降。爲了救濟窮苦的工人，政府雖曾推行救貧法（Poor Laws），但未有何效果。當時英國，充滿了失業、貧窮、疾病與所謂穀物騷動。在這樣不安的社會，而『富國強兵首須增加人口』的重商主義思想猶有強大的力量；不但是英國，幾乎任何國家，無不爲了充實軍備與充實工場而獎勵人口。著者的《人口論》，可說就在這種社會背景之下產生的。雖然是有這種社會背景，但使著者執筆寫《人口論》的直接動機，還是 Godwin 與 Condorcet 的無政府主義。這情形，在本書第二版的序文上有所記載。而 Godwin 與 Condorcet 的思想，結局也不外乎當時社會環境的反映。Godwin 在一七九三年發表《政治的正義與倫理對於幸福的影響之研究》，又在一七九七年發表《研究

④ 見 Malthus 的墓碑。大英百科辭典（一四版）及其他許多辭書，都說著者死於十二月二十三日；這可能是輾轉抄引，都未見有何根據。

錄》，在當時的思想界，引起了非常的反響。他在這些著作上強調人類及社會的完整性，而力謂：完全自由平等的社會是可實現的。他受 Locke 與 Hume 經驗論的影響，認爲人類的理念，不外乎外界印象的產物。他以此爲前提，認爲：社會的環境與制度，如加改革，則一切罪惡與貧窮都可消除；人類社會可以達到完整的狀態。他主張：理性的力量是萬能的，這種改革必須訴諸理性，而且可以訴諸理性。又照 Godwin 的說法，可以規律人類行動的，只有正義。所謂正義，這是爲社會全體的幸福而努力。正義的觀念，必然要求財產的平等。有人生而擁有巨富，有人努力工作而仍不免於饑餓，這是正義的觀念所不許的。因此，人類如果根據正義而行動，就無貧富的不均；各人每天做一半時間的工作，就可自由生活。社會到了這種地步，各人的肉體乃爲其精神所支配，可以繼續永久的生存。

Condorcet 在一七九四年出版《人類精神的發達》，提倡人壽無限說，謂因理性的發達與科學的進步，人類的物質幸福跟著增加，終可長生不老⑤。

---

⑤ 有位先生告訴我，Condorcet 似乎沒有說過「長生不老」的話。我手頭沒有 Condorcet 的著作可以查證；但是，根據我所有的一些間接資料，這確是不錯的。我的想法：Condorcet 之所謂「長生不老」與 Godwin 之所謂「可以繼續永久的生存」，都不是眞正「不死」之意，而只是一種樂觀的空想；這是當時一般無政府主義者的共同理念，似可解釋爲康樂長壽。其實，這在本書，著者已有明白的解釋與嚴正的批評，是絕對不容誤解與懷疑的。

要之，Godwin 與 Condorcet 都是極樂天地描繪理想的社會。這是「黑暗時希望光明」。當時的社會，正如前述，極其暗澹。而且，這一時代，是近世科學勃興的時代。因此，他們空想：由於科學的發達，可以少量的勞動生產大量的生活資料，而出現地上的樂園。所以，這種樂觀說，得到不少的共鳴者；這不是無理的。

著者在初版《人口論》的序文上，曾謂：『這一論文，原是對於 Godwin 先生論文的主題、即就他在《研究錄》中所說貪慾與浪費，我與一朋友的談話』。這所謂「一朋友」，就是他的父親。他的父親接受 Godwin 的思想，他則反對；兩者的爭論，成了他寫《人口論》的動機。因此，初版的議論，自然對於 Godwin 等，大事攻擊。一八〇三年出版的二版《人口論》，不論內容與外形，都面目一新。初版是匿名的，二版始行署名；字數也增加五倍。《人口論》在著者生前，共出六版；每次都有訂正，但以初版與二版相差最大。本譯書是根據第六版翻譯的。

本譯書所附有關著者的八張照片，是我在多種日文書籍上找到的；孫震兄曾為此事，在美國花去不少時間；他寄來著者的遺像，因我已有，沒有用上；特此道謝，並示歉意。

五

我在拙譯 J. S. Mill《經濟學原理》的譯序上，曾謂：『這幾年來，我竟不自量力，從事這一工作（按：指翻譯工作），我有時感到很大的樂趣，但也有時感到無限的煩惱。……今後我不打算再做這種工作；我一手造成的「臺灣文獻叢刊」，歷盡艱苦，已可初步結束，我有意於利用這些文獻，寫些有關臺灣社會史方面的東西。我想以此書告別譯壇』。從本年開始，我確實朝此方面進行；我集中有關資料，每天在做摘記，費時近三閱月，還未整理出一個眉目，而霹靂一聲，家人病發，且係惡疾。我因心緒惡劣，這一工作就停止下來；但是，爲了鎮定神經，排遣苦惱，不得不找點事做；因在書架上找了一本已經破爛的舊書，是一九二七年出版神永文三譯的 Malthus《人口論》（第六版）。我原沒有譯完的計劃，更沒有出版的打算。

在譯完兩篇（已逾一半）的時候，黃晉福兄始由東京寄我一九四一年第二版寺尾琢磨的譯本。比照之下，後者高明多了，因就改據寺尾本翻譯。（《人口論》在日本翻譯的情形，我不甚清楚；但據所知，六版《人口論》的譯本，計有(1)寺尾琢磨與伊藤秀一的合譯本、(2)神永文三譯本、(3)鈴木政孝譯本、(4)佐久間原譯本、(5)松本信夫譯本、(6)寺尾琢磨的改譯本、(7)吉田秀夫譯本及(8)大島清、兵頭次郎的合譯本。初版《人口論》，則有(1)谷口吉彥譯本、(2)高野岩三、大內兵衛的合譯本、(3)大內兵衛的改譯本及(4)吉田秀夫、佐藤昇的合譯本）。因爲這一寺尾本不僅是譯者與伊藤共譯本的完全改譯，而且譯者在改譯的時候，除參考神永與松本兩譯本外，還參考了 Valen-tine Dorn 的德譯本與 Pierre et Guillaume Prévost 的法譯本。但我發現：也有寺尾本不如神永本正確的地方，足見翻譯之難）。

舉例來說：第三章原題「Of the Checks to Populaton in the Lowest Stage of Human Society」，神永本譯『論在人類社會最低階段的人口限制』，而寺尾本則譯『論在人類社會最低階段對於人口的障礙』，雖然文字此較冗長，意義正確多了。

同樣正確的翻譯，由於各人的譯筆不同，措詞造句，必然兩樣（我有這樣的感覺，即使是同一人的翻譯，昨天譯的與今天譯的，也不會完全一樣的）。所以，我在譯完本書以後，乃將前兩篇（根據神永本的），澈底改譯一遍，所費時間，多於重譯（我的文稿，從不起草，此番卻煩陳招治、李彩雲、郭孝翼諸同事代爲謄正）。後來，爲了準備出版，始找一九六〇年出版的英文本，對照改正一遍，並於認爲必要的地方，註出原文；自然，我已精疲力竭，再無根據英文本從頭重譯的勇氣了（英文本只有第二版序文，故本譯書第五版序文、第六版緒言、附錄一及附錄二，都是根據寺尾本的。這兩附錄，它的內容，全是Malthus與別人辯論或答覆別人的。因我沒有看到「別人」的文字，說實在的，有些地方，我沒有澈底了解；我的翻譯，只是「依樣葫蘆」而已。我爲了「藏拙」，也爲免「遺害」，曾經多次打算把它略去；而結果終於譯出，而且刊出；因我認爲：這兩附錄，如不趁此時期譯出、刊出，可能將永無機會與國人見面；儘管譯文定多錯誤，但以此供讀者參考、請方家指正，這也是必要的）。

至於翻譯的體例，與拙譯Smith《國富論》上冊及Mill《經濟學原理》一樣，已詳見兩書的譯序，茲不復贅；但有一點，爲了讀者的方便，轉錄如下。

『本譯書有些文句，附有原文。這(1)或因那些文句，過分歐化（換句話說，就純中文的眼光看來，有點彆扭），附之，以便讀者的對照。試舉一簡短的例子。原文『……（河流）……always convey off a given quantity』，我譯「常是運走一定量」；再讀一遍，不僅生硬，且似不適；因查日譯本，其中之一是譯「常是運走一定量的水」，這就十分明白了。不過，仔細想想，原文並無水字（加之固亦無妨），且 quantity 顯爲名詞，加「水」就成形容詞；原譯生硬則有之，不通則未必；生硬是習慣的問題，我因維持原譯，而於其後附註原文。我的意思，我們既然閱讀西人的著作，就得多少培養一點對西人寫作習慣的了解。一本理論書籍的翻譯，定要使它完全漢化而又不失原意，這是不可能的。(2)或是爲了遷就中文，而對原著語意，微有出入。(3)或因有些文句，有點難懂；我深怕拙譯未能達意（甚或誤譯），附之，以利高明的指正。總而言之，這些都是本譯書的缺點所在（我已意識到的）。我認爲：缺點的自我暴露，這是進步的必要條件；我們要有認錯的精神，我們得提倡這種精神。有位朋友說：不過，你這樣做，容易給人以「斷章取義、吹毛求疵」的機會；我說：「斷章取義」，對我無害；「吹毛求疵」，於事有益』。

本譯書初稿的完成，全在家人病痛期內；翻譯之時，或在午夜，或在清晨，或神志清明，或精神恍惚；原稿紙上，淚痕斑斕；『思澄』、『念台』，情何以堪！天昏地暗，慘絕人寰。所以本譯書將是我用力最勤、用心最苦而結果最差的。

不知怎的，近來忽常記起兩句聯語（但記不起它的來歷）：『世事洞明皆學問，人情練達即文章』。豈非上蒼示意：莫再災梨禍棗、浪擲辰光！

周憲文 於惜餘書室

第二版序文

我在一七九八年出版《人口論》（the Essay on the Principle of Population），像在其序文上所說的，這是因在 Godwin 先生的《研究錄》（Mr.Godwin's Inquirer）中的一文，得到了暗示。這是由於一時的高興，而且根據當時我在鄉間所能利用的有限材料所寫的。在演繹（deduce）「形成上述論文要旨」的一項原則時，我所利用的著作的著者，只是 Hume、Wallace、Adam Smith 及 Price 博士而已；而且，我的目的，是在應用該原則；也就是，試探看：當時已很引起世人注意之有關人類及社會完全性（perfectibility of man and society）的思索是否眞實。

在進行此議論的期間，我自然而然就上述原則對於現存社會狀態的影響，加以若干考察。該原則似乎可以說明：在各國下層階級間所能看到的貧困與艱難（poverty and misery）大部分的原因所在，以及上流階級對於他們的救濟努力何以一再失敗。我由此見地考察此項問題愈深，該問題亦愈增加其重要性。這一念頭，乃與此論文所引起世人注意之深，使我於讀書之餘（leisure reading），趨向於人口原則對於過去及現在社會狀態所有影響作一番歷史的考察。因我以爲：一方面對本問題作更廣泛地例證，同時由此引伸出：如果應用到實際情況上時，可能經驗會證明一些妥當的推論；而其結果，或許對該（人口）原則可以提供比目前更切實而且更長久的關心。

在進行這種研究的時候，我始發現：在我初次發表《人口論》之前，先人對此問題已有不少論述，其分量之多，遠超過我當時所知道的。由過速的人口增加所生的貧困與艱難，遠在 Plato 及 Aristotle 的時代，已被明白見到，甚至已被提出極爲激烈的匡正方法。而且，到了近年，部分法國經濟學者，有時 Montesquieu，又在英國的著述家間，則有 Franklin 博士、James Stewart 爵士、Arthur Young 先生及 Townsend 先生們，都大大討論這一問題；因此，這一問題何以未經引起世人的更大注意，卻是出人意外的。

但是，許多工作，仍尚未做。人口增加率與食物增加率的比較，恐還沒有充分有力而正確的記述，這且不說；而人口問題之最特殊而有趣味的某部分，或則全被忽略，或則僅論其一端。人口必然會被抑止在生活資料的水準以內，這雖已有明白的記述；但對如何抑止在這種水準以內的各種方式，則幾乎無何研究。而且，人口原則既從未被充分追究到其最後結論（consequences），也從未由此引伸出（draw）已經嚴密研究該人口原則對社會影響以後而自然會想到的一些實際有效的推論。

所以，這些都是我在本書講得最詳細的。就現在的體裁，本書可以說是新著；我原可以略去由初版轉載的極少部分，而以此作爲新著出版。我沒有這樣做，畢竟因我希望本書自身具備完整的形態，而無參照初版的必要。這一點對於初版的購讀者，我相信沒有特別辯解的必要。

已經理解這一問題的人們，或熟讀初版而已明白了解這一問題的人們，我深恐他們也許認爲：我有些部分，所論過詳，還似犯了不必要的重複。這些缺點的發生，一部分是由於生疏，一部分是由於故意。在由許多不同國家的社會狀態伸引出同種推論的時候，我發現：某種程度的重複，是極難避免的。而且，在此研究之內，對於與我們平常想法不同的結論部分，唯恐不容易使讀者信服，故我以爲；必須在各種時候與各種地方，使讀者時常想起這些（按：指與我們平常想法不同的結論部分）。我寧願儘量以對更多的讀者給與印象爲主，而不惜犧牲文字的修飾。

此處提出的主題原則，卻是全無議論餘地的；因此，如果我的所述，止於概論的範圍，那末，我可以「難攻不落」的要塞，衛護自己的四周。而且，如以這種體裁，本書必可具備更爲權威的氣派（would probably have had a much more masterly air）。但是，這種籠統概括的論述，即使可以宣揚抽象眞理，但對社會國家幾乎沒有促進任何實際益處的可能。而且，由此問題必然產生的一切結論（不論是那一種結論），如有其一，我拒加考察，那就不能說：我對此問題，已有充分詳盡的處理，或已有公平的討論。但是，我也知道：因爲採取了這種充分詳盡的方針，已給人以許多反駁（而且恐怕是許多酷評）的機會。不過，即使我自有錯誤，這種錯誤，也可成爲對於議論的導火線，對於研究的新刺戟；這對與社會的幸福如此密切相關的問題，喚起更廣泛的注意——因其對於這一重大的目的，能有貢獻，故我自引以爲慰。

本書全體，在原則上，我已大大改正初版的見解；對於人口，在罪惡與窮困以外，我承認了另一障礙的作用。又在後半，我會努力和緩初版極激烈的部分結論。因此，我注意到：不使違反正當推理的原則，同時，對於社會改善的臆測，我努力不說根據過去的經驗而無法斷言的見解。對於人口的任何障礙，此較救濟這種障礙的弊害更壞……對於迄今仍有這種想法的人們，初版的結論，依然有其全幅的力量。但是，如果我們採取這種見解，那只有承認：瀰漫於社會下層階級間的貧乏與窮困是完全無法治療的。

我已儘量使本書所載的事實及計算，不犯些須的誤謬。但是，萬一即使其中某部分仍有誤謬，讀者也可承認：這些對於本書整個論旨（general scope of the reasoning），沒有太大的影響。

在例證論點的第一段時，自然而然會想到很多材料，我既不敢說已選擇其最好的，我也不敢說我已將這些材料處理得極得法，使讀者一目了然。對於關心道德及政治問題的人們，我希望論點的新鮮與重要，能補救在這論述上的一些不完全（I hope the novelty and importance of the subject will compensate the imperfections of its execution）。

一八〇三年六月八日　於倫敦

第五版序文

本書最初的出版，是在廣泛的戰爭，由於特殊的事情，與最繁榮的對外商業相結合的時代。所以，本書在公眾之前出現的時候，是對人口具有異常的需要，因此，幾乎無法想像：由人口過剩可以發生某些弊害。在如此不利的事情之下，本書所得的成功，那是意外的。所以，由此推想，如在「最明白地例證人口原則，而確認其結論」的另一時代，本書的趣味是不會喪失的。

即此問題，具有永久的趣味，且因它的性質，可以促使今後世人對此的注意，所以，我有義務：按照此後的經驗及報導，訂正已知其爲誤謬的地方，同時，加以增補與變更，改進本書的面目，以資推進其效果。

本書第一部歷史的例證，大予增加，這當容易。但如前述，因爲確定每一障礙破壞自然增殖力的如何部分，這確是不可能獲得充分正確的報導，故我認爲：我由已有各種甚爲豐富的實例所得的結論，即使再加上與此完全不同種類的實例，它的力量，也不能因而大爲增加。

因此，在開頭的二篇，僅只新加法國及英格蘭各一章。這些增加，主要是與第四版以後所發生的事實有關。

在第三篇「論救貧法」，我新加了一章。而且，關於「農商業制度」章及關於「財富增加對於貧民的影響」章，或則認爲排列有欠適當，或則認爲難以直接適用於主題；又，開於「輸出獎勵金」章，想有所改正；關於「輸入禁止」章，想有所增加；所以此版的第八、九、十、十一、十二及十三各章，完全易稿；又，同篇最後的第十四章，給與新的題名，而且增加了二、三節。

在第四篇，新加了題爲「關於貧困主要原因的知識對於政治自由的影響」及「改善貧民境遇的各種計劃」各一章。此外，我在附錄上，頗有增補；關於人口原則，對自本書第四版出版以後發表意見的若干論者，有所答辯。

這些是此第五版的主要改訂與增補。這些，在相當的程度，是由對事物現狀適用本書一般原則而形成的。

爲求舊版購讀者的方便，這些增補與改正，以另冊發行。

一八一七年六月七日　於東印度學院

第六版緒言

本版的增補，主要是由一八一七年本書第五版刊行以後的若干文書及推論而成；這些文書及推論，是關於出生、死亡及婚姻的新調查及新登記簿所發表的各國人口狀態的。這些，主要是關於英格蘭、法國、瑞典、俄國、普魯士及美國的，可在討論這些國家的人口章見之。在關於婚姻的生產率章（第二篇第十一章），附有一表；由於此表，根據現在部分國家所行每十年的調查，可從其十年間的人口百分比增加率，求得人口的加倍期間或其增加率。對於 Godwin 先生的新著，所以未有答辯，因在附錄的末尾，已略有記述。又在其他地方，也有一些改訂與增補；這些都沒有特別說明的必要。此外，雖然增加了若干附註，但其主要是關於自由貿易下荷蘭穀價的變動及一種想像的錯誤；即謂一國的窮困大體可因別國的豐富而互相抵消（第三篇第十二章）。

一八二六年一月二日

目次

下冊

第三篇

論以除去由人口原則所生弊害爲目的而曾在社會提議或實施的各種制度或方案

第一章　論平等制度（Wallace、Condorcet）

由以上兩篇所述的見解，考察人類過去及現在情形的人，他定會驚愕：所有主張人類及社會完全性的著述家，一面注意人口原則的議論，而同時又常極予輕視；他們以爲：由此原則所生的困難，幾乎是無法測定的未來之事。甚而至於窩雷斯（Wallace）先生，他既認爲：這種議論的本身，具有破壞其平等全體系（to destroy his whole system of equality）的重要性，但又以爲：直至全地球像一菜園而被耕耘，已經無法使生產物再有絲毫增加時止，任何困難，都不會由此原因而發生。如果此事是眞實的，美麗的平等制度在其他各點是可實現的，那末，我們追求上述計劃的熱情，也不應由於這種遙遠的困難，而使其挫折。這種遙遠的未來事故，不妨聽由天命（be left to Providence）。但是，如果我在這一論文上的見解是正當的，則其眞相爲：困難決不在這樣遙遠的未來，乃是迫於目前。即如人類是平等的，那末，由於食物缺乏的窮困，從現在的瞬間起，至全地球成爲一菜園時止，在耕作逐漸進步的任何時期，都將不絕地壓迫全人類。縱使土地的生產物每年增加，但是人口增殖的力量，將比此更快地迅速增加。而此優勢的力量，一定由於道德的抑制、罪惡及困窮之定期的或經常的作用，非受抑壓不可。

康多塞（Condorcet）先生的《人心發達史概要》（*Esquisse d'un Tableau Historique des Progrés de L'Esprit Humain*），據說是在殘酷迫害的壓力之下寫成的（這種壓力一直繼續到他去世時止）。如果他既不希望此書在其活著的時候問世，而又不希望此書得到法國的一般贊同，而猶著述此書，那不能不說：他是固執於其理想（他自所懷抱的原理）的人物

（一個特殊的例子）；這因日常的經驗，不幸已經證明：他的理想對他是很不利的。在一世界最文明的國家，目擊由於使人厭惡的情慾、恐怖、殘忍、惡意、復仇、野心、狂暴及愚昧的擾亂而致人心墮落（這在最野蠻的時代、最野蠻的國民，都以爲恥辱），這對他的思想（他相信人心必然進步），自爲可怕的打擊；因此，他除了藐視一切世態而堅持其自己原理的正確以外，別無方法。

這一遺著，只是他想完成的大著述的輪廓而已。因此，此書缺少細目與實例足以證明其所有理論的正確。但是，他的理論，一經應用在實在而非空想的事物狀態（this theory is contradicted when it is applied to the real, and not to an imaginary, state of things），其如何充滿矛盾？這只由二、三觀察（a few observations），就可充分知道。

康多塞先生在其著作的最後部分，講到人類向著完成（perfection）前進的未來進步，他說：如果就歐洲的各種文明國民，比較其現實的人口與領土的廣狹，而且考察他們的耕耘、產業、分工及生活資料，那末，就可知道：要是沒有「除了勤勞以外、並無任何其他手段可以滿足其願望」的許多人，那就不能維持同樣的生活資料與同樣的人口。

承認這種階級的必要，而後講到家族的不安定家計（完全聽命於家長的生命與健康的）①；他極正當地說：『所以，世上總有不平等、隸屬，甚而至於窮乏的必然原因，不斷地威脅著我們社會爲數最多而且最活動的階級』。對於這種社會的困難，他的這種說明，可說是正當而完全；但是，我卻懷疑：他的清除方法是否會有力量產生充分的結果。

他計算生命的蓋然率與貨幣的利息，而提議設置一種基金。這種基金，對於老年人，可以保證補助；它的來源，一部分由於老年人本身過去的節約，一部分由於業已死亡人們的節約（他們雖已付出同樣的犧牲，但未得到這種基金的利益）。同樣或類似的基金，對於失去了夫或父的婦女或孩子，也可給與補助；又對已經到了可有新家庭的年齡者，也可提供充分的資本，爲其發展家業之用（for the development of their industry）。他說：這些制度的形成，可用社會的名義，而又在其保護之下。他更說：如果正當應用這種計算，則非削弱信用的基礎，這是由大資產家的特權之下解放信用；又使產業的進步與商業時活動減少對於大資本家的依賴，藉以獲得更完全地保持平等狀態的手段。

這種制度與計劃，在紙面上，似乎很有希望，但是，一經應用於實際生活，那就全無用處。康多塞先生曾經承認：只是依靠勞動而生活的階級，在任何國家，都是必要的。他何以

---

① 爲了節省時間與冗長的引述，此處只是傳達康多塞先生的一種感情的主旨，但願並無誤傳。而我希望讀者能參照原著。此書即使不足使讀者佩服，但至少是一有趣的讀物。

如此承認呢？恐因他想：爲獲得生活資料（足以養活增加人口的）所必需的勞動，非受窮困的刺戟，這是不可能的；此外，沒有理由。如果由於根據上述計劃的制度，而使對於勤勞的這種刺戟清除；即：如果貪圖怠惰與安逸的人，對於他們的信用及其妻子未來的維持，使與活潑而勤勉的人，處於同樣的地位，那末，我們在此還能希望活潑而向上的努力（這是今天一般繁榮的原動力）麼？現在如果設置一審判機關，檢點各人的要求，又決定各人曾否已盡最大的勤勞，並據以決定是否給與補助，這只是大規模地恢復英國的救貧法；這畢竟將完全破壞自由與平等的眞正原理。

但是，即使不說上述對於這些制度的大反對論，而姑且假定：這些制度對於生產並無任何障礙，然仍留有最大的困難。

如果對任何人都保證其一家的充分食料，則幾乎任何人都要有家族。如果青年由貧困的恐怖獲得解放，則人口定以異常的速度而增加。關於此事，似乎康多塞先生自己也已充分承認。他在敘述將來的改良之後說：

『這樣，如果產業發達，幸福增進，則各世代人們享樂的程度逐漸加多，而其結果，帶來人口的增加；這在人類的體質上乃是當然的。如其果然，那末，同樣的這些必然的法則，其互相抵消的時期，將非到來不可麼？此時，如果人口的增加超過其生活資料，則其必然的結果，在以下兩者之內，定有其一。即：或則爲幸福與人口的不斷減退（這正是退步的運動），或則至少不能不發生一種善與惡間的振動。在已到達這一境界的社會，這種振動，將不成爲週期窮困的不斷原因麼？這已劃定：已經無法再有任何改良的界限；而且，對於人類的完全性，非已指示：他們也許有一天可以到達，但絕對無法可以越過的境界麼（will it not mark the limit when all further melioration will become impossible, and point out that term to the perfectibility of the human race, which it may reach in the course of ages, but can never pass）？他又說：

『誰都知道：這樣的時期是在如何遼遠的未來。但是，我們到底在什麼時候到達這樣的時期呢？人類對於非至已有我們現在幾乎不能想像的改善的時代而始能發生的事件，討論其將來是否實現，這是不可能的』。

康多塞先生的描寫——對於人口超過其生活資料時所發生的預期狀態——是正確的。他說的振動，是一定發生的；又其爲週期窮困的永久原因，也是無可懷疑的。在此描寫上，我與康多塞先生唯一不同之處，是其適用於人類的時期。即：康多塞先生認爲：這非在極端遙遠的未來是不能發生的。但是，我在這一論文的開頭所講，一定領土之內人口與食物的自然增加比率（這由觀察經常存在於人類社會任何階段的窮困而已得到顯著的確證），如果多少近於眞理，那就可知：人口超過其生活資料的時期早已到來，又此必然的振動（即週期窮困的不斷原因），自有人類歷史以來，常在大部分的國家存在，而現在仍是存在。

但是，康多塞先生又進而說：他認爲如此遼遠的未來時期，即使來臨，人類與相信人類的完全性者，也都毋須因此而受驚脅。他更講到那時可以解除這種困難的方法；這種方法是我無法了解的。他說：到了這一時期，由迷信而生的可笑偏見，對於道德，已不會使其發揮腐敗與墮落的威力；接著，他又講到：妨礙妊娠的亂婚或與此同樣的其他不自然的手段。但是，依賴這些方法解除困難，這在大多數的意見，乃是破壞道德與純潔的風俗；而此道德與純潔的風俗，實在就是主張平等及人類的完全性者，之所謂他們的理想目的或理想對象。

康多塞先生最後所提出的問題，是所謂人類的完全性（organic perfectibility of man）。他說：已有的證明（又其發展在其工作本身之內，將受到較大的力量這一證明），即使假定與現在人類所有同樣的天賦才能及同樣的人體構造，也足建立人類的無限完全性（are sufficient to establish the indefinite perfectibility of man）。所以，如果這種構造與這些天賦才能的本身是有改良的前途，那末，我們的希望，是如何地確實、如何地廣大呢？

他推論：由於醫術的改良，較健全食物與較健全住宅的使用，由於避免過勞的適度運動而使體力增進的生活方法，使人類墮落的兩大原因（即窮困與暴富）的克服，由於理性與社會秩序的發達（這又由於關於肉體知識的進步），因而更有效地逐漸消除傳染或遺傳的疾病，這些縱不能使人類絕對不死，但不絕地延長自出生至自然死亡的期間。這是說：這是沒有期間的，恐怕這當用「無限」一語。接著，對此「無限」一語，他定義爲：是向無論何時都不能到達的無限距離之不斷地接近，或是向非語言所能表現的大距離之無窮的增加。

但是，上述兩種意義，應用在人類的壽命上，都確是極不科學的；因爲，這自然法則的任何現象，都完全不予保證。由於各種原因的變化，與有規則的、非退步的增加，乃是本質的並不相同（variations from different causes are essentially distinct from a regular and unretrograde increase）。人類的平均壽命，乃因氣候的是否適宜、食物的是否優良、風俗的是否淳厚等原因，而有相當程度的不同。但是，自有多少足以憑信的人類歷史以來，人類的自然壽命，實際是否已有些須進步，這是確可懷疑的。任何時代的推論，確實與此假定，正相反對。我雖然不想特別重視這種推論，但是，這些確是具有證明一事的若干傾向；而此一事，就是在相反的方向，也未有任何顯著的進步。

也許有人說：世界還在十分或完全幼年時期，所以不應期望任何差異會這樣迅速地出現。

如其果然，則人類所有的科學，都將立即終熄，由結果而求原因的推理連鎖將受破壞。自然的書籍，讀了已無任何用處，所以我們不妨對此閉眼不看。荒唐無稽的臆測，將與至當至高的理論（以數次愼重的實驗爲基礎的），以同樣的確信而被提出。我們將再回到老古的思索方法，不在事實上建立體系，而以事實嵌入於體系。牛頓（Newton）偉大而一貫的理論，將被與笛卡兒（Descartes）大膽而古怪的假設，同樣看待。要而言之，如果自然的法則是如此變化不定的（即過去是認這些法則爲若干世代不變的，現在如果確認而且相信其變化），則人類的精神早已失去對於研究的一切誘因；毋寧退而：或則沉湎於無爲偷閒，或則耽於追求迷夢、放埒妄想，而聊以自慰。

自然法則及因果法則的恆常性，是所有人智的基礎。如果沒有一種可以事先承認其變化的徵候或前兆，而得推論變化的發生，那末，我們可作任何斷定；我們斷言：明天月球將與地球衝突，這與說明太陽乃在其預期的時間上升，同樣可無反對的餘地。

關於人類的壽命，從世界最古的時代以迄現在，絕不能說：這已逐漸延長的永久徵候或前兆存在。氣候、習慣、食物及其他原因，對於壽命的顯著效果，雖已成爲主張壽命無限延長的口實，但是，這種議論的根據，因爲人類壽命的界限是不定的，無法指示其正確的期間，絕對不能正確說明「活到幾歲或不能活到幾歲」，所以可說壽命可以永久延長，恐怕這是無限的或無邊的（indefinite or unlimited）；這種說法是極奇怪的。但是，這種議論的錯誤與不合理，如對康多塞先生說的自然一般法則，即他所謂動植物的有機完成或退化，加以考察，就可充分明白。

聽說，在部分家畜改良者間，任何良種都可任意獲得，這已成爲公理。這種公理，是建立在所謂「有些孩子，其所具備的品質，遠比父母優良」的另一公理之上。有名的來斯特夏（Leicestershire）種羊，它的飼育，目的是在獲得頭腳都小的羊。如果沿著這種飼育公理推進，則其結果，會弄得幾乎沒有頭腳。但是，這顯然是不合理的；因此，我們可以確認：這前提是不正當的；而且，即使不能看到，也不能說明其不正當的所在，但事實是有限度的存在。此時，可說：改良的極限點，或頭腳的最小點，是不定的。但是，這與康多塞先生的所謂無限或無邊，是大不相同的。在這例子上，我雖不能指出：超過這一程度的改良已不可能的界限，但是，如果是絕對不能達到的一點，那是可以極容易指出的。我不怕斷言：縱使飼育永久繼續，羊的頭腳決不會變成像鼠的頭腳這樣細小。

所以，就動物來說，所謂「有些孩子，其所具備的品質，遠比父母優良」，或謂「動物能夠具有無限的完全性」（that animals are indefinitely perfectible），這是不能成爲眞實的（it cannot be true）。

野生的植物，進化而成美麗的園藝植物，這種進化，比較動物界的任何進化，恐怕都要顯著；不過，即在此時，如果認爲這種進化是無限的或無邊的，那也是極不合理的。改良之一最明白的特色是體質的擴大。花因栽培而逐漸變大。如果進化眞是無限的，那末，這應當是無限地擴大；但這是極不合理的；植物也與動物一樣，它的改良，自有限度，只是我們沒有正確知其所在而已。在花卉品評會上競賽的園丁，即使施以強力的肥料，而亦時常終於失敗。當然，如果有人說曾經看到：培殖得沒有比此更爲美麗的荷蘭石竹（carnation）或白頭翁（anemone），這恐是言過其實的。但是，他可以絲毫不怕被將來的事實所推翻，而這樣地說：荷蘭石竹或白頭翁，決不能栽培成像大捲心菜（cabbage）這樣大；而且，可以想像得比捲心菜還要大。誰都不能說：曾經看到長得最大的麥穗或最大的樫樹，但是，如爲這些（按：指麥穗或樫樹）到底無法達到的某種偉大程度，那是可以容易而且最正確地表示出來的。因此關於這些，對無限的進步只與限度不定的進步，非有愼重的區別不可。

動植物何以不能無限地擴大呢？恐怕因爲這些動植物，結局將被其自己的重量所壓倒。

對此，我們除得自經驗以外，別無所知；關於形成這些動植物體軀的堅強程度，我由經驗，這樣答覆；即我知道：荷蘭石竹在未達到像捲心菜的巨大以前，其莖早已無法支持。但我知道此事，只是由於經驗——關於荷蘭石竹莖的組織脆弱及其強韌性缺乏的經驗。在自然界，以同樣大小的物質，能夠支持像捲心菜這樣大的頭，是會有的。

植物壽命的理由，我們現在全不知道。何以某種植物是一年生？別的植物是二年生？還有別的植物是多年生？誰都不知道。在植物，在動物，又在人類，所有這些事例的一切問題，都是經驗的問題。我說「人要死」，這一結論只是由所有時代的不變經驗，證明：「形成我們肉體的這種有機物，最後總是要死的」而已。

『不依據我們所知道的，我們能推理什麼呢』（what can we reason but from what we know）？

人類的壽命，是向並正向無限的延長而有明顯的進步；在此事已被明白證明時止，健全的思索，不會使我變更這種見解；即地上的人類是要死的。而我由動物及植物引證兩特殊事例的主要理由，在欲儘可能地暴露而且例證一種議論的錯誤；這種議論，是只由某部分的改良與此改良的界限無法正確限定這一理由，而推斷無限的進步。

動植物的某程度改良，它的可能恐怕誰都不能懷疑；現在已有明白而決定的進步。但我以爲：謂此進步並無界限，這很不合理。人類的生命，縱因各種原因而有很大的變化，但自有世界以來，是否可以明白承認：體格有何有機的改良，這可懷疑。所以，人體完成的議論根據是非常薄弱的；這只是臆測而已。固然，如果注意繁殖，則人類與動物同程度的某種改良，決非不可能。知力是否可以遺傳雖屬疑問，但是，大、強、美、氣質，甚而至於長命，在某程度也可遺傳。所以，錯誤不在若干改良的可能與想像，而在混同界限不定的小改良與眞正無限的改良。但是，爲了以此方法改良人類，非使所有的惡質者（all the bad specimens）都過一輩子的獨身生活不可；因此對於繁殖的注意，決不能成爲一般的。實在，除了古代的 Bickerstaffs 家族以外，我不知這種計劃曾被好好運用的（well-directed）。在 Bickerstaffs 家族，據說：由於愼重的結婚，特別是由於搾乳婦（milkmaid）Maud 的巧妙交配，在其種族的皮膚潔白、身長增高上，大爲成功；因此，矯正了該家族體格上的某種主要缺點。

爲了比較完全地表示：何以人類在地上到底無法略爲接近於不死起見，早已毋須謂壽命的延長對於人口的議論是有很大的重要性。

康多塞的著作，不僅是一優秀個人的意見概要（a sketch of the opinions），這可說是革命初期法國多數學者的意見概要。在此意義上，不能說只是「概要」，可以說是值得注意的著作。

無疑的很多人認爲：對於「人在地上不死」或所謂「人類及社會的完成」這種愚昧的反論（paradoxes），予以認眞的辯駁，乃是時間與語言的浪費；這種無稽的臆測，置之不理（neglect），是最好的答辯。但是我不這樣想。這種反論，如果出於有能有爲之士的主張，則置之不理，決非使其領悟錯誤之道。因爲他們自負：其自身思想的豁達與理解的透澈，故如對其置之不理，那只被認爲一種證據；即同時代人們的精神能力貧弱而且狹隘，世間還未嘗準備接受其崇高的眞理。

反之，如果是由健全的思索所保證的理論，那一定充分準備接受；如果公平地研究這些問題，恐怕可使他們領悟：因爲他們造作虛構的臆說，以致科學的領域並不擴大而反縮小，人類精神的發達並不增進而反受阻礙，使我們又逐漸回到知識的搖籃時代，使思索方法的基礎（使最近科學得以極快進步的）逐漸削弱。對於廣泛而放逸的思索，最近的熱情，這也是由各種科學偉大而意外的發現所引起的一種精神陶醉。在被這種成功所眩惑的人們，以爲任何事物都可由人力獲得；在此幻想之下，他們乃以「不能證明眞正進步之事」與「進步已經明白、確實且被承認之事」，混而爲一。如果能使他們略爲沉潛於嚴正的思索，那末，他們也可領悟：以奔放的思辯與無根的主張，代替忍耐力堅強的研究與有充分根據的證明，這對眞理與健全思索的大義，一定會有如何的損害。

第二章　論平等制度（Godwin）

任何人讀了葛德文（Godwin）先生關於政治正義的獨創著作，都不能不感動：他的文章富有朝氣而強有力、其部分推理的堅定與正確、其思想調子（tone of his thoughts）的熱烈，特別是對其態度具有認眞的印象（使人以爲：其全部議論都是眞理）。但是，同時，也不能不承認：他未曾以在健全的思索上所必需的注意，進行其研究。他的結論常與其前提相矛盾；又常無法打破其自己提出的反對論。他過於依賴一般的抽象論（這些抽象論是不可能適用的），因此，他的推測也大大失去自然的中庸（modesty of nature）。葛德文先生所提議的平等制度，初看起來，在過去所有的平等制度中，是最美麗的而且是最有魅力的。全靠理性與確信推行的社會改良，比較任何依賴暴力而推行、而維持的任何變革，似乎都遠富永久性。個人判斷力的無限行使，是一堂堂而且足以引人注意的學說，這遠勝於以各個人爲所謂「公共奴隸」（the slave of the public）的各種制度。又以博愛心代替自愛心，而爲社會的原動力及動力原理，初看起來，似爲誰都衷心希望的最後目的。要之，看了這樣一幅美麗的圖畫，誰都有歡喜與稱讚之感；因此，誰都不禁熱望其完成時期的來臨。但是，無奈這一時期永不能來臨。其全體略勝一夢，乃是一想像的幻影。不論這些幸福與不死的「燦爛宮殿」（gorgeous palaces），或這些眞理與道德的「莊嚴神殿」（solemn temples），在我們爲現實的生活所驚醒（awaken）而想到地上人類的眞實境況時，乃如「空中樓閣」（like the baseless fabric of a vision）的幻想。

葛德文先生在其大著第八篇第三章的結論上，關於人口，曾謂：『人類社會有一原則；

根據這種原則，人口乃不絕地受生活資料的水準所抑止。故在美洲與亞洲的遊牧民族之間，很長的年代，人口的增加未嘗超過土地耕作所必需的』①。葛德文先生認爲似乎有些神秘玄妙的原因而遂未研究的這種原則，也就是這種必然的法則，即窮困及窮困的恐怖。

葛德文先生的著作，其貫通全體的大錯，是以廣布於文明社會的所有罪惡與困難，幾乎全部歸諸各種人爲的制度。照他的說法，政治上的各種規制與既成的財產制度，是一切罪惡的源泉，是所有使人墮落的犯罪溫床。果然，則由世界完全除去惡害，這不是絕對無望的；爲了達到這種大的目的，也許理性就是適當而充分的手段。但是，眞理是這樣的；即使人類的各種制度是使社會帶來許多禍害（mischief）之明白而且有力的原因（雖然事實常是如此），但是，如與惡害（evil）（這種自然法則及人類情慾的結果）的根本原因，加以比較，實在只是輕微而且表面的原因。

葛德文先生在〈論跟著平等制度而來的各種利益〉章，他說：『壓制的精神、隸屬的精神、詐欺的精神，這些都是既成財產制度的直接產物；同樣，是知識進步的敵人。此外嫉妒、惡意及復仇的罪惡，是其永不分離的伴侶。人們生活豐富、各人平等地分配自然的恩惠；在這樣的社會狀態之下，這些感情，必然消失。偏狹的利己原則，自將消滅。誰都無

① 《政治的正義》（Political Justice）第八卷第二版四六〇頁。

須保護自己些須的儲蓄，又誰都無須以憂慮與苦痛去準備其不斷的缺乏，因此，各人都想起一般的幸福而忘記個人的存在。他們因爲沒有鬥爭的目的物，所以誰都不會成爲鄰人的仇敵。而其結果，博愛恢復理性指示的帝國（and of consequence philanthropy would resume the empire which reason assigns her）。精神已毋須爲支持肉體而不斷焦慮，將任意而自由地逍遙於思想的曠野。各人都可援助任何個人的研究』②。

這確是幸福的狀態。但是，這只是一幾乎與眞實無關的幻想圖而已；這在讀者，當已充分注意到。

人類不能生活在豐富的正中（man cannot live in the midst of plenty）。各人不能平等地分配自然的恩惠。如果沒有既成的財產制度，則各人就得用力保護其些須的儲蓄。利己心獲得勝利，鬥爭的種子不絕。各人將不斷地爲支持肉體而焦慮；誰都不能自由地逍遙於思想的曠野。

葛德文先生對於人類社會的實際情形，其如何疏忽，由他所擬消除過剩人口困難的方法，可以充分知道。他說：『對於這種反對論的明白答辯，不外乎這種想法是預想到非常遙遠的未來困難。人類可以居住的土地，其四分之三現在還是未墾地。即使是已經耕耘的部

② 《政治的正義》第八卷第三章四五八頁。

分，也還可無限地改良。今後幾百萬年，人口雖然不斷地增加，但仍有土地使其住民充分生活』③。

謂至土地已經絕對不能再多生產時止，過剩人口不會產生任何窮乏與困難；這種假定的錯誤，我已有所指摘。但是，現在姑且假定：葛德文先生的平等制度已經實現，即在這種完全的社會形態之下，也可預料到：這種困難定將如何迅速來臨。不能適用的理論，本來不可能是正當的。

首先假定：罪惡與窮困的一切原因，在我國已被消除。戰爭與鬥爭已經終熄，不健全的買賣與工場已不存在；已無許多的人們蝟集於多病的大都市，或則從事宮廷的陰謀，或則從事商業，或則過著不道德的歡樂生活。簡樸、健康而且合理的娛樂代替了飲酒、賭博與遊蕩。又，大到足以貽害人體的大都市已經沒有；住在這一地上樂園的居民，大部分是在散布全國的鄉村農家生活。各人平等；爲了奢侈品的勞動已經消滅；必需的農業勞動，友善地由所有的人們分擔。假定這一國家的人口數與生產物乃與現在一樣，由公平無私的正義所指導的博愛精神，乃對全社會成員，按照他們的欲望，分配此生產物。縱使不能讓所有的人每天吃肉，但如時常摻以肉類，那就是菜食，也可滿足儉約人們的欲望，且可充分維持他們的健

③《政治的正義》第八卷第一〇章五一〇頁。

康、體力與精神。

葛德文先生認爲結婚是欺瞞、是獨占④。現在假定兩性的交往已經建立在最完全的自由原理之上。葛德文先生本身不認爲由於這種自由而產生亂交；關於此點，我也完全同意。歡喜變化的感情，乃是一種放縱的墮落，且爲不自然的趣味；這在簡樸而道德的社會狀態，是難廣泛實行的。恐怕，各人自行選擇其配偶，只要兩者願意繼續其結合，這種愛情當可長期繼續。而照葛德文先生的說法，一婦女生產幾個孩子，又這些孩子屬誰所有，幾乎都不成問題。食料與援助將由豐富的地方，自發的向缺乏的地方流動⑤；所有的人們，都將按其自己的能力，進而教育子女。

我以爲：就全體來說，這是對人口增加最有利的社會形態。像現在這樣一經結婚之後不能容易取消的制度，確實阻止許多人結婚。反之，自由交往，是對早婚最有力的刺戟。而且，因爲我們假定：關於將來子女的扶養並無任何憂慮，故在此時，已達二十三歲的婦女，百人之中不會有一人沒有孩子的。

如果這樣特別獎勵人口的增加，而且除去了我們所曾想像一切人口減少的原因，那末，

---

④《政治的正義》第八卷第八章四九八頁以下。

⑤同上第八章五〇四頁。

人口一定比較過去所知的任何社會，都將更快地增加。我已說過：美洲內陸殖民地的人口，是有十五年增加一倍的傾向。英格蘭確比美洲內陸殖民地，是更健康的。而且，英國的房屋，都是空氣的流通好，都是健康的，此外，獎勵具有家族的風氣還盛於美洲，所以，無論如何，英國的人口，沒有理由不在十五年以內增加一倍。但是，我們爲不違眞理起見，總是假定：人口的加倍期間爲二十五年。這種增加率，比較衆所周知的全美國的增加率尤爲緩慢。

如果在我們所假定的財產平等化之外，益以全社會的勞動主要用於農業，那末，這一國家的生產物，無疑地將大爲增加。但是葛德文先生的計算，即謂每天只須勞動半小時，確實不能充分應付逐漸急增的人口需要。恐怕各人的一半時間，非爲這一目的而使用不可。而且，即使傾注這點或這點以上的勞力，在知道英國的地質而顧到現耕地的肥沃度與未耕地的不毛度者，當很懷疑：今後二十五年間，總生產額到底能否增加一倍。成功的唯一機會，在以大部分的牧場改作農田，而完全廢止肉食。而此方法恐怕也是無法實行的。這是因爲：英國的地質，如不施肥，是不能有大量生產的；但是，如欲製造最適於土地的肥料，這得有家畜。

這樣，這一國家的平均生產物，要在二十五年以內增加一倍，這是困難的；但是，假使此事一旦實現，則在第一期終了，雖然幾乎完全只有蔬菜，不過，食物是足夠健康地支持由一千一百萬增加到二千二百萬的人口的⑥。

那末，在下一期間逐漸增加的人口，僅足使其迫切需要得以滿足的食物，到那裡去找呢？那裡還有可以開墾的未耕地呢？改良既耕地所必需的肥料是在那裡呢？關於土地，苟有些須知識的人，沒有不說：在第二的二十五年間，要使這一國家的平均生產物，更增加與現在出產相等的分量，這到底是不可能的。雖然是不可能的，但假定：總有此增加。因爲議論可以充分獲勝，所以無論如何讓步都不在乎。但是只此讓步，在第二期的末了，已有一千一百萬的人，得不到食物。勉強足以支持三千三百萬人分量的食物，必須分配於四千四百萬人之間。

呀！人類生活豐富，誰都無須爲了準備不斷的缺乏而憂慮與苦痛，而狹隘的利己原則也不存在，精神獲得解放（毋須爲支持肉體而不斷焦慮）而自由地逍遙於其本來境界的思想曠野；這種人類社會的景況，究屬如何？此美麗幻想的樓閣，一遇峻酷的眞理即行消失。由豐富而生長、而堅強的博愛精神，乃被缺乏的冷氣所壓倒。已經消失的可憎情慾又復出現。自己保存的強大法則，驅逐一切優雅而高尚的情緒；對於惡的誘惑，其力量之強，到底不是人性所能抵抗的。穀物尚未成熟已被刈取，或被欺騙隱藏；這樣，跟著虛僞而來的一切黑

⑥ 此處所記的數字，是依據一八〇〇年的計算。

暗，成爲一連串的罪惡，而立即普及。食物早已不復流入擁有大家族的母親手裡。子女爲了食物的缺乏而病弱，其健康的薔薇色已經消失，而代以表示窮困的臉色蒼白與兩眼深陷。殘留在少數人胸中的慈善心，將繼續其最後的微弱努力。但是，結果，自愛心將奪回其住慣的王國，而昂然君臨於世界。

在這地方，並無邪惡的社會制度（葛德文先生說：這是最惡人們的最初犯罪原因）存在⑦。也不會因爲這些而引起公美與私美間的任何對立。對於理性令其共有的利益（those advantages which reason directs to be left in common），也未有任何獨占。沒有人會靠不正的法律而非擾亂秩序不可。仁愛深入萬人的胸中。而在僅僅五十年的短期間，使現社會狀態墮落的暴行、壓迫、虛僞與窮困、一切可憎的罪惡、一切形態的窮乏，都與任何社會的統制毫無關係，而由最迫切的事態與人性固有的法則所創造。

如果由上所述還不能充分了解此陰鬱光景的實際情形，則姑請觀察下二十五年的期間。現在，我們試看由於人口的自然增加而無法生活的四千四百萬人。在最初一世紀的終了，對於一億七千六百萬的人口增加力，食物只夠支持五千五百萬人；因此，一億二千一百萬人得不到食物。而我們對於這些情況，常是假定：地上的生產物是絕對無限的，其每年的增加遠

⑦ 第八卷第三章三四〇頁。

大於最大膽的思索者所能想像的。

無疑的，這種由人口原則所生的困難，與葛德文先生所說的大不相同。他說：『今後幾百萬年，人口雖然不絕地增加，但土地仍可充分支持其居民的生活』。

前述幾百萬的過餘人口，過去未嘗存在，這我也充分知道。葛德文先生說：『在人類社會，有一原則；根據這種原則，人口常被抑止於生活資料的水準』；這是完全正確的觀察。不過，問題是在：這種原則是什麼？這將是某種幺妙不可思議的原因麼？這是天神的某種神秘干涉（即有時使男子不能性交、使婦女陷於不妊）麼？而此，也是我們可以自由探索，是在我們觀察領域以內的原因麼？其所作用的力量，雖有程度的不同，但這是經過人類所有的時代而顯然時常發生作用的原因麼？而人爲的各種制度，即使無法清除，然而不使激成而反使和緩的，不是窮困（這是自然法則在人類現生活階段的必然結果）及窮困的恐怖麼？

我們在上述假定的例子上，謂支配現在文明社會的根本法則，某些乃因最迫切的必要，接踵而來，這也許看似奇妙。照葛德文先生的說法，人類是由其所受印象而被創造的，故如缺乏的苦痛稍爲延長，必將發生公有財產或私有財產的某種掠奪。隨著這種掠奪的頻繁與廣泛，社會上比較有力與有理解力的識者（the more active and comprehensive intellects of the society），就會注意到：由於人口的急速增加，該國的年生產物不久開始遞減。事態的迫切，暗示爲了一般的安全而應立刻採取某種方策。於是，召開某種會議，最強力地敘述該國的危險狀態。他們在過著豐富生活的時候，由於各人都自歡喜進而補充鄰人的缺乏，所以，誰勞動最少？又誰所有最少？幾乎都不成問題。但是，現在，問題不在某人是否以其自己不用的物品給與他人，而在他自己生存所絕對必需的食物應否給與鄰人。因此，下述各事都可明白；即：⑴缺乏者的人數大大超過可以提供食物者的人數及其資料；⑵因爲這種迫切的缺乏，由該國生產物的情形，到底不能完全滿足，所以，對於正義就有某種不正當的蹂躪；⑶因爲這些蹂躪，已經妨礙食物的增加，所以，如果沒有某種手段加以防止，則使全社會陷於混亂；⑷迫切的需要，如屬可能，將以一切手段，而謀生產物的每年增加；⑸而且，爲了達到此最大不可缺的目的，必須更完全地實行土地分割，並必須以最嚴格的限制，確保各人的財產，免被掠奪。（按：以上數字爲譯者所加。）

也許有反對論者這樣主張；因爲土地的豐度增加，又因各種事故的發生，致使某人的分配所得，除了充分支持他們以外而尚有餘；但是，自愛心的支配一經確立，則他們對別人分配其剩餘生產物，就將要求相當的代價。對此反對論，答覆如下。這種不合理，確是可悲的。但其弊害，比較由財產的不安定所必然發生的那些黑暗窮困，是微不足道的。一人所能消費的食物分量，一定是受人類狹小的胃納所限制。但是，超過這種限制的殘餘，乃被拋棄，這到底是不可想像的。而此過剩部分，如與別人的勞動相交換，那一定要比這些別人全非餓死不可好些。

所以，確立一種與現在文明國家所行者並無大異的財產制度，以爲剷除這一社會無數弊害（雖然不很充分）的最好救治政策；這是大可想像的。

與上述問題有密切關係的另一問題，乃是男女關係。曾對困擾社會的眞正原因加以注意的人們，是這樣說的；在任何人都確信：自己所有的子女都可依一般的仁愛而充分養育的時候，土地的生產力，在對增加的人口供給食物上，是全不充分的。而社會的注意與勞動，即使完全放在這一點；又，即使由於財產的最完全保障及可以想到的一切其他獎勵，而每年獲得生產物的最大可能增加，但食物的增加，與更急速的人口增加，絕對不能同其步調；因此，對於人口的某些障礙，一定是必要的；且其最明白的自然障礙，是使各人養育其自己的子女。即因任何人都不隨意生產不能養育的孩子，故可藉以相當調節人口的增加。又即在此情形之下，如果還要生產孩子，而使其自己與其無罪的孩子陷於缺乏與窮困，對於這種無謀的人們，必須讓別人知道：跟著這種行爲而來的不名譽與不合式（disgrace and inconvenience），非落在他的頭上不可。

結婚的制度（或則，至少那些制度使各人對其自己的孩子，負有應當扶養之明示或暗默的義務者），在有上述困難（我們所想像的）存在的社會，乃是如上推論的自然結果。

如對這些困難加以觀察，則不貞的恥辱，何以這在婦女大於男子；其極自然的理由是顯然的。婦女自己並無足以養活其孩子的財源。所以，如果婦女與並無養育其孩子的約束的男子同居，而此男子要是知道：這種不自由即將落在自己身上，而遺棄此女子，那末，這些孩子必然是由社會扶養，否則就得餓死。而此自然的錯誤，如處以個人的拘束或刑罰，那是很不公正的；所以，爲了避免這種不合式（inconvenience）的時常發生，人們一致採用使女子感到恥辱的這一刑罰。此外，這種罪過，因在婦女比較男子更爲明白顯著，故少看錯。這因孩子的父親雖然未必常是明白，至其母親就不容易這樣不確實。這樣，向犯罪證據最充分、同時因此犯行而使社會得到不合式最多的方面，投以最大的責難，這是應該的。使男子扶養其孩子的義務，社會也許以積極的法律，加之強制。但是，因使別人陷於不幸而當然應受相當程度的恥辱，與因支持家族而當然應受較大的不合式與勞動，這可說是對於男子的充分刑罰。

現在，如爲男子則幾乎不算一回事的罪惡，要是婦女犯了，則幾爲社會所遺棄；這無疑的，有違於自然的正義。但是，這種習慣（防止對社會時常發生很大惡害之最明瞭、最有效的方法）的起源，即使全不正當，但猶爲自然的。它的起源，在此習慣後來發生的新思想中，今已消失。最初，由明白的必要而被強制的，這在今天，乃爲婦女的淑德所維持；如果這種習慣保存其本來的目的，則在其最少必要的社會部分，反而發生最有力的作用。

財產保障與結婚制度，此兩基本的社會法則一經確立，不平等的狀態一定隨以產生。在財產分割以後出生的人們，進入財產已被所有的世界。他們的父母，如有過多的家族，因對他們不能有充分的給與，則在此一切都已被占有的世界，將如何是好呢？各人對於地上生產物具有平等分配的正當要求權；在這樣的社會，會有怎樣致命的結果？這，我們已經看到。在這樣的社會，擁有過大（比較只是最初分配所得的土地）家族的人們，不能視爲當然的權利，而要求別人的剩餘生產物。人類之中，乃有部分，非爲缺乏所苦不可；這由人性不可避的法則，是顯然的。這些人們，是在人生這一大獎券上，抽到空獎的不幸者。這種人們的數量，不久將超過剩餘生產物的供給能力。道德上的功績，除了極端的情況，是十分困難的標準。剩餘生產物的所有者，一般追求某種更明確的區別標準。但是除了特殊的情況以外，他們選擇有力獲得更多剩餘生產物的人們（且進而如此約定的人們），這是自然而且正當的。因爲這些剩餘生產物，既可立即有利於社會，又可使其所有者更對許多人提供援助。又，所有缺乏食物的人們，只有提供他們的勞動，用以交換這種爲生存上所絕對需要的物品。在此情形之下，用以維持其勞動的基金，乃是土地的所有者，其所有超過自己消費的食物總量。對於這種基金的需要，如果大而且多（great and numerous），當然，這種基金的分配額，甚爲細小；因此，對於勞動的報酬，乃告減少。人們只是爲了極少的食物而提供勞動；爲了疾病與窮困，將使子女的養育受到妨礙。反之，這種基金如果急速增加，而超過要求者的數量，則其分配額大爲增加，工人就可取得豐富的食物（爲其勞動的報酬）。因此，工人的生活安易而且舒適，而其結果可以養育許多強健的子女。

現在我們所知任何國家的下層階級，其幸福或窮困的程度，主要乃視此基金的情形如何；而人口的增加、停滯或減少，則主要是視此幸福或窮困的程度如何。

這樣，在人類所能想像的、以最美麗的形態所構成的社會（即此社會，不以自愛心而以仁愛爲其活動原理；不以權力而以理性矯正社會成員的所有惡性），結果，也於極短期內變質；變質而成與現在周知的所有國家，在本質並無不同的計劃上構成的社會（不是由於各種人爲制度的缺陷，而是出於不可避免的自然法則）。這一社會，乃有所有者階級與勞動者階級之分，而自愛心是此人機械的主要原動力。

在上述假定之下，無疑的，我估計人口的增加低於實際，生產物的增加多於實際。但是，在此想像社會，決無理由可說：人口的增加並不快過過去所已知道的任何狀態。於是，人口加倍的期間不是二十五年，乃是十五年；如果想到：在這樣短的期間，使生產物增加一倍所必需的勞動是否果可獲得，即使姑且認有可能，我們也可相信如此說法；即：葛德文先生的社會制度縱使成立，不說幾萬世紀，不到三十年，由於簡單的人口原則，也要全被破壞。

我在此處沒有講到移住問題，這有顯然的理由。如果這樣的社會，在歐洲其他各國也是實現，那末這樣的國家，關於人口，會遭遇到同樣的困難；它的國土，連一新來者也將無法包容。又如這種美麗的社會，只限於英國，則其計劃，已不能保持本來的純潔性；其所約束的幸福，乃限於極小部分；而且，在獲得這種幸福之前，恐其社會的成員，都已隨意離去其社會，或則生活在像現在歐洲的政府之下，或則委身於新開地最初移民所非忍受不可的極度困難。

第三章　論平等制度（續）

部分人士，他們的判斷力，我是十分尊敬的；最近若干年來，他們對我忠告說：本書中的平等制度，關於窩雷斯、康多塞與葛德文的部分，有大大失去了趣味的，而且與此論文（以人口理論的說明例證爲主題的），並無密切關係；故在新版上，毋寧以刪去爲是。平等論的這一部分，是引我研究人口原理的主要原因，所以，對此我自然會有若干偏愛；但是，即使這且不說，我也以爲：本書對於平等制度，有以人口原理爲基礎的答辯，這是應當的。恐怕這樣的答辯，與其放在其他任何地方，不如放在人口原則的例證及其適用一章，是最適當而且很有效的。

任何人類社會，特別是最文明與最開化的人類社會外觀，常使皮毛的觀察者相信：由於平等制度及共同財產制度的實施而達成異常的改善。他們在社會的一角觀察富裕，在另一角觀察窮乏；認爲：自然而明白的救濟，乃在生產物的平等分配。他們看到：人類大量的努力，爲了細微而無用的，有時且爲有害的目的而被浪費；以爲：這些努力，或可完全節省，或可作更有效地使用。他們看到：機械相繼發明，以爲：這可使人類勞苦的總量大爲減少。但是，儘管是有這些手段（在表面上，對於各方面，似可帶來豐富、閒暇與幸福）的存在，社會大多數人們的勞苦並不減少；他們的情況，縱使未至惡化，但也沒有什麼顯著或明白的改善。

在這種情形之下，對於平等制度的提案，常被反覆提倡，也是不足爲奇的。但是，這種問題，在經澈底討論之後，或在社會改良上某種大實驗失敗之後，一定會暫時消聲匿跡，平等論者的意見早已變成無人傾聽的一謬論。不過，如果世界存續至幾萬年，那末，這種平等制度論，恐怕也與其他的謬論一樣，借用 Dugald Stewart 的比喻①，好比風琴的調子，一定是經過某期間而又傳來。

因在今天，這種平等論乃有復活的傾向，所以，我要討論到這種問題；不但未嘗刪去其舊論，而且對於過去有關平等制度的議論，還想附加一些②。

我由衷尊敬的紳士即蘭那克（Lanark）的奧文（Owen）先生，最近發表了一本題爲《新社會觀》（*A New View of Society*）的著作；它的目的，在欲預先準備人心，以便實現包含勞動與財富共有的制度。又最近在下層階級之間，有種思想在流布，這也是周知的事實；這種思想是：因爲土地是屬於人民的，所以地租應平等分配於人民；由他們的自然遺產所生的利益，當然應歸他們所有，但因其財產管理人（即地主）的不正與壓制，而爲所掠奪。

我相信奧文先生是一眞正的仁愛者（a man of real benevolence），他有過許多的功績。凡是人類的友人（every friend of humanity），對於他的努力，一定衷心希望其成功；他想贏得一種法令，限制兒童在紡織工場的勞動時間，而且防止他們過於幼少即被雇用。此

① 《大英百科辭典》增補序文，一二二頁。

② 一八一七年記述。

外，他對有關教育的所有問題，也是大可注意的；據說：這些成功，恐怕得自他與二千職工多年交際的經驗及知識，並爲其獨特經營方法的結果。而根據這種經驗的理論，無疑的，比較書本上的理論，值得更多的考慮。

但是關於土地的新學說，他所保有的「注目要求權」（claims to attention）（按：要求重視的權利），確是極薄弱的；學說的本身，表明非常的無知。不過，勞動階級的錯誤，常是値得充分的寬容與考慮的。因爲勞動者由其境遇的性質，又一般因此階級都是缺乏知識，所以易爲初見的表面事實或陰謀家的策略所欺騙；因此他們的錯誤，乃是自然而可寬恕的結果。除了極端的情況以外，有識之士常是希望：與其採用那些過激的手段，不如依賴忍耐，或依賴教育與知識的逐漸普及，而使勞動者知道眞實情況。

我因已在前面幾章講過平等制度，所以認爲毋須再對此理論加以詳細的辯駁。不過我在此處，爲了對於平等制度（根據人口原則）的答辯，同時，爲了實際的適用而止於記述這種答辯的簡單表現，我只想給一附加的理由（I merely mean to give an additional reason）。

對於平等制度的兩個決定的反對論，第一是謂：平等狀態，在經驗上或在理論上，只此不適於產生對於勞動的刺戟；這種勞動，是征服人類自然的怠惰性，使他們適宜地耕作土地，又使他們製造爲其幸福必需的便利品及快適品。

第二是：因爲人類的增殖有快過生活資料的明白傾向，故如這種增加不爲比私有財產制度的結果更加無限殘酷的手段（又爲神與自然對各人所加扶養子女的道德義務）所阻止，則任何平等制度，都立即淪爲必然不可避免的貧困與窮乏。

上述第一議論，在我自己，常是以爲確實而無誤的。對於善良的行爲，給與自然的報酬；且使世人，對於社會的地位，普遍地抱有向上的希望與墮落的恐怖；這種不平等的社會，無疑的，是對於發展人類的精力與能力最適當的；同時也是對於人類美德的實行與進步最適當的狀態③。而過去所有一切平等制度的歷史，常因缺乏這種刺戟，而帶來沉滯陰鬱的結果。但是，關於這一問題的經驗與理論，也非決定的可以完全抹殺一切似有理由的（plausible）的反對論。例如：也許有人這樣說；因爲實際曾經實行的平等制度，歷史上很少記錄，而且這些限於與野蠻狀態並無大異的社會，所以，以此斷定文化絢爛的時代，是不公平的。又在十分接近平等狀態的古代事例，不少是以極大的精力傾注在某種努力上。又，即在近代，有些社會，特別是在 Moravians 人的社會，許多的財產雖是共有的，但是他們的產業，決未受破壞；這是周知的事實。又，也許有這樣的議論。縱使社會狀態不平等的刺戟，是使人類由野蠻人的怠惰與冷淡（indolence and apathy）趨向文明生活的活動

③ 在教士 John Bird Sumner 的近著《創世紀》及《神的德性》（the Records of the Creation and the Moral Attributes of the Creator）上，很好地講到這一問題。此書是極有價值的著作，我希望正如其價值而贏得一般的愛讀。

與聰明所必要的，但在這種活動與精神力一經獲得之後，同樣的刺戟就無持續的必要。此時，只須慢慢享受攝養法的利益（to enjoy the benefit of a regimen）；而此攝養法，乃與其他的許多刺戟一樣，在某點上有了適當的效果之後，就須加以廢止。否則，這將帶來疲勞、疾病與死亡。

這些觀察，它的性質，確是不足使對人性已有研究的人們信服；不過，因其也有若干可以首肯之處，所以，對於想以此在現代實驗的提議，不能以其妄誕而全不合理，從頭加以排斥。

對於平等制度的第二反對論（即根據人口原則的反對論），它的特色，不僅是不論任何時、地，都已由經驗，極普遍而且一致地確認，又在理論上，也極明白；因此，任何似有理由的反駁，都沒有實施的餘地；因此，任何穩當的口實，也不能對此而要求實驗。而此只是對於「土地的周知性質與幾乎在任何村落所能看到的出生對死亡比率」所已應用的最簡單計算問題而已。在英國的許多教區，儘管是有在人口稠密地方定將產生的家族扶養上的實際困難，但出生對死亡的比率，如果登記沒有遺漏，則爲二對一。這種比率，如與鄉村的普通死亡率（即約五十對一），合併考慮，則在沒有教區移出民的情形之下，人口是四十一年增加一倍。所以，在任何平等制度之下——這不論是奧文先生所提倡的，或是教區土地合作制度（or in parochial partnerships in land）——，不但無望由向別的教區移住而獲得若干救濟，而且，最初的人口增加率，當然遠大於現在社會狀態下的增加率。果然，土地生產物對各個人的分配逐年減少，終於，全社會及其各成員乃爲缺乏與窮困所壓迫，這如何可以防止呢④？

這是很簡單而明瞭的質問。而且，對此質問，即使在理論上不能予以合理解答的人，他也不應提議或支持平等制度。但是，即在理論上，我也未嘗聽到近乎合理解答的任何議論。

人們常說：一面力言在現社會制度之下已經進步的社會，或正在進步的某社會之下，其道德的抑制效力，而同時認爲在幾乎常以知識的大大普及與人心的大大進步爲前提的平等制度之下，道德的抑制，將無充分的作用；這不是一矛盾麼？但是，這不過是十分皮毛的觀察。這樣觀察的人們，沒有看到：對於道德抑制的獎勵與動機，在平等及財產共有制度之下，立被破壞。

---

④ 關於 **Spencean** 制度，據 **Spencean** 慈善協會書記所發表，不幸曾有如下的事實。即：如由提案額（*proposed allowances*）減去了政府的費用及國內應當支持的其他各團體的費用，竟無分文。而且，縱使假定：即在最初，國債全被廢棄（對其所有者，不給最少的補償），人民也未嘗想由他們的財產引出（derive）甚而至於一枚的銀幣。

土地、房屋、礦山、漁場的每年租金，估計爲一億五千萬鎊。這幾爲實際額的三倍。縱使假定此法外的估計，每人的分配額幾乎也只四鎊而已。而這有時並不超過由救貧稅中給與個人的數額。食料是如何可憐！而這可憐的食料乃在不絕地減少。

現在假定：爲了增加食物，雖已盡了最大的努力，但是，人口增加之勢仍是激烈地迫近食物量的極限，人們都逐漸大爲貧困。在此情形之下，爲求社會免於餓死（starving），人口增加率的阻止，顯然是必要的。但在此時，實行必要的抑制，或使結婚緩延，或完全不想結婚者，到底是什麼人呢？不能以爲：平等制度的必然結果，人類的情慾都立即消滅。這樣看來，希望結婚的人們，因其希望強受抑制，而會感到苦痛。因爲誰都平等地處在同樣境遇，所以完全沒有理由：某人必須感覺應比別人負有較多的抑制義務。但是，既想回避社會一般的窮困，此事當然非實行不可。而此必要的抑制，在平等社會，只有依賴某種一般的法律而能實行。不過，這種法律如何可以鼓勵執行呢？又其違反，應當如何處罰呢？應以早姻者爲取笑的對象麼？應課以笞刑麼？應處以幾年間的禁錮麼？又應使遺棄其孩子麼？對於此種犯罪的所有直接處罰，不是最不愉快，最不自然的麼？如以一國的資源，勉強只能支持緩慢的人口增加率，則爲防止最悲慘的不幸起見，對於早婚的傾向，加以某種抑制，這如有絕對的必要，則使各個人負其子女扶養的責任，這是最自然的，最公平的；而且，不論對於上帝的戒條（laws of God）及由最賢明的人們所創作的法律，非都適合麼？換句話說，各人爲了滿足其放縱的慾望，而結果產生自然的不便與困難；使其甘心接受這種不便與困難，這不是極自然而公平的處罰麼？

這種對於早婚的自然障礙（由顧慮大家族扶養困難而生的），在任何文明社會的任何階級，大爲通行；且在下層階級之間，跟著知識與深思的逐漸增進，使更有效；這幾乎是沒有懷疑餘地的。但是，這種自然障礙的作用，全靠財產法及繼承法的存在；在平等及財產共有的社會，只能以某些人爲規制（與此大異其趣且不自然的人爲規制）來代替。奧文先生充分知道這一點；而其結果，他爲要想出某些方法，使能克服「在其理想的社會狀態之下，由人口增加所生的困難」，而曾傾其全力。但是，他終於完全得不到不是極不自然、極不道德或極不苛酷的對策，乃與其他一切古代人⑤及現代人（曾有類似的嘗試的）同歸失敗；這是證明：根據人口理論的平等制度反對論，即在理論上，也無合理的反駁餘地。人口的增加，其有超過生活資料的傾向，這一事實，幾乎在英國地方教區的任何登記簿上都可看到；人口的增加，如果不用什麼方法加以阻止，則此傾向的必然結果，是全體人民陷於缺乏與窮困；這同樣也是顯然的。而且，不靠不自然、不道德或苛酷的規制，其無由阻止平等社會的人口增加率，這立即成爲對一切平等制度之決定的反對論。

⑤ 讀者在第一篇第十三章，當已讀過：古代的部分立法者，爲欲維持他們的平等制度而曾提出那可嫌惡的人口抑制法。

第四章　論移民

在平等主義者一般所想像的完全社會，移民的手段（resource of emigration）是被排斥的；但在合理的可以預想的唯一社會（which alone can rationally be expected），即在改進並不完全的社會（yet in that imperfect state of improvement），我們卻應加考慮。而且，因爲人類的產業，不能使地上所有的國民，同時開始接受最良的指揮，所以，世上耕作比較進步部分的過剩人口，其自然而明瞭的救濟手段，可以說是：使向尚未耕作的部分移住。而此未墾部分，因爲領域廣大、人口稀薄，所以，上述方法，初看起來，也許是適當的；至少。這種救濟手段，充分可將現在的弊害移至遼遠的將來。但是，如果一經徵諸經驗，而且看看地上未開部分的實際情形，就可知道：這不是適當的救濟手段，而只爲一時的姑息手段。

關於新開地的殖民，根據我們所得的報告，最初的移住民，其非冒不可的危險、艱難與辛苦，比較他們住在本國所能想像的遭遇反而更大。如果沒有營利心、冒險的精神及宗教的狂熱（此類較強有力的熱情），指揮並鼓舞移民事業，那恐怕：歐洲人如爲避免由家族扶養的困難所生的相當不幸，當在很早以前，就已放棄美洲新世界。這些熱情，乃使最初的冒險者，克服所有的障礙。而在許多的情形之下，其所用的手段，乃使人類戰慄，乃使移民的眞正目的受到澈底的破壞。現在墨西哥與秘魯的西班牙人，其性質如何，姑且不說；我們每每讀到這些國家的最初征服紀錄，不能不痛感：已被滅亡的民族，不論在其道德的資質上，或在其人數上，都優於破壞者的民族。

英國人移住的美洲各地，因爲人口稀薄，極適於新殖民地的建設；但即在這樣的地方，也發生了最可怕的困難，在維吉尼亞（Virginia）殖民地（這是由 Walter Raleigh 爵士所開創，由 Delaware 爵士所建設的），曾有三種計劃，完全失敗。最初的殖民，幾乎半數爲野蠻人所消滅，其餘則困憊於疲勞與饑荒，終於拋棄土地而失望回國。第二次的殖民，完全滅亡。這事情雖不明白，但是，他們大概也爲印第安人所消滅。第三次的殖民，也同樣遭遇到慘澹的運命。第四次的殖民，爲了饑饉與疾病，六個月內，由五百人減至僅六十人，其餘則在饑饉與絕望之餘，回到英國。當時，得拉威耳（Delaware）爵士帶了艦隊（裝著糧食及其他各種救護品），至乞沙比克（Chesapeak）灣，迎接他們①。

在新英格蘭（New England），最初的清教徒移民爲數不少。他們在氣候不好的時候登陸，而且只靠個人的資金支持；冬季很快來臨，天氣十分寒冷。但因當地全是森林，幾乎無法使這些因航海而疲病的人們恢復元氣，也幾乎無法使年輕人獲得可以營養的物品。他們幾乎半數是因壞血病、缺乏及嚴寒而死亡。而其殘存者，並不因爲這種艱難而意氣沮喪；他們一則受其性格的強力支持，二則由於逃脫宗教的壓迫而感到滿足，故使此野蠻國逐漸提供了

① 柏克（Burke）著《美洲》第二卷二九一頁。羅伯特生（Robertson）前揭書第九章八三、八六頁。

快適的生產物②。

即使後來以異常速度發展的巴佩道斯（Barbadoes）殖民地，最初也非與下述情形戰鬥不可；此即：荒涼落寞的土地、食物的極端缺乏、在廣大地區剷除（大而且硬的）樹木的困難、最初使人絕望的歉收以及由英國供給糧食的緩慢與渺茫③。

一六六三年法國的企圖（想在Guiana一舉建設有力的殖民地），乃以最慘澹的結果收場。一萬二千的移住民，在雨季登陸，被收容於帳幕與茅屋之內。在此情形之下，他們對於生活只覺疲倦；又因缺乏各種必需品，他們常因粗食而感受染傳病；又，下層階級由於懶惰而致一切陷於不規律，幾乎全部都在失望的恐怖裡死去。計劃完全失敗。只有二千人，因爲身體健壯，得以抵抗其所遭遇的苛烈氣候與窮困，回到法國。而此遠征所費的二千六百萬libres，完全化爲烏有④。

即在New Holland的傑克遜港（Port Jackson）的最近殖民地，初期的移民至自給自足止的幾年間，其如何非與極端的困難鬥爭不可，這有叩林斯（Collins）的陰慘報導。

---

② 柏克著前揭書第二卷一四四頁。

③ 前揭書八五頁。

④ Raynal著《印度史》第七章第十三節四三頁。八開本，一七九五年出版。

這些窮困，無疑的，是由移住民的資質所激成的；但是，新開拓地的不健康、最初收穫的失敗、從遙遠的母國帶來供給的不確實；凡此艱難，已經足使意氣沮喪；而在野蠻國的殖民，使人痛切地想到：大量的資金與堅忍不拔的忍耐力是如何地緊要。

如在歐洲與亞洲人口更稀薄的地方建設殖民地，則需要更大的資金。由於這些地方住民的力量與其好戰的性質，防止移民的急速全滅，需要很大的兵力。對於這些不穩的鄰人，防禦其國境地方，即使是最強大的國家，也感到頗爲困難；農民的和平勞動，也不斷地被其掠奪的入侵所擾亂。俄國的喀德鄰（Catherine）女皇，爲了保護建設在 Wolga 河附近地方的殖民地，感覺到有築造正式要塞的必要；又，臣民受 Crim 韃靼人的侵略所受的災禍，成爲一種藉口（這恐怕是正當的藉口）；即謂：占領克里米亞（Crimea）全地方，放逐大多數這些不穩的鄰人，使其餘的人可過比較平穩的生活。

在最初的殖民地建設，由土地、氣候及缺乏適當便利品所生的困難，即在這些地方，當然，與在美洲，幾乎一樣。據 Eton 在其《土耳其帝國誌》上所說，七萬五千的基督教徒，乃被俄國逐出克里米亞，而移住於 Nogai 韃靼人所遺棄的地方。但是，因爲他們的住屋尚未竣工而已到了冬季，所以大部分只好在地下挖洞而居，隨便拿點東西覆以禦寒。他們大多死亡，幾年後留下的，不過七千人。他又說：建設在 Borysthenes 河兩岸的義大利殖民地，由於應對他們供給物資的委員，處置失當，幾乎陷於同樣的運命。

新殖民地所經驗到的困難，其有關的報導，幾乎都是一樣的，所以沒有再行列舉這種實例的必要。佛蘭克林（Franklin）博士的一通訊員，他說得好：歐洲列強，投下了極大的公私費用，實行很多的殖民地建設計劃，但其結果，何以終於失敗？理由之一，是適應於母國之道德的、機械的習慣，往往並不適應於新殖民地，也不適應於大部分預料不到的外部事故。英國的任何殖民地，至其必需的風俗在當地發生、長成時止，是不很發達的；這值得注意。Pallas 也特別指摘；由俄國所建設的殖民地，因爲缺少適當的習慣，是使這些殖民地未如預料般迅速增加的原因之一。

此外，關於殖民地，尚有一例可說；即：新殖民地的最初建設，一般都是人口增加大大超過實際生產物的國家。而其自然的結果，如果不能由母國供給充分的糧食，則人口先是減少至最初貧乏的生產物水準；而其開始永續的增加，是在殘餘的人們更加擴大耕作、得以生產超過其自己生活所需食物量（因此，可以分給家族）的時候。新殖民地建設的一再失敗，在食物與人口之間，乃有強力地指示其前後順序的傾向。

由此可知：由急速的人口增加所生的貧窮，對於主要非自行負責不可的人口階級，幾乎是無法在遠地自創新殖民地的。他們的境遇，當然一定缺少資金（這是成功的唯一關鍵）。所以，如果找不到上流階級的指導者（他們或受貪慾與冒險精神的刺戟，或受宗教上與政治上不滿的刺戟），或者，政府不予財源與支持，那末他們在其本國，不論由於食物的缺乏而受到如何地窮困，也絕對無法獲得地球上現存廣大未墾地的任何部分。

新殖民地一經安全建設，移住的困難雖大減少；但是，即在此時，爲了供給運輸船舶，或則爲了給與支持與援助（至移民定住而在此定住地能找到工作時止），也得有相當的資金。政府對於這些資金的給與，負有如何程度的義務，固屬問題；但不論這種義務如何，只要並不承認殖民有何特殊利益，恐怕政府是不會積極援助移住的。

但是，運輸與生活維持所必需的資金，往往是由個人或私設公司所供給。美國獨立戰爭前多年間及戰爭後數年間，向此新大陸移住，其便利與利益的希望是非常大的。所以，對於任何國家，對其過剩人口，都有如此安樂的養育院；無疑的，這不能不說是十分幸福的狀態。但是我想質問：即在此期間之內，我國一般人民的貧窮，眞的幾乎或完全沒有了麼？又是否任何人，在其結婚以前，都已有自信：不論如何多生孩子，沒有教區的補助，養育也毫無困難麼？對此的答覆，恐怕是不能肯定的。

但是，其中有人會說：有了有利的移民機會，而不抓住此機會，卻選擇在本國過獨身生活或極窮生活，這是他們自己的過失。果然，則人戀慕故鄉、懷念生育他的父母與愛護他的親戚朋友及竹馬之交，這是不對的麼？或則，自然並不切斷重重束縛在人心周圍的這些絆帶，而反苦心予以聯繫，這是不好的麼？固然，神的大攝理（the great plan of Providence），有時似乎要求應當切斷這種絆帶。但是，離別並不因此而減少些須的苦痛。縱使一般的幸福因而增進，亦未可知，但這仍爲個人的不幸。而且，遠處的移住，常是帶來疑惑與不安，這尤以下層階級的人民爲甚。對於高工資或廉價土地的說明，果然是不錯的麼？再則，他們被置在那些提供運輸與生活維持手段者的勢力之下，這些人們也許瞞著他們而圖利。他們必須越涉的大海，這在他們，可被視爲對於親友的生離死別；又在某種意義上，這是失敗時遮斷其歸國可能性的障礙物。這是因爲：不能希望是否有人會提供同樣的手段而使他們回到祖國。因此，除了冒險的精神與貧困的不安相結合，這些憂苦，常「使他們與其逃避未知的困難，不如忍受現在的困難」（make them rather bear the ills they suffer, than fly to others which they know not of）；這是不足爲奇的。

如果當地像英國這樣大而豐饒的地域，不意而被合併，或則分成小地區而出賣，或則以農場而出租，那末事情就大不相同；一般人民的情況，將有急激而顯著的改善。但是，當然，富者常爲高工資、下層階級的矜持及勞動獲得的困難而訴苦（complaining）。我聽說：這些是英國財產家所常吐露的不平。

但是，由移民所得的一切資源，縱被有效使用，也決不能永久。恐怕，幾乎歐洲任何國家的住民（除了俄國以外），都必須時常向別國移住，以努力改善他們的境遇。這樣，這些國家，比較其生產物，都有過剩（不是過少）的人口；因此，這些國家，互相之間，不能給與任何有效的移住資源。現在姑且假定：在此地球上比較文明的部分，各國的國內經濟都被統制得很好；因此，對於人口的增加未有任何障礙；而且，各國政府對於移民給與一切的便利。如果假定：除了俄國以外，歐洲的人口爲一億，而母國生產物的增加特大，則母國人口的過剩，僅僅一世紀間，增至十一億；以與同時期殖民地人口的自然增加合併計算，現在全世界的人口，當爲所能想像的數字兩倍以上。

即使以最大的努力、最好的計劃，在這樣短的期間，要於亞洲、非洲及美洲的未墾地方，準備足以支持此莫大人口的耕地，這能想像的麼？如有某樂觀論者，對此問題，有所懷疑，則可讓其僅僅再加二十五年或五十年（let him only add 25 or 50 years more）。一切懷疑，一定會被壓倒的確信所粉碎。

因此，長期間以來，主張用移民手段為對過剩人口的救濟政策，它的理由，因為人民本來不願離開祖國，而且新土地不易開拓與耕作；所以，這種手段決未充分實行（或難於適當採用），這是顯然的。即使這種救濟政策是有實效，可以救濟祖國罪惡與窮困的混亂（to relieve the disorders of vice and misery in old states），且有力量使此狀態成為最繁榮的新殖民地狀態，但此妙藥，也不能持久；這樣，一旦混亂帶著更大的罪惡再次出現，則由此方面的所有希望將被永久關閉。

所以，如果想對無限制的人口增加，創造餘地，則移民顯然是全不充分的；不過，如果以此為部分的、一時的應急政策（或藉使土地耕作更加普通化，並使文明更加普及），那是有用而且適當的；縱使沒有理由可以證明：政府必須積極的獎勵移民，但對此予以阻止，這顯然是不對的，而且是最失策的。移民將使人口絕滅，這種恐怖是沒有根據的。因為多數人民的惰性（*Vis inertioe*）與對其故鄉的愛著，甚為堅強而且普遍。所以，除非由於政治的不平或極窮，離國對其國家與其自己都更有利，他們是不歡喜移民的。所以，謂移民的結果乃使工資上升；這種不平，是極不合理的，完全沒有傾聽的必要。如果一國的勞動工資，對於下層階級，保證相當快適的生活，他們一定是不想移民的。否則，妨礙移民，這是苛酷的，不對的。

任何國家，國富的增進，主要是靠各個人的勤勞、熟練、成功及別國的情形與需要。因此任何國家，其國富增加的比率與對勞動的需要，可因時代的不同而大異其趣。但是，即使人口的增加主要是受勞動的有效需要所規制，人口數也不能立即與需要的情形相一致；這是顯然的。即在市場的需要增加之時，爲欲增加相當的勞動，這須有若干時日；又在供給過度急速繼續增加之時，如欲阻止其增加，這也需有相當的時日。如果這些變化，並不超過本書開頭部分所說的自然動搖（幾乎常是跟著人口與食物的增加的），那末，這是一種當然的結果，我們必須忍受。但是由於當時的情形，有時，這些帶著很大的壓力；在勞動的供給繼續急速增加（超過需要）的期間，勞動階級陷於最殘酷的窮貧。例如，由於內外各種原因，長達十年或十二年，對於一國的人口增加，給與異常的刺戟，此後稍爲緩慢；在此情形之下，雇用及支付工資的財源，雖已大爲減少，但勞動幾乎仍是急速地流入市場。移民成爲最有效的救濟手段（一時的），正在這種情形之下；英國的現狀（一八一六年及一八一七年），就是如此⑤。即使並無移民，人口對勞動需要的情形自會逐漸一致，但在此其間，人

⑤ 一八一六年、一八一七年。

們得忍受最殘酷的貧窮；而此貧窮的程度，以任何人類的努力，幾都無法使其減輕。爲什麼呢？因爲：這在某特定時期，又某特定階級，雖可和緩，但這將比例地擴大於更長的時期與更多的人民。此時，唯一而眞正的救濟政策，乃是移民。即此問題，不論就人道問題或政策問題來說，現在都值得政府充分注意。

第五章　論救貧法

爲欲救濟貧民頻頻的窮困，制定了可以勵行救恤他們的法律（law to enforce their relief have been instituted）；而且，這種一般制度的設定，在英國尤爲顯著。但是這種制度，也許多少減輕了個人的不幸，不過，同時卻使惡害的範圍更加擴大。

在英國，爲了貧民救濟，雖然每年徵收了莫大的金額，但貧民階級依然窮困；人們時常講起這一事情，而且時常認爲大惑不解的。其中，有人以爲：此一金額或則被誰私自消費了，或則其大部分被教會人員與救貧官吏用於宴會；但是，任何人都以爲：其管理方法一定甚爲惡劣。要之，即在最近的饑饉以前，雖然爲了貧民救濟，每年徵收三百萬鎊，但是他們的貧窮，仍未消除；這一事實，常被認爲一個啞謎。不過，對於事實的眞相，稍有深入了解的人，如果知道事實毋寧與此觀察不同，將更驚奇；即每鎊如不徵收四先令，而只普遍徵收十八辨士，則上述事實，根本變化。

假定收入十八辨士或二先令的人，現在因爲富者的捐贈而收入五先令，也許有人以爲：他們大體可過愉快的生活，而且每天有片肉類可吃。但是這是很錯的結論。這是因爲：各勞動者的每天收入，雖然多了三先令，可是國內肉類的分量並未增加。現在沒有足夠的肉類，對任何人給與適度的分量。那末，它的結果如何呢？由於購買者在肉類市場的競爭，每磅肉的價格，很快地，從八、九辨士被提高到二、三先令；而參與肉類分配的人數，當不多過現在的人數。如果某種貨物，因其數量不足，致不能分配給所有的人，則最有正當資格的人、即提供貨幣最多的人，成爲其所有者。即使假定：因爲這種購買者間的競爭長期地繼續，致使每年飼育的家畜數量逐漸增加，但這只有犧牲穀物而始能實行，不能不說是極爲不利的交換。因在此時，該國早已無法支持與過去同樣的人口，這是顯然的；在比較人口而食物缺乏的時候，社會的最下層人民，有二先令，或有五先令，這幾乎不成問題。總之，他們非靠最粗、最少的食物生活不可。

也許有人說：任何貨物，其購買者的增加，是給生產的產業一刺戟；因此，我國的全生產額當可增加。但是，此想像上的財富，給與人口增加的刺戟，相互抵消而有餘；所以，增加的生產物，必須分配給在比例上增加更多的人口。

向富者徵收每鎊十八先令的租稅，即使予以最公正地分配，其結果也與上述的推定一樣。而富者的犧牲，特別是金錢上的犧牲，在下層階級的人們間，不能防止貧窮的再發（即使是暫時的）。大的變化，當然，也許會發生。富者會貧困，貧者會富裕。但是，只要人口與食物間的現比率存在，社會的一部分一定覺得家族支持的困難；這種困難，自然落在最不幸的人們身上。

在以金錢提高一貧民的境遇（使其生活遠勝於過去）時，這會抑壓（與此相比例地）同一階級別人的境遇，初看起來似乎奇怪；但是事實。如果我節約自己的食物消費量，而以節約所得，給與貧民，那末，這是並不抑壓我及我的家族以外的任何人而對他有益；所以，我與我的家族大多可以忍受這種抑壓。又如：我開墾部分未墾地，而以其生產物給他，此時，他與社會全體都有好處。這是因爲：他過去所消費的分量，被投入於社會的財富，而在此時，恐怕還加上了若干新生產物。但是，如果我只給他貨幣，而一國的生產乃與過去一樣，這畢竟是給他更多（比較過去）參加生產物分配的權利；他因得到這種權利，就此減少別人的分配。這種影響，在個別的情形之下，雖然一定是小至完全看不到的程度，但仍與其他許多影響同時存在；只是這些影響，像棲息在空中的某種蟲類一樣，避開我們粗笨的知覺（elude our grosser perceptions）。

不論在任何國家，假定食物量在長時期內是相同的，那末，這種食物，顯然是按各人的特權（即一般是按對此貨物的需要，他所能付出的貨幣額）而分配。所以，如果某階級人們的特權增加，則他階級人們的特權，就相應減少；這是明白的事實。如果富者並不節約本身的食物，而對五十萬人，每天捐予五先令，那末，這些人們，無疑的，生活大爲優裕，可以消費較多的食物；因此，可以分配於其他人們的食物，就相應減少。而其結果，各人的特權，其價値減少。即以同一銀幣所能購買的食物量減少；食物的價格一般上升。

這些一般的推論，經過最近的歉收期間①，得到顯著的證明。我的假定（即由富者每鎊徵收十八先令的假定）幾乎實現；而其結果也正如預期。而同樣的分配，即使在非歉收的時候實行，食物價格當然一定上升，因爲接著乃是歉收，故其結果，不能不表現兩倍的力

① 本章所說的歉收，是一八〇〇年及一八〇一年的歉收。

量。像以前所假定的，如果對於英國的所有勞動者，每天多給三先令（使有牛肉可吃），則牛肉的價格，最快地上升；這，誰都不能懷疑。但是，在穀物不足的時候，對於各人，確實不能有像平常的分配；因此，如果對於各人給與購買與過去同量食物的手段，則其結果，在任何一點，一定都與牛肉的情形一樣。

荒年的穀價，與其說取決於穀物實際不足的程度，毋寧說更多取決於同量消費持續不變的程度；這一事實，似乎大被忽視。在穀物的收穫減少一半的時候，如果人們立刻一致消費過去的一半，則穀價幾乎或完全沒有影響。但是，在減收十二之一的時候，如果完全同量的消費繼續十個月或十一個月，則穀價上升，將幾無底止。因爲教區的補助愈多，則持續同量消費的力量愈增加。所以，當然，在未有必要的消費節約之前，穀價將更上升。

有人主張：高價不會減少消費。果然，則在小麥的不足不能由輸入完全補充的時候，一 bushel 小麥的價格將上升至一百鎊或一百鎊以上。但是，事實是：高價終使消費減少。不過，如果國家富裕，人們不愛代用品，教區分配巨額的補助金，則價格極度上升，甚至社會的中流階級（或則，至少是比貧民階級好些的階級），事實上不可能購買平常的分量，不得已，只好節約食物；直到這一時候止，這種目的是無法達到的。依賴教區補助的貧民，沒有對穀價上升訴苦的理由。這是因爲：在穀價剛極端上升的時候，勵行節約，對最下層階級的消費，留下較多的穀物，它可以教區的補助金，購買這種穀物。歉收的時候，最苦痛的，無疑地，是比貧民好些的階級。他們，因對比其壞些的階級給與過分的補助金，而極受抑壓。幾乎一切的貧困，都是相對的。所以，等於這些補助金的半數金額，即使直接由此階級徵收（依據實際發生社會貨幣的新分配，by the new distribution of the money of the society which actually took place），他們是否因而貧困，我也以爲大成問題②。由於這種分配，貧民階級在英國的實際情形之下，他們所得的食物，遠多於他們的熟練與勤勉所能要求的；但是，同時，比他們好些的階級，正以與此同樣的比率，減少了由其熟練與勤勉當然所應獲得的生活必需品；於是，貧民所得這一程度的補助（如在別國，在此情形之下，由於所謂必要的大法則，當然應該依賴代用品的使用，但在英國，這種補助，乃致妨礙代用品的使用），由於大多數人的生活困難（起因於極度的物價上升），又由於非常多數的人們，並不事先考慮自己的貧窮，而因依賴教區所生的永久弊害，果已相抵無餘麼？這是疑問。

現在假定：所有年收百鎊以上者的財產，增加一倍，這對穀物價格的影響，是緩慢而且微弱的。但是，如果國內全體的工資增加一倍，這對穀物上升的影響是迅速而且鉅大的。關

---

② 假定壞些的階級每週平均所得十先令，比其好些的階极所得二十先令，在荒年的時候，對於壞些的階級，每週贈與十先令，這使後者的生活必需品購買力，比較其所得每週減少五先令時，將更縮少。在前一情形之下，即如這些階級，一切都是同樣的程度，則食物的價格乃因競爭的增加而異常上升，彼此所得的生活資料都要減少。在後一情形之下，即如比較貧民好些的階級，仍舊維持很大的相對優越，則食物的價格，決不會有同程度的上升，他們能以其餘的十五先令，購買遠多於前一情形的二十先令所能購買的物品。

於這一問題的一般原則，沒有討論的餘地。在我們現在所考察的特殊情況之下，是因對貧民的補助金很多，所以大大引起穀價上升；此事，如果我們想起：在最近的歉收以前，爲了救貧而徵集的金額，約計三百萬鎊，但在一八〇一年，則爲一千萬鎊；這就可充分明白的。在外表上儘可能已被確認的（confirmed as much as possible by appearances）上述最明白的一般原則，如果是有若干可信的，則此七百萬鎊的增加額，對於最下層階級的作用③，是專以購買食物，並帶來一國各地的工資額顯著上升；同時，由任意的慈善行爲所費的莫大金額，使其更爲增加；這對生活必需品的價格上升，一定給與最有力的影響。據我所知，某有家族的男子，每週由教區領得十四先令。因爲他的平常所得爲每週十先令，故其每週的所得變成二十四先令。在歉收前，他恐怕經常以每週八先令購買一 bushel 的麥粉。因此，他對必需品，在十先令之內，只使用二先令。故在歉收期間，他幾乎可以三倍的價格，購買同量的麥粉。雖對小麥一 bushel 付出二十二先令，但仍與過去一樣，爲了其他的欲望，而可留

③ 參照一八〇〇年十一月發行的小冊子；題爲《關於現在食物高價原因之研究》（*An Investigation of the Cause of the Present High Price of Provisions*）。有人誤解：這一小冊子是關於歉收原因的研究。因爲這一小冊子，實際主要只講到一個原因，所以，這樣的研究，當然是不完全的。不過，這一小冊子的唯一目的，是在承認 Portland 公爵的書信中所述穀物的不足計達四分之一（我也很相信，這種不足，甚近事實），同時指示：按照歉收的程度而食物價格極度高漲的主要原因。

下二先令。這樣的例子，如爲一般的，則小麥的價格，在歉收的時候，一定上升而遠過於實際（按：實際可以發生的價格上升）。但是，與此同樣的例子，決不在少；甚至以穀物的價格爲標準而斟酌救助的制度，也曾通行（was general）。

如果英國的通貨，是只由不能即刻增加的硬幣所構成的，那末，要對貧民增給七百萬鎊，而不十分妨礙商業的操作，這恐怕是不可能的。這樣，在開始這種廣泛的救濟之時，因爲社會的所有階級，對於食物，一定都得支出較多的費用，所以，對於通貨的需要，當大爲增加。此時主要所用的通貨，它的性質，是可按需要而即時發行的。但據英蘭銀行對議會的報告，未嘗由此原因而有何大量紙幣的增發。比較過去的平均發行額，雖然增發了三百五十萬鎊，但此紙幣額，除了充分塡補由流通界收回的硬幣以外，恐已不多。這種推測，如果是眞的（而由當時出現金幣之少，可以想像收回額略如上述），則由英蘭銀行發行的通貨，縱使性質不同，至其數量決未顯著增加。而且，通貨對於一般商品價格的影響，不論通貨主要是由 guineas（金幣）所構成的，或由 guineas 的代用品、即流通的鎊紙幣與先令（銀幣）所構成的，當然都是一樣的。

這樣，對於通貨增發的需要，主要雖由地方銀行所供給；但是，這些銀行也會樂於利用這種有利的機會。不過，地方銀行的紙幣發行額，依然由其流通的兌換券分量所推定；而此分量，如果信用已經建立，則由當地一切貨幣交易的必需金額所推定。於是，所有這些交易，乃因食料品價格的上升而數額較大。即使只就每週的工資支付（包含教區的給與）而言，當地通貨之需大量膨脹，那是顯然的。如果假定：沒有這種特殊的需要，而地方銀行還想發行同量的紙幣，那末，這些紙幣就很快地回到他們的手裡；因此，就會立刻知道自己的錯誤。但是，在上述情形之下，因爲通貨是直接的，且爲日常用途所必需的，所以滔滔不絕地爲流通市場所吸收。

在同樣的情形之下，即使英蘭銀行的硬幣支付未有限制，地方銀行是否未曾發行幾乎同額的紙幣，乃屬疑問。在上述限制以前，地方銀行的紙幣發行額，是靠流通市場的必需額調節。而在上述限制以後（也與以前一樣），他們對其回籠的兌換券，非以英蘭銀行的通貨支付不可。此兩情形的不同，主要由於：自對銀行實施限制以來，發行額面一鎊及二鎊兌換券的有害習慣乃被採用；此外則爲多數人民如果得不到金幣，就在地方銀行紙幣與英蘭銀行紙幣之間，有所計較。

所以，一八〇〇年及一八〇一年地方銀行紙幣的大量增發，顯然不是食料品價格上升的原因，毋寧爲其結果。但是，一旦爲流通市場所吸收，這必然影響一切商品價格，使價格極難下跌；這是這種制度的人缺點。在歉收期間，如果通貨未曾膨脹，則商業及投機交易受到很大的障礙，使國內各方面的交易未能圓滑進行；此外，還無法輸入多量的穀物。通貨的膨脹，雖可防止這種不便，但此一時的利益，乃被由此而引起的永久惡害相抵消。即因膨脹通貨的不易收回，乃使歉收時的價格長期繼續。

但是關於此點，如果紙幣的大量增發，不由英蘭銀行而由地方銀行推行，這遠爲得策。

在限制硬幣支付期內，使英蘭銀行收回其過剩紙幣，這是不可能的；但在地方銀行，因其銀行紙幣如在流通上沒有必要，立即回籠。所以，英蘭銀行紙幣如不增發，則全體的通貨，這樣就可減少。

對於豐富與廉價的恢復（to restore plenty and cheapness），有兩最有效的事故，此即豐收與和平；在兩年的歉收之後，接著豐收與和平，這對我們誠是幸運。而此兩者互相爲用，乃對買賣雙方，一般給與食物豐富的信念，買方不急於買，賣方則急於賣，於是市場的供給增加，結果價格急落。於是，教區可以減少對於貧民的補助；因此，即在賣方間的恐慌過去之後，猶可防止價格的再行上升。

但是，如在歉收兩年之後，只是接著平收；則我確信：市場的供給不會大量增加，穀價下跌有限，教區的補助也不能減少，巨額的紙幣仍有必要，所有貨物的價格比例於通貨的膨脹而總不下跌。

如上所述，教區的補助金雖可隨物價的下跌而撤回，但是，如果不用這種一時的援助，而一般地提高工資，則通貨收縮與物價下跌將更困難，高工資將成長期的，而對工人並無任何好處。

在熱望工資眞正提高的一點上，我不亞於任何人。但是，對於藉強制提高名目工資（在最近的歉收時已經相當實行，而且幾爲一般所推獎的），以達到此目的的企圖，凡有思慮的人，都一定以其幼稚、無效，而予以排斥。

勞動價格，在允許其自由尋求自然水準的時候，是表示食物的需供關係以及消費量與消費者數關係之最重要的政治晴雨計（political barometer）。又如除了偶然的事故，而就其平均來說，則此晴雨計更是表示社會對於人口的需要。換句話說，如果為欲正確維持現在的人口，每一夫婦須有幾個孩子，則勞動價格乃隨維持勞動者的眞正基金情形而定；即從其基金的不變、增加或減少，而於支持此孩子人數上，或為足夠，或為有餘，或為不足。不過，我們不由這種見地考察這一事情，我們認為：這（按：指勞動價格）是可以隨意增減的，主要是受治安推事所支配的（Instead, however, of considering it in this light, we consider it as something which we may raise or depress at pleasure, something which depends principally upon his Majesty's justices of the peace）。因此，一旦食物價格上升而表示需要已經大過供給，我們為對勞動者保證其過去的生活，而提高其工資；即使需要增加。而在此時，我們看到食物價格的不絕上升而大為驚奇。我們這種行動，恰似在普通晴雨計的水銀表示暴風時，看到加以某種機械的壓力而使水銀高升到「晴天」，而仍繼續降雨，乃大為驚奇。

Smith 博士曾謂：在歉收之年，因雇主不可能以同一工資雇用同數的工人，所以有一自然的傾向；即：多數工人或則失業，或則不得不以低於過去的工資而勞動。工資的上升，一定產生更多的失業；而且，如他所說：這有一種傾向，完全妨礙輕度歉收帶來的效果（即使下層人民更加勞動、更加愼重而且勤勉的效果）。在最近歉收期間被解雇的僕役與職工數字，是證明這些推論的陰慘證據。如果工資的一般上升，是與食物的價格相比例的，則在農業者與少數紳士以外，完全無人可以雇用與其以前同數的工人。多餘的僕役與職工乃被解雇；這些失業者，當然只好依賴教區。即：歉收不使勞動價格上升，而反有使其下跌的傾向；這是事物的自然順序。

在已有像 Adam Smith 這樣優秀著作出版與普及的今天，甚至若干經濟學者，仍以爲：官吏與議會的一紙命令，具有改變一國全部事情的力量；又在食物的需要大過供給的時候，以爲：公布特殊的勅令，即可使供給與需要相等，或使大於需要，這實在是不可思議的。許多人，他們害怕最高價格規定案（many men who would shrink at the proposal of a maximum）而自提議：勞動價格應與食物價格相比例；似乎沒有注意到：此兩提案，實在是同性質的，都有引起饑饉的傾向。爲使工人購買與過去同量的食物起見，應當公定穀價呢？還是應當比例地提高工資呢？這不成問題。工資提高的唯一利益，是因必然同時帶來食物價格的上升，所以獎勵輸入。不過，因爲輸入有時受戰爭及其他事情的妨礙，故暫不論；於是，工資一般乃與食物價格比例上升；而且，這在教區對失業者給以充分補助金的援助之時，乃與最高價格公定的情形一樣，完全妨礙節約，使足夠一年消費的全穀物量，在九個月內消費了；終致帶來饑饉。同時，我們不能忘記：在如此情況之下，儘可能地，對於貧民給與一切的援助，這不論在人道上或在眞正的政策上，都是最必要的。如果假定食物仍保持歉收時的價格，則工資一定上升。否則，疾病與饑饉，迅使勞動者數減少；結果，因爲勞動的供給不符需要，工資立即比較食物的價格，更爲上升。但是，即使是一、二年的歉收，如果完全不顧貧民而聽其自然，那也許會產生這種結果。因此，在這種窮困時期，對他們給以一時的援助，這是我們的義務，也是我們的利益。此時，應當獎勵一切廉價的麵包代用品，講究食料節約的 切方法。再則，我們對於穀價的上升，毋須過於敏感。因爲：這是會促進輸入而增加其供給的。

救貧法及強制的工資提高政策，其無效果，在歉收的時候，表現得最爲顯著；所以，我在這種見解之下，考察這些事情並無不當。而在最近的歉收，因爲這些價格上升的原因，大受通貨膨脹的影響；所以，我對此問題的若干考察，不能說定爲蛇足。

第六章　論救貧法（續）

關於荒年的考察，即使完全不說，如果人口增加沒有同比例的食物增加，則非使各人所得的價值減少不可。食物的分配量一定減少，接著，一日勞動所能購買的食物量也就減少。食物價格的上升，或則由於人口的增加快過食物的增加，或則由於社會的貨幣分配有了變化。舊國的食物，即使是在增加，這也是緩慢而有規則的，不能適應急激的需要。但是，在社會的貨幣分配上常有變化，這無疑的，是引起食物價格不斷變化的一原因。

所以，英國的救貧法，在這兩方面，乃有壓迫貧民一般環境的傾向（tend to depress the general condition of the poor in these two ways）。救貧法，其第一明白的傾向，是不增加可食的食物而使人口增加。因爲：如無教區的補助，幾乎或完全沒有希望可以支持家族的貧民，也將結婚。所以可說：救貧法是自創造其扶養的貧民。又因人口增加的結果，不得不使食物對各人的分配比率減少，所以，不能由教區的扶助獲得支持的人們，無法以其勞動購買以前的食物量，而其結果，乃使更多的人們不得不有賴於扶助。

第二：救貧所爲了一般在社會上不算最有價值的人們所費的食物量，乃使本來可以給與比較勤勉而有德者的分配量減少，而且這樣，同樣使較多的人們失去獨立（and thus, in the same manner, forces more to become dependent）。如使救貧所的貧民，生活比現在還要安樂，那末，這種社會貨幣的新分配，引起食物價格的上升，有使救貧所以外的人們更受壓迫的傾向。

現在英國，幸而還有獨立精神（spirit of independence）留在農民之間。但是，救貧法動輒要使這種精神消滅。救貧法雖有部分的成功，這如完全成功（像預期一樣地），則其有害的傾向，恐怕早就暴露。

寄食的貧困，應認爲恥辱（dependent poverty ought to be held disgraceful）；雖然這就個別的事例來說，也許殘酷，亦未可知。這樣的刺戟，爲了增進大部分人類的幸福，是絕對必要的。爲了削弱這種刺戟，所有一般的計劃，不論其原意是如何慈善的，常有害於其本身的目的。如果人們只是爲了教區的補助而結婚，這不僅爲其本身及其孩子帶來不幸與依賴心，且在無意識裡，乃對與自己同一階級的所有人們，給與損害。

英國的救貧法，在使食物價格上升與勞動實質價格下跌上，是一有力的原因。因此，在使以勞動爲唯一財產的階級貧困上，是有關係的。又，救貧法在使貧民之間發生輕率而浪費的習性（這與在小商人及小農民間一般所承認的習性，完全相反）上，很難想像沒有太大的關係。貧民勞動者，俗語所謂：似乎常是過著由手到口的生活（seem always to live from hand to mouth）。他們完全注意於現在的窮乏，幾乎並不考慮將來；雖有節約的機會，幾乎也不實行。因此，如有超過眼前需要的收入，一般全用在酒店裡。所以可說：救貧法是減少一般人民的儲蓄力與儲蓄心；這樣，使對節制與勤勉，又對幸福之一最強的刺戟，趨於薄弱。

高工資乃使工人墮落；這是工場主的一般怨言（general complaint）；但是一旦有事，如果不靠教會的補助，則恐工人們也不以高工資全部用在酒色上，而以其一部儲蓄起來，以備今後扶養家族。在工場工作的貧民，既有教區的補助，他們以爲不妨以其工作所得的全部工資，予以消費；有錢的時候，不妨任情享樂；這一事實是顯然的，因爲大工場一旦破產，則許多家族就立即前來教區。而在此工場的全盛時期，他們工作所得的工資，恐怕遠多於普通地方工人的工資，所以，他們應有儲蓄，足夠維持生活，直至找到其他的工作。

即使像那流連酒店的男人（他以爲：如果自己死了或病了，妻子可向教區求救），如果充分知道：在這樣的時候，他的家族，或則餓死，或則墮於乞丐的生活，那末，恐就不會這樣盡耗其所得。

對於怠惰與放蕩之一最有力的障礙，如此而被排除，則一般人民的幸福總量，定是減少；而且，使寄食的貧困（dependent poverty），這樣成爲一般而積極的制度，乃由最善、最人道的理由，削弱對此寄食應有的恥辱心。

英國的救貧法，無疑的，它的設定，是爲了最慈善的目的；但此目的，顯然未曾達到。救貧法雖然確實和緩了如果無此救濟法而將產生的極貧狀態，但由所有事情考察，教區扶養的貧民狀態，是很悲慘的。不過，對此制度的主要反對論之一，是謂：給與部分貧民的這種扶助，不僅其本身是極可疑的恩惠，而且因此，英國的一般人民階級，都得服從與憲法的其精神完全矛盾的不快、不便而且壓制的法律。救貧所的一切事務，即在其已經改善的現狀之下，也與所有的自由理念相矛盾。對於想以其全部妻子由教區負擔的男子，又對於近將生產的貧婦，教區的迫害，是最可恥、最可惡的壓制。而且，常由這些法律在勞動市場引起的妨礙，帶來一種傾向；即不斷地增加那些努力自活（不靠扶助）人們的困難。

這些附隨於救貧法的弊害，似是無法挽回的（seem to be irremediable）。如果對於某人民階級，應當給與補助金，則須判別適當的對象；而且，必須設置一種權力，使其管理這種制度所必要的事務。但是，對於別人的事情過於干涉，這是一種壓制；因此，這種權力的行使，在不得不求扶助的人們之間，自然必將招致摩擦。教會人員與救貧人員的專制，是貧民間一致的不平。但是，與其說罪在他們，毋寧說罪都在這些制度的性質；這些人們，在掌握權力以前，不是特別的壞人。

如果英國未有救貧法的存在，縱使極貧的實例也許多些，而一般人民的幸福總量，當遠大於現在。

所有這種制度的根本缺點，是在壓迫未受教區扶助者的生活狀態，而有創造更多貧民的傾向。事實上，我們如對英國的某些法令，按照人口原則嚴密檢討，當可發現：這些法令的目的，是絕對無法達到的。因此，這些法令，在完成其目的上，常是一再失敗；這毫不足怪。

有名的伊利薩伯法律第四十三（這是常被引用、常被稱讚的）說：救貧人員『得到二名或二名以上法官的同意，對於該法官認爲父母沒有扶養能力的孩子；又不問其爲已婚者與未婚者，對於沒有可以扶養自己的財產及一定職業的人，應當設法使他們從事職業；又對該教區的所有居民及地主，實行課稅，用以調達（他們認爲必要地充分）亞麻、大麻、羊毛、棉絲、鐵及其他必需的物品及材料，每週或每其他期間，援與貧民以職業』。

這不是規定：英國的勞動維持基金，或由政府的一紙命令，或由救貧人員的查定，可以任意無限地增加麼？嚴格說來，這種條文是傲慢且極不合理的；這似對於過去只生一穗的小麥，法定其今後應生二穗。加紐脫（Canute）王曾向波濤命令「勿濡我足」，這是對自然法的無上冒瀆。又此法令，對於救貧人員未有任何指示：應如何增加勞動維持基金。再，也未主張：爲了這種目的，勤勉、節約及農商資本管理上的聰明努力是必要的；而只希望：無智的教區人員，濫用政府的法令，這種基金就可奇蹟地增加。

這種條文，如果實際而且善意（*bonâ fide*）實行，使不以接受教區的補助爲恥辱，則所有的勞動者，因爲確有希望可以適宜地扶養一切孩子，故將任意早婚；而且，因爲假定對於人口並無障礙（由於婚後窮困的結果），所以，人口的增加，將以空前的（舊國所未有的）速度前進。本書已經說過，在這情形之下，不論如何進步的政府，不論其如何努力，是否猶可保持食物與人口的均衡？讀者當可明白。何況一紙任意的法令，與其說增加生產勞動的維持基金，毋寧說是有使減少的傾向；這是不問可知的。

就各國的實際情形看來，自然的增殖力，幾乎常欲發揮其全力。但是，不論在任何政府，像指導國民的產業勞動，使其生產土地所能生產的最大量食物，這恐怕是最困難或不可能的。此事顯然如不破壞過去的財產法（對於人類具有價值的一切事物，過去都因以產生的財產法），是不能實行的。因爲結婚的意向（特別是在極年輕的人們之間）十分堅強，故如家族扶養上的困難全被消除，那幾乎沒有二十二歲還是獨身的。但是，任何政治家或合理的政府，可以禁止一切肉食麼？可以禁止使用馬匹（爲了業務或娛樂）麼？又可命令人民都吃馬鈴薯麼？或可命令：除了諸如衣、住等絕對必需的生產以外，國民的全部產業都應投在馬鈴薯的生產麼？又，這樣的改革縱使可能，但這果是可以希望的麼？因爲：即使如此用盡一切努力，但幾年之內，窮困一定又將來臨；而在此時，資源則更減少。

一國一經失去新殖民地的特殊地位之後，在其耕作的實際狀態（又在由最賢明的政府可以合理期待的狀態），食物的增加早已不許無限制的人口增加；這是我們所常見的。所以，依利薩伯第四十三的法律條文，以此爲永久的法律，這在事實上是無法適當實行的。

但是，也許有人會說；事實與理論並不一致，問題的條文（the clause in question）不是在過去二百年間具有效力，而且現在仍在實行麼？但是，我毫不躊躇地回答說：這一條文，未嘗眞的實行過；而且，它現在依然作爲條文而存在，就只因其實行的不完全而已。

貧窮者所得極少的扶助、救貧人員在分配這種扶助上所常有的驕橫侮蔑態度、以及尚有若干遺留在英國農民間之自然形成的自尊心，乃使他們中間較有思慮而善良的人（more thinking and virtuous part of them），只要除了簡單的教區補助以外，沒有希望可以獲得任何有力的家族扶養手段，那就避免結婚。改善我們生活的希望，與使我們生活惡化的恐怖，恰如醫學上的自然治癒力（*vis medicatrix naturæ*），乃是政治上的國家治癒力（*vis medicatrix reipublicæ*），對於由各種偏狹的人爲制度所生的無秩序，不斷地抵抗。儘管是有獎勵人口增加的偏見與救貧法的直接獎勵結婚，但上述力量，對於人口增加，仍有預防障礙的作用；而且，現在還有這種作用；這對英國可以說是幸福。但是，雖有救貧法的結婚獎勵，在防止結婚頻發的「獨立與戒愼」精神之外，這些法律，其本身引起不少的障礙；這樣，是一手獎勵的事物，別手予以妨礙。各教區，因有扶養其教區內貧民的責任，自然是怕貧民的增加；而其結果，所有的地主，除了眞的十分需要勞動者以外，與其建造勞動者的小住宅，毋寧予以摧毀（有此傾向）。而且，這種小住宅的不足，它的作用，當然，是對於結婚的有力障礙；這種障礙，恐怕是我們使救貧法制度能夠如此長期存在的主要理由。

雖有這些原因，而猶不能暫時阻止其結婚的人們，或則在自己的家裡、接受微薄的救助，而甘受由極貧所生的一切結果，否則密集於狹隘而不衛生的救貧授產所，冒著幾乎普遍而頻發的死亡危險（尤以兒童爲甚）。關於倫敦教區孩子的待遇，Jonas Hanway 的記述是有名的；但據 Howlett 先生及其他著者所說，他們在鄉間的情形，也無大異。由救貧法所生的大部分過剩人口，這樣，或因救貧法本身的作用，或至少因其運用的不宜，而被剷除。其未被剷除的部分，因以勞動維持基金分配於超過可以適當扶養的許多人們之間，又因以扶養勤勉愼重的勞動者所必需的許多金額用以扶養怠惰放縱的人們。所以，壓迫救貧授產所以外的一切勞動者，每年使有更多的人們被逼而來；終於釀成可以痛惜的大惡害，此即今天很大比例的人民是靠慈善過活。

如果問題的條文（the clause in question），正如前述地實行，又如由此所生的結果也正如前述，那就顯然，我們對於貧民，已有了不可原諒的欺瞞，而且已經承諾終於無法實行的事項（and have promised what we have been very far from performing）。

那些想在製造工業上大規模使用貧民的計劃，幾乎一定失敗，徒費資本與原料。在二、三教區，因有巧妙的經營與豐富的基金，使此制度得以持續；這些新製造工場對於市場的影響，一定是使許多的獨立工人（一向從事同種製造的）失業。關於這種影響，Daniel de Foe 在其題爲《施與不是慈善》（*Giving Alms no Charity*）的對議會建議書上，曾經強調。他就製造工業雇用教區兒童而謂：『這些窮孩子所紡毛絲的每一束，比較過去貧家所紡的，一定逐漸減少；又在倫敦，這些孩子所製的每幅粗毛料，比較科赤斯特（Colchester）或其他地方所製的，數量一定減少』①。F. M. Eden 爵士，對於同一問題，曾謂：『拖布與草箒（mops and brooms），不論是教區的孩子所製的，或是個人勞動者所製的，如果超過世間的需要，就無法出賣』②。

---

① 參照 F. M. Eden 爵士關於貧困的有價值的著作第一卷二二六頁。摘錄 Daniel de Foe 的議論。

② Eden 對於貧民想像上的權利（即：貧民如能勞動，則給與工作，至其不能勞動時，則給與生活的維持），曾有如下的說明，這確是正當的。他說：『但是，不論任何權利，如爲無法滿意實行的，這種權利到底能否說是存在，乃屬疑問』，第一卷四四七頁。對於判斷救貧法的效果所必需的材料，Eden 所收集的，比誰都豐富，他據此材料而結論謂：『故就全般看來，由貧民的強制維持所能期待的一切好處，很少於其必然結果

也許以爲：與此同樣的理論，對於在某特定的工商業上所有帶來競爭的新資本，大體也可適用。這是因爲：這種新資本，對於過去從事這種工商業的人們，定有相當的損害。但是，這兩情形，乃有重要的不同。即在後者，競爭是完全公平的；此事，凡有心進行事業的人，誰都必須考慮。他的競爭者，只要沒有遠較優秀的熟練與勤勉，則其地位，是毋慮被奪的。至在前者，因爲競爭是受巨額的補助金所支持，所以，獨立勞動者乃爲其競爭者（儘管是很不熟練、很不勤勉）所壓倒，而被不當地逐出市場。他本人恐要犧牲自己的收入（earnings）而能參加這種競爭。這樣，勞動維持基金，脫離產生相當利潤的營業而被採用於如無補助就不能維持的營業。一般在勞動維持基金可靠租稅徵收的時候，其大部分，不是已被投下的新資本，乃是已被轉變新用途的舊資本（過去是被大大有利使用的）。農民雖因獎勵惡劣不利的製造工業而付出救貧稅，但如以此用在其自己的土地上，當可給與國家以無限巨大的利益。這樣，如在前者，則勞動維持基金日益減少，而在後者，則日益增加。爲了雇用貧民的課稅，在任何國家，乃使眞正的勞動維持基金減少；這種明白的傾向，乃使那種妄想（即：不論人口的增加如何迅速，都可用政府的力量，給全體人民以職業），更加惡化。

的一切壞處；這種結論，似有正當的根據』。第一卷四六七頁。我對救貧法的意見，得到這種實際研究的承認，引爲快樂。

我不以爲：這些理論，對於一切的貧民雇用方法（小規模的，而且同時具有那種並不獎勵貧民增加的限制的），也可適用。一般原則，固須時常注意，但我並不希望其過分擴大。就特殊的情形看來，可能獲得的個別利益很大而一般弊害甚少，前者顯然駕乎後者之上；這是可以有的。

我的意思，只想指摘下述一事；即：一般制度的救貧法，是建築在很大的錯誤之上；我們時常目見耳聞有關貧民問題的通論，謂勞動的市價常須充分足夠支持家族，或謂對於任何有意勞動的人必須給與職業；畢竟，這等於說：一國的勞動維持基金，不但是無限的而且是不變的；因此，一國富源的開發，不問其爲急速的、漸進的、停滯的或衰頽的，其對勞動階級給與充分職業與充分工資的力量必須常是完全一樣；而這種結論，乃與明明白白的需要供給原則相矛盾；這且包含不合理的命題，即謂有限的領土可以維持無限的人口。

第七章　論救貧法（續）

前章所論關於救貧法的性質與結果，由一八一五年、一八一六年及一八一七年的經驗，最可明白證明①。這三年，證實了最重要的兩點；在有理性的人們，其心中早已不留懷疑的餘地。

第一：英國在救貧法中給與貧民的約束（即約束：由於沒有職業或其他原因而無法扶養自己或其家族的人們，藉教區的課稅予以維持，且給他們以職業），事實上並未履行。

第二：儘管法定的教區課稅額大爲增加，還有自由而慈善的捐款（最寬大而且值得讚賞的），國家對於具有勞動的意志與能力的無數勞動者及職工，完全無法給與適當的職業。

在倫敦及其他大都市，可以看到許多瀕於饑餓的家族，他們即使實際予以收容，但是，他們看到救貧授產所的雜亂、不健康的可怖狀態，也會不願依賴教區；且在許多教區，要徵集必要的課稅額，是絕對不可能的；它的增加，如照現行法，也只使依賴教區的人更多，而使已經徵集的租稅，其效力愈益減少而已；再則，爲了援助教區的課稅，國內到處都有要求自由樂捐（voluntary charity）的呼聲；知道了這些事實，無論如何，早已不能說：救貧法是眞已實行其承諾（the poor-laws really perform what they promise）。

這些關於救貧法無效的敘述，不僅證明救貧法未曾實行其約束這一無可爭辯的事實，而

① 本章書於一八一七年。

且是一最有力的推定：救貧法無力實行其約束。破約（breach of a promise）的最好理由，是所謂絕對不能實行；其實；這也是過去可以辯護破約的唯一口實。但是，不履行「不可能的事情」，這當然是可原諒的；明白其不可能而予以約束，這是不能原諒的。所以，如果希望這種法律儘可能地實行，則對其條文（及對其條文的一般解釋），加以改正，在事實可以實行的範圍之內，不予貧民以錯誤的觀念；這確是賢明的。

此外，還有一事實已經明瞭；即：儘管是有極多的自動捐款、教區課稅的大量增加以及個人最好的不斷努力，給與援助，對於過去二、三年間因需要的急激減少而失去工作的人們，仍未能給與必需的職業。

社會的大運動（the great movements of society），即一國國民，在或長或短的期間，其進步、停滯或衰頹的大原因，乃非教區的課稅與慈善的捐款所能充分支配的，所以這種努力，在停滯或衰頹狀態，並無力量可以產生勞動的有效需要（這只附隨於進步狀態）；這是可以想像的。但是，以前並不承認這種眞理的人們，由於過去兩年②的陰鬱經驗，現在一定也已得到充分的了解。

但是，爲了救濟現在的貧窮，過去所有的努力，決非錯誤。毋寧是相反的，這些努力，

② 一八一六年及一八一七年。

不僅是出於最可讚賞的動機，也不僅是對於救濟英國的同胞已盡其大的道德義務，且在事實上，已經獲得大的善果，或則，至少已經阻止大的惡害。至其部分的失敗，未必表示這些努力的指導者缺少精力或熟練；只是表示：只有部分計劃可能實行而已。

使現在的窮狀趨於和緩，並救濟其苛酷的壓迫，而保護貧民至較好的時期；此事的實行，本來除了富人之外，還得多少犧牲其他的貧民階級；但這是可以實行的。不過，如欲一舉恢復已經失敗的（不論其原因如何，但因非今日人力所能支配的事故而已失敗的）對商品及勞動的活潑需要，這不論個人或國民如何努力，到底都是無法實行的。

整個問題（the whole subjects），四周全是可怕的困難：現在感到最有必要的，莫過於想起前章曾經引用的 Daniel de Foe 的言論。全國的製造業者，其中特別是 Spitalfields 的織物業者，陷於苦境的深淵（因對其產物的需要減少而即時直接引起的）；而其結果，爲使供給適合於此已減少的需要起見，工場主被迫必須解雇許多的工人。於是，對於這些已被解雇的工人，爲了急於要再給以工作，部分有志之士，提議由捐款設一基金。但其結果，只能使原已供給過多的市場繼續過剩而已。工場主們對此的反對，是極自然、極應當的；因爲：這種方案，是妨礙他們唯一可藉縮小供給，以免資本的全滅及必須解雇全體工人（不是部分工人）的方法。

另一方面，部分的商人及製造業者階級，紛紛主張：與國內生產物相競爭的（因而妨礙英國產業的勞動雇用的）一切外國商品，加以禁止。但是，一般依賴輸入材料而從事商品精製加工的階級，對此的反對，是最自然、最應該的。只許使用國產品的宮中舞踏會，雖對國內部分工人給與工作，但在其他部分，乃使與此同數的工人不得不失業。

固然，如果只爲避免懶惰與由長期專靠施捨而生的惡習慣（這種道德的壞結果），自當儘量對於失業者給以職業。但是，既有上述困難存在，這種計劃的實行，應有充分的注意；可被選擇的職業，必須其結果是不會妨礙現存資本的這一類。所有公共事業，例如，道路、橋梁、鐵路、運河等的建設及修理，都屬這一類；但在農業資本已受很大損失的今天，幾乎各種可靠公共捐款進行的農業勞動，恐怕也可計算在內。

即使是這種勞動雇用方法，某人的利益，同時一定帶來別人的損失。各人的收入之內，被用於這種捐款的部分，對於這一部分如果用於普通用途便可受到扶養的各種勞工而言，實在是損失；由此而引起的這一方面需求的缺乏，必然使那些否則不會感到窘迫的部分感到窘迫（That portion of each person's revenue which might go in subscriptions of this kind, must of course be lost to the various sorts of labour which its expenditure in the usual channels would have supported; and the want of demand thus occasioned in these channels must cause the pressure of distress to be felt in quarters which might other-wise have escaped it.）。但是，這在這種情況之下，是難以避免的結果。使弊害分散於較寬的表面（to spread the evil over a larger surface），使特定部分所受的壓力可由全體分擔而和緩，這就一時的手段來說，不僅是慈善的而且是正當的。

應該時常想到的大目的，是使人民生活在一種希望之內；那就是希望經過他們現在的貧窮，常是趨向於較好的時期（我相信：這種希望是確實的）。現在的窮困，它的形成，無疑的，是因近年對於英國人口增加所有的顯著刺戟；它的影響是無法迅速掃除的。但是，在下次製作人口統計的時候，婚姻與出生，大體要比一八〇〇年及一八〇一年大為減少，死亡則將增加。這種結果，如以相當的程度，繼續幾年，則將使人口的增加延緩，又，歐美因財富增加而需要增加，加以國內的商品供給如果適應由於貨幣改革而生的財富新分配，那末，這些將再對英國商業及農業上的一切交易給與生命與活力，而終使勞動階級又恢復充分就業與高工資（restore the labouring classes to full employment and good wages）③。

關於貧民的窮困，特別是關於極貧者增加的問題，乃有極大的謬見。有謂：戰爭進行中，需要教區補助的貧民增加，主要由於生活必需品的漲價。但是，我們知道：生活必需品儘管驟然暴跌，而在同時，需要教區補助的貧民，會以更大的比例增加。

③ 一八二五年。此事雖已相當實現，但這與其說是由於前一原因，毋寧說是由於後一原因。根據一八二一年的統計，可知：比較豐饒之年婚姻數及出生數的大增加，一八一七年及一八一八年歉收之時的減少，極為有限。因此，至一八二〇年止，十年之間，人口大為增加；而且，從此人口的大增加，勞動階級未能發現由最後二、三年間農商業上的繁榮當然可以期待的充分工作。

在今天有人說：租稅是他們貧窮及勞動需要異常停滯的唯一原因。但是，假使明天租稅完全廢止，當知：這種停滯並不消滅，及更大爲激化。因爲這種事故，引起通貨價値更大的一般上升，而同時帶來產業的不振（這是常跟著這種社會的激動而來的）。像一般所說，如果工人以其今天所得的半數以上支付租稅，而現在因爲租稅的撤廢而其必要的商品，價値下跌一半，此時，要是有人想像：他們的工資依然維持與過去同樣的名目價値，則他一定幾乎不知道工資調節的法則。假使所有商品的價格下跌，通貨按其比例收縮，而工資暫時依然維持同額，則許多的工人將立被解雇；這是容易了解的。

課稅的影響，無疑的，在許多情況之下是大有害的。但是，由租稅撤廢所能獲得的救濟，與租稅徵課所帶來的損害，決不相等；這可說是幾乎沒有例外的原則。而課稅的特殊弊害，一般不在它所引起的需要減退，而在它給與生產的障礙。關於能在本國生產、能在本國消費的一切商品，如果因爲借款的結果，資本轉於收入（the conversion of capital into revenue），則需要對於供給的比例一定增加。又，適當課稅的結果，個人的收入即使轉變爲政府的收入，但這對被課稅的個人，不論如何苦痛，一般需要量並不減少。這雖因使被課稅者的購買力減少，當然使其需要減少，但政府及由政府雇用者的購買力則告增加；而此增加的購買力與其減少的購買力，正巧相同。如果以年收五千鎊的土地，抵押二千鎊，則兩家族（按：過去只是一家收入，現分爲兩家）都可過很好的日子；都可靠其地租生活，都將大大需要房屋、家具、馬車、大幅黑絨（broad-cloth）、綢布與棉布等。土地的所有者，因土地的入質，他的生活當然要比過去苦些；現在，上述質權如已燒毀（was burnt），因此，他恢復了原來的財產；但是，供給綢布、大幅黑絨及棉布等的製造業者與工人，並不因此而得到利益；已經恢復財產的地主，由其新的欲望與趣味，至恢復以前的需要，將需相當的時間。所以，如果地主以其增加的收入，亂花在車馬、獵犬與婢僕上，則過去供給綢布、衣服及棉布等的製造業者與工人，就要失業；又此取代的需要，對於一國資本與一般財源的增加，大爲不利。

以上說明，已經比較一般的想像，更加如實地表示：國債對於勞動階級的影響。又人們常是以爲：如果沒有國債，則社會的大部分需要增加；這種需要的增加，不但可與公債所有者及政府的需要減少相抵消，且常抵消而有餘；這也由以上說明，知道是很大的錯誤。

但是由上觀察，我不是說：國債可以儘量增加而對國家並無大害。任何財產的分割與分配，如限於某程度，那是有益的；如趨於極端，這是生產的致命傷。年收五千鎊的土地分割，一般雖有增加需要、刺戟生產、改善社會組織的傾向，但年收入十鎊的土地分割，一般將帶來與此相反的結果。

不過，根據國債的財產分割，往往有趨於極端之嫌，同時，分割過程往往採用十分阻害生產的方法。這種阻害，幾乎在任何種類的課稅上，一定相當地發生，但在妥適的情形之下，乃被「需要所受的刺戟更甚於供給」而取消。最近戰爭中，生產物與人口大爲增加，由此可以推定：即使格外增稅，生產力也不致大受阻害。但在和平恢復以後的各種情形之下，土地原產物的交換價值，又極度暴落；而其結果，在通貨大爲收縮的情形之下，課稅重壓的急激增加，定使阻害生產的其他各種原因，大爲惡化。這種結果，雖然在土地上也深有感覺；但是這一方面的貧窮，已經大爲和緩（this effect has been felt to a considerable extent on the land; but the distress in this quarter is already much mitigated）④；而且，在大部分失業的商人及製造業者階級，這種禍害的發生，與其說是由於資本及生產手段的缺乏，毋寧說是大多由於生產品的缺乏市場。爲了救濟這種缺乏，租稅的免除，是永遠適切的，是絕對必要的，但這確非即時見效的藥品。

與現在的危機無關（independently of the present crisis），極貧者增加的主因，第一是：製造業制度一般擴大，而工業勞動已有不可避免的變化；第二，特別是：可以作爲工資支付的金額，其很大部分是有由教區稅支付的習慣；這種習慣原爲某地方所採用，現已相當地通行於全國。在對勞動的需要巨大而且逐漸增加的戰時，只是因有這種習慣，所以生活必需品（的價格）雖因課稅而大爲上升，但工資不曾與此同比例地上升。因此，在大不列顛之內，這種習慣最少的地方，工資乃最上升。蘇格蘭及部分英格蘭的北部地方，其情形就是如此；勞動階級生活的改善及他們對於生活必需品及便利品購買力的增加，在這些地方特

---

④ 一八一七年記。此後，由於一八一八年以降穀價的大跌，這種貧窮又再增加。

別顯著。在此習慣未曾如此盛行的那些地方（特別是在都市），如果工資未以同樣的比例上升，這是因爲：人口乃由各鄰近地方流入（他們是被廉價養成的 cheaply raised），而立於競爭者的地位。

Adam Smith 曾經說破：爲欲提高牧師職（church）的立法企圖，其常終於無效，是因對於接受大學教育（爲了在教會工作的目的）的青年，給與補助金，所以他們乃被廉價而且豐富供給。同樣的，只要承認：有兩個孩子以上的人，他有接受教區補助的正當權利，則要維持每日的勞動工資足以由其自己的所得支持普通大小的家族，這不論人類如何努力都是不可能的。

我雖以爲救貧法自然導使這種制度的普及，但如果然，則教區的補助沒有理由不更逐漸提早開始；在這時候，一國的政府與憲法，在其他任何各點，即使有像最大膽的夢想家所能描寫地完全，又即使每年召開議會實行普通選舉，既無戰爭、也無課稅與年金，皇室經費則削減至每年只一千五百鎊，但是，社會的大多數，仍舊只是極貧者的集合；這是大可斷言的。

我雖被責難爲提議禁止貧民結婚的法律，但這並非事實。我不但未嘗提議這種法律，且曾明白表示：縱使沒有扶養家族的希望而仍欲結婚的人，也都全可自由；又由我的意見下了錯誤推論的人們，每於主張某種禁遏的提議爲最適切的時候，我同樣曾經嚴厲排斥這些議論。其實，我相信：任何限制結婚年齡的積極的法律，都是不正當的，而且是不道德的。我對平等制度與救貧法制度（此兩制度，縱使其出發點如何不同，但其性質是可產生同一結果的）的最大反對論，是使有效實施這些制度的社會，站在一種悲慘的歧途；即：或則結局是一般的窮困，或則制定限制結婚的直接法律（direct laws），兩者必有其一。

我眞正提議的方案，與此大不相同。這是慢慢而且非常慢慢（gradual and very gradual）廢止救貧法⑤。又我所以敢於希望考慮這種提議，乃因確信：救貧法是使勞動階級的工資極顯著地降低，使他們的一般情況（比較沒有這些法律存在時）本質地惡化。救貧法的作用到處都是抑壓，對於大都市的勞動階級則尤甚。在鄉村教區，貧民事實上，對於他們的低廉工資，獲得某種補償。即：他們超過一定數的孩子，事實乃爲教區所扶養。自己如果結婚，幾乎一定成爲極貧者的父親；這種念頭，對於工人，當然是最不愉快的；但如能夠忍受，總可得到一些補償。不過，在倫敦及其他所有的大都市，他們只是得到惡害，並無得到補償。在鄉村靠補助金育成的人口，自然而且必然地流入都市；同樣自然而且必然地，有使都市工資下降的傾向。同時，事實上在都市結婚而且擁有大家族的人，只要現實並不瀕於餓死，不能由其教區獲得補助；不僅如此，工業勞動者爲支持家族所得的補助（因其工資低廉），完全是不足道的。

爲了救濟這種來自鄉村的競爭結果，都市的技術者與製造業者（artificers and

⑤ 緩慢的程度，是對現在生存的人，或以後兩年內出生的人，沒有影響。

manufacturers），乃有互相團結以其團結的力量維持一定的勞動價格而拒絕以更低的工資從事勞動的傾向。但是這種團結，不僅是不合法的⑥，而且是不合理的，無效的。如果某特殊產業部門的工人供給，自使工資下跌，而強欲維持其工資，這畢竟將造成許多的失業者，終致扶養這些失業者所需的費用，乃與由高工資所得的利益相等；結果，這些高工資，由全體工人看來也是完全無益的。

在全體的勞動供給超過需要的時候，社會各階級全部要有充分支付與充分雇用（all the different classes of society should be both well paid and fully employed），這顯然是絕對不可能的（absolute impossibility）。而救貧法，有使勞動供給超過勞動需要的最顯著傾向，故其結果，或則使所有的工資普遍下跌，或則——如在人爲地維持工資之時——使多數的工人失業；這樣，終於不斷地增加勞動階級的貧困與不幸。

果然如此（我是確信其如此的），則現在一般人民間最受歡迎的著者們，特別選擇只此可以改善一般工人境遇的行爲，加以責難，而反稱揚必使他們陷於貧困與悲慘的制度；這對

---

⑥ 此點後來雖有變化；但是此節的後段，特別適於現在（即一八二五年末）。工人逐漸發現：他們的工資如果能夠提高到勞動的需要狀態及物價所許可的程度以上，那末，他們的全部，或幾乎全部的雇用，是絕對不可能的。雇主雇用與過去同數的工人，定將破產。

希望社會大眾幸福的人們，眞是最大的遺憾。

他們教訓工人說：工人絲毫毋須對其性向加以任何束縛，或對結婚而有任何戒愼（there is no occasion whatever for them to put any sort of restraint upon their inclinations, or exercise any degree of prudence in the affair of marriage）；這是因爲：教區乃有義務扶養所有的嬰兒。又說：他們幾乎沒有必要：養成節約的習慣，利用儲蓄銀行所提供的便利而在獨身時代儲蓄收入（使能在結婚之後，組織家庭，開始正當而舒適的生活）。這是因爲：教區使他們有衣穿，且在救貧所有對他們提供一張床鋪與一張椅子的義務。

又說：上層社會階級的人們，雖然努力訓導戒愼與節約的義務，但是，這種努力，只是出於一種希望；即希望他們節約用以支付救貧稅的金錢。不過，可以富人財產的最大部分給與貧民的唯一方法（與道德及宗教的法則不相矛盾，且不使全社會陷於窮困），是貧民在其結婚的時候，加以愼重，又在結婚前後，實行節約；這是絕對眞實的。

又說：生呀！殖呀（increase and multiply）！這種創造主的命令，對於人類的增殖，與神自己所定的各種法則是矛盾的。所以，人即使因爲無法增加其所在國家的食物而致大部分的子孫夭折（因此，人口並不增加），乃與對於大量迅速的人口增加具有餘地與食物者（可以充分優良扶養其子女），同樣是有早婚的義務。

又說：關於勞動階級的狀態，像英國這樣人口稠密而未墾地比較不毛的國家，與像美國這樣今天尚可容易獲得幾百萬英畝沃土的國家，兩者除了因課稅結果所生的不同以外，也無任何不同。

而且又說：美國工人日得一元，英國工人日得二先令，這理由是因後者以二先令的大部分付作租稅。呀！這是如何奇怪的愚論（O monstrous absurdity）！

以上所說，有些是非常滑稽的；這由勞動階級的一般常識，是一定立可否認的。如果工人專靠教區扶養其子女，此時，除了教區的食物、教區的衣服、教區的家具、教區的住宅、教區的支配以外，無可期待；這一定是使工人痛心的；他們一定知道：這樣生活的人們，到底既不快樂也不幸福。

在任何情形之下，工人的人數愈少，則在爲雇主而生產的製品價值之內，工人所得的部分愈大；這是普通的職工也都知道的。因此，結婚的戒愼（這是唯一的道德手段，使工人不超過需要），這是唯一的方法，對貧民永久給與一國全生產物的大份額；這種推論是最自然的。

一平常人（a common man），他如讀過聖經（Bible），一定承認：慈悲的上帝，對於有理性的人類，其所給的命令，是增殖人口，決非增加疾病與死亡。而且，他如有健全的理解力，就會承認：在完全或幾乎無法增加食物的國家，要是各人都在十八歲或二十歲（此時，一般最有結婚的欲望）結婚，則其結果是貧困、疾病與死亡的增加——增加人口，如無增加食物，是無法生活的；至少，只要這仍是眞理，恐怕他也不會對此懷疑的——，而非人口的增加。

又在知道土地性質的工人，如果稍微想一想，就可立即知道：在像美國這樣的國家（也許容易能夠扶養現在人口的五十倍）與像英國這樣的國家（如無異常的努力，連二、三倍的人口都無法扶養）之間，乃有與課稅全無關係的某種大不相同。至少，他會承認：已養有許多家畜的小牧場與所養家畜不及其能養的五十分之一的大牧場，在其維持增加家畜數量的能力上，是有雲泥之別。而且，因他知道：不論富人與窮人，都與其他一切的動物一樣，非靠土地生產物生活不可；所以結論是：在一方（按指動物）是眞的，在另方（按指人類）也不會是假的（true in one case could not be false in the other）。這樣的考察，使他想起：下述一事，乃是當然而且可能的。即：在居民很少的國家，雖可支付足以獎勵早婚與大家族的高工資；這特別是由於「出生者都能很容易而且安樂地養育」這一最重要理由；然而，在幾已充滿人口的國家，所付的工資，雖不足對於早婚給與同樣的獎勵，但在此時，出生者也得不到適當的養育。

在英國的職工與工人之內，恐怕誰都曾聽說：英國的麵包、牛肉及勞動的價格，高過大陸各國。同時，他們大體也曾聽說：這種高價主要是課稅的結果；課稅乃與其他原因，雖爲提高勞動貨幣工資的原因，但對工人卻是有害而無益；這是由於：工人靠其所得可以購買的麵包、麥酒及其他物品的價格，在此以前，已經提高。只要知道這一事情，任何壞的頭腦，都不難了解：在歐洲各國，使其勞動的貨幣價格遠低於英國的原因（即所謂並無課稅存在一事），而在美國成爲提高工資至二倍以上的手段，這是如何不合理的。這樣，在美國，其勞動的貨幣工資之高，原因何在，雖恐難於理解，但可充分知道：定有與「僅無課稅存在」大不相同的其他原因；而沒有課稅存在，這只產生完全相反的結果而已。

革命以後，一般認爲：法國下層階級的情形，大有改善；但是，關於此點，如果同時明白其附隨的各種事情，則對最近流布的各種說法，也可產生有力的駁論。革命以後，法國勞動階級情形的改善，是與出生率的大大減少有關；其自然的、必然的結果，是對勞動階級給與該國生產物的較大份額，此外，還可確保由教會附屬地及其他國有地的出賣所生的利益。這些利益，如果生產率高，則在短時日內，就將消失。法國革命的結果，乃使各人「依賴自己」之事更多而「依賴別人」之事更少（to make every person depend more upon himself and less upon others）。因此，勞動階級遠比以前勤儉；又對結婚乃更愼重。事實，如果沒有這些效果，則革命對於他們也全無意義。已被改善的政治，無疑的，乃使產生這些效果；這樣，乃有改善貧民狀態的自然傾向。但是，如果大規模的教區救濟制度與近時極力主張的各種議論，阻害這種效果（阻止勞動階級依賴自己的戒愼與勤勉），則其他各點的任何改善，都是微不足道的。而且，即在可能想像的最好政治形態之下，也有幾千幾萬的人們，將失去職業而陷於半饑餓。

如果不論人口如何衆多，而謂出生者都有權利由其土地養活，像爲限制人口而對結婚的任何戒愼全無必要，則各人由於人類性情的一切原則，一定隨其欲望而行動，終至更多的人依賴教區的補助。因此，關於貧民而主張這些議論的人們，同時又責怪極貧者之多，這是最大的矛盾。這種議論，與極貧者群（such doctrines and a crowd of paupers），是不可避免地結在一起，任何政治上的革命或變革，都不能使兩者分離。

第八章　論農業制度

農業的特質，在爲多數的家族（遠多於可以從事耕作的家族）生產食物。所以，嚴密維持農業制度（strictly pursued an agricultural system）的國民，常有超過其居民所必需的食物；因此也許以爲：它的人口決不受食物量的缺乏所限制。

實際，這種國家的人口增加，不因生產力的缺乏（不，甚至不因現實土地生產物對於人口的不足）而受直接限制，這是顯然的事實。而且，我們如果研究其勞動階級的狀態，就可知道，他們的實質工資，限制並調節其對於生活資料的購買力，有如本質地限制並調節勞動階級的增加。

關於土地及位置具有特殊環境（certain circumstances of soil and situation）而且缺乏資本的國家，與其在本國進行製造工業，不如以本國的原產物購買外國品來得有利；在此情況之下，當然會生產多量的原產物（超過本國的消費量）。但此事情，與勞動階級的永久境況或其增加率，都幾無關係。因此，即使是在農業制度占據優勢而產業勞動的大部分用於土地的國家，人民的境況也幾乎遭受各種程度的變化。

在農業制度之下，貧民的境況，恐可發現兩種極端的例子。他們或被置於最好的境況（爲我們所知道的），或被置於最壞的境況。

在有許多肥沃的土地（在土地的購買及分配上並無任何困難），而且原產物能夠容易輸出國外的國家，資本的利潤及勞動的工資都高。這些高利潤與高工資，如在節約的習慣一般相當普及的情況之下，則將促進資本的急激積蓄與對勞動的（繼續的）大需要；同時，它的結果即急激的人口增加，依然保持對於生產物的需要，阻止利潤的低落。而且，如果領土的面積廣大而人口比較稀薄，在這樣國家，縱使資本及勞動急激增加，但在某期間仍會不足；在這種農業制度的環境之下，勞工乃能支配最大部分的生活必需品，社會勞工階級的境況乃能達到最佳狀態（and it is under these circumstances of the agricultural system that labour is able to command the greatest portion of the necessaries of life,and that the condition of the labouring classes of society is the best）。

不過，在這種境況之下，勞動階級對於財富的唯一障礙，乃是原產物的價值比較低廉。

如果在這樣的國家，其所使用的製造品，大部分是靠原產物的輸出而購買的，則其必然的結果，是原產物的相對價值較低於貿易對手國，而製造品的相對價值則較高。但是，以一定量的原產物不能購買在外國所能購買的製造品及外國品，在這樣的地方，工人的境況不能由其分配所得的原產物量，正確測定。例如：某國工人每年的所得等於小麥十五 quarter 的貨幣價值，別國等於小麥九 quarter 的貨幣價值，此時，推想他們的相對境況及他們的享受愉快乃與上述同其比率（按：即十五對九），這是不對的。因爲：工人的所得不能全部用在食物上。所以，在不能用在食物的部分只爲十五 quarter 價值收入的國家，如果不能購買與只有九 quarter 價值收入的國家幾乎同量的衣服及其他便利品，則後者的工人境況，比較最初的想像，更遠接近於前者的工人境況；這是顯然的。

同時必須注意：因爲分量常有補償任何價值不足的有力傾向，故在穀物上有最大量收入的工人，縱使不如原產物的比例，但也許猶可購買最大量的必需品與便利品。美國的實例，是對勞動階級的境況最爲有利的農業制度。美國的國情，是以大量資本用於農業爲有利；而其結果，資本的增加甚爲迅速。資本的數量及價值，這種急激的增加，乃使對於勞動的需要成爲確實而且繼續的；而其結果，勞動階級的收入特別良好；他們仍可以購買異常多量的生活必需品，人口乃有異常急速的增加。

但是，即使是在美國，由於穀物的相對廉價，而感到多少障礙。至最近的戰爭止，美國乃由英國輸入最大部分的製造品，英國乃由美國輸入麥粉與小麥；因此，美國食物的價值，比較製造品，一定遠低於英國。此事不僅關於輸入美國的外國品，關於沒有任何特長的自國製造品，也是如此。凡在農業，沃土的豐富，抵消勞動的高工資及資本的高利潤；價格的此兩要素，雖其費用巨大，但猶可使穀價維持於低廉。在工業品的生產上，因爲沒有抵消此兩要素的任何特殊優點，故此兩要素一定影響物價，使本國製品也與外國製品一樣，比較食物，一般都非高價不可。

在這種事情之下，美國勞動階級的境況，就便利與快適的一點來說，比較別國的工人，其良好的程度，不能如其所得食物的相對量之所表示；這種結論已由經驗充分證明。法國人 Simond 先生，住在美國二十年以上；他曾訪問英國的大部分地方，在其一八一〇年及一八一一年所寫甚富理解力的旅行記上，似乎看到英國農家便利快適的情形與農民簡樸清潔的衣服，而甚爲感動。他在旅行的某地方，看到極多瀟灑的小住宅與極多的好衣服，幾乎沒有看到貧困窮乏的情形；因此奇怪：英國的貧民與他們的住宅藏在什麼地方？這一能幹精明而且顯然最公平的觀察家，他直接由美國前來，初度訪問英國；他的這些觀察，是貴重的而且有益的。他所指摘的各種事實，縱使部分由於兩國習慣與生活方式的不同，但是，很大的程度是由上述原因所引起的；這是一定的。

由於食物相對價格的低廉，對於貧民的境況，發生不利的結果；這可在愛爾蘭找到一很顯著的例子。愛爾蘭的食物，在前世紀，非常急速地增加，下層階級的人們可以大量獲得其主要食物；因此，人口的增加，幾乎遠快於任何國家（除了美國）。得到以馬鈴薯支付的愛爾蘭工人，比較被以小麥支付的英格蘭工人，其所得的生活資料可以扶養兩倍的人數；前世紀兩國的人口增加，也與對工人所給的常用食物相對量相比例。但是，關於便利與快適，他們的一般境況，則與此比例相隔甚遠；這也是事實。由栽培馬鈴薯的土地，可以取得多量的食物；而其結果，靠此扶養的工人，其工資的低廉，不但未使土地的地租低落，而反有使其上升的傾向；又因地租的上升，有使製造品的原料及馬鈴薯以外其他各種原產物的價格上升的傾向。此外，通常跟著這種境況而來的懶惰與不熟練，乃使所有的製造品，具有比較高價的傾向。因此，國內製造工業也受到大的相對的不利；至於外國的原產物及製造品，則受到更大的不利。所以，愛爾蘭的工人，以其所得超過其自己與其家族消費的食物價值，幾乎無法購買衣服、住宅及其他便利品。故其結果，儘管他們的生活資料比較豐富，但是關於以上各點，都在極端可憐的境況。

在愛爾蘭，勞動的貨幣價格，比在英格蘭，約爲一半。而且他們取得的食物量，決不足以抵補其價格的甚爲低廉（the quantity of food earned by no means makes up for its very low price）。所以愛爾蘭的工人，其工資的一定部分（例如其四分之一或五分之一），只能購買極少的製造品及外國品。反之，在美國，即使是勞動的貨幣工資，也幾爲英國的兩倍。因此美國的工人，以其取得的食物，雖然不能像英國的工人，廉價購買製造品與外國品，但因取得的食物品量非常大，故可抵補其廉價而有餘。他的境況，如與英國工人階級對比，縱使不如相對的生活資料之所示，但就全般而言，一定猶大爲有利。因此，結局，美國的農業制度，在我們知道的所有國家中，可以說對於工人階級的境況是最好的。

在農業制度之下，下層階級的境況十分悲慘的實例更多。不問原因如何，在資本停止積蓄的時候，人口常是在陷於停滯狀態之前，壓迫下層階級接近其習慣所許可的實際生活資料的界限。換句話說，勞動的實質工資下跌至正可維持停滯的人口。這種事態，如果發生（雖然這是時常發生的），在土地依然豐富而資本缺乏之時，則資本的利潤當然高昂。但如土地肥沃而且豐富，加以對於資本的需要是在停滯的（儘管其利潤高），則穀物將極低廉。同時，這種高率的利潤，乃與缺乏熟練及缺乏適當的分工（常是與資本的不足同時存在的），相俟而使所有國內製造品都成爲比較高價的。又此境況，對於戒愼而抑制這種風俗（最多是由享受便利與快適的習慣而起的）的發生，當然是不好的。因此，人口至勞動的工資十分低廉時止（縱使以食物測定），將不停止增加的趨勢。而且，以食物測定的勞動工資低（又食物的價值不論對於國內製造品或外國製造品，都相對地很低），在這樣的國家，勞動階級的境況一定是特別壞的。

此種實例，乃是波蘭及俄國的一部分、西伯利亞（Siberia）及歐洲土耳其（European Turkey）。在波蘭，人口幾乎是停滯的，或甚微增的。而且，因其領土廣闊，不論人口與生產物都屬不足；所以，我們可以確實推定：資本缺乏，而其增加亦慢。因此，對於勞動的需要，其增加未免甚爲遲緩；勞動的實質工資（換句話說，勞動階級對於生活必需品及便利品的購買力）低；因此，乃使人口止於他們可能有的緩慢增加量的水準。而且，由於國情的關係，農民不能有許多便利與快適的生活習慣；所以，對於人口增加的障礙，也是「積極的」而非「預防的」（the checks to its population are more likely to be of the positive than of the preventive kind）。

但在該國，因爲穀物豐富，年有大量的輸出，所以在此國家，限制並調節（limits and regulates）人口增加的，既非該國的食物生產力，也非實際的生產額；這是在現狀之下給與工人的食物分量及價值，還有則爲其撥用基金的速率增加（and the rate at which these funds appropriated increase）。

在此情況之下，對於勞動的需要很少；而且雖說人口稀薄，但該國窮乏的資本，不能予以充分雇用。因此工人的境況，乃因他們所能購買的食物量只可維持停滯的或十分微增的人口，以致惡化。又因他們取得的食物，其相對價值低，所以不論有多少剩餘，都只能購買極少的製造品或外國品；於是，他們的境況乃更惡化。

如果想到這些事情，則看了關於波蘭的一切報告，顯示下層階級境況的極度貧困，也毋須驚奇。且在歐洲其他地方，其土地與資本的情形與波蘭相似的部分，人民的境況也與此酷似。

但是，如果公平觀察農業制度，則像在歐洲有些國家所看到的，雖然土地仍舊頗為豐富，但對資本與勞動需要早已發生障礙，這不是因為這些國家的產業朝向於此特殊方面，可說是因政治與社會組織不良，致使產業不向這一方面充分而適當地發展。

波蘭，常被舉例為農業制度悲慘的結果，但這是最不公平的。波蘭的窮困，並非因為該國的產業主要朝向於農業，乃是由於財產狀態及人民的奴隸狀態，致對任何種類的產業，幾乎都無獎勵。土地是由農奴耕作，他們的勞苦所產全為其主人所有。而構成全社會的，主要是這些卑賤的人民、貴族及大領地的所有者；這樣的階級——或在國內對於土地的剩餘生產物提供充分的需要，或積蓄新的資本而使對於勞動的需要增加——全不存在。對此悲慘的境況最好的救濟方法，無疑的是採用製造工業及商業。因為只此可使多數人民由奴隸狀態獲得解放，而予產業及積蓄以必要的刺戟。但是，如果人民既自由而又勤勉，土地財產也能容易分割出賣，則像在波蘭這樣的國家，由外國購買精巧的製造品，以與本國的原產物相交換，這樣也許可以本質地長期作為農業國而存在。不過，在這種新的情況之下，當會出現與現在所說完全不同的光景。而人民的境況，與其說像歐洲後進國的居民，毋寧說更像美國的居民。其實，美國恐怕是農業制度適當的唯一近代實例。在歐洲任何國家，又在世界各地的大部分殖民地，對於投在土地的資本使用，依然存有頑強的障疑（由封建制度的殘餘所產生的）。而這些障礙，是本質地妨害農業耕作，完全沒有同比例地獎勵其他產業部門。商業及製造工業，對於農業固屬必要；農業對於商業及製造工業則更必要。農業耕作者的剩餘生產額，最廣義的解釋，是對土地耕作以外的社會人員，測定並限制其增加的；這是永遠不變的眞理。全世界的製造業者、商人、地主及從事各種文武職業者的人數，一定是正確地與此剩餘生產額相比例的；在事物的性質上（in the nature of things），是不可能超過這一限度的。如果，土地對其生產物十分吝嗇，必須全部居民爲此而勞動，則製造業者與坐食之徒就不會存在。但是，人類與土地的最初交涉，是一任意的贈與（a voluntary present）；這雖然實際不是很大的，但至人類可以獲得較大的物品時止，已經足爲生活基金。而且，人類之有獲得較大物品的力量，實由於土地的性質，即：從事土地耕作的人們，乃使土地生產更多的（超過其衣食住所必需的）衣食住材料。這種性質，實爲剩餘生產物（這是農業的特色）的基礎。而且，人類加於土地的勞動與才智，乃使此剩餘生產物增加；因此，乃使較多的人們，得有空閒從事一切粉飾文明生活的發明；同時，想獲得這些發明利益的欲望，乃使耕作者常是愈益增加他們的剩餘生產物。其實，這種欲望，爲了給剩餘生產物以適當的價値，並促其愈益增加，幾乎是絕對必要的。但是，如謂何者爲先，嚴格說來，則爲剩餘生產物。這是因爲：製造業者在能完成其工作之前，得先有生活資料；再則，耕作者不由土地獲得超過其本身消費的物品，其他任何產業都無法開步。

但是，在主張土地勞動的特別生產力時，如果我們只是觀察付給一定數地主之明白的貨幣地租，這無疑的，是十分偏狹的看法。在進步的社會階段，這種地租雖然確實形成此處所說剩餘生產物的最顯著部分，但即在初期的耕作時代（當時幾乎或完全沒有地租存在），這也仍可以高工資及利潤的形態而存在。一年取得等於十五或二十 quarter 穀物價值的工人，也只有三、四孩子的家族，現物的消費也許不超過五、六 quarter。又，產生高利潤的農業資本所有者，也許只其所得的極小部分消費於食物及原料。其餘全部，不問是以工資、利潤或地租的任何形式，都可說是產自土地的剩餘生產物；這種剩餘生產物，按其分量的多寡，各對一定數的人民，給與生活資料及衣住的原料。而得到這些的人們，其中有些並不從事肉體勞動而生活；又，有些是從事以得自土地的原料品，變形為最適於滿足人類欲望的形態。

一國是否主要可視為農業國，當然取決於：不以部分剩餘生產物在本國消費，而以與外國品相交換，這對該國是否適當。而且這樣的原產物，與製造品或特殊的外國生產物相交換，這除了輸出穀物的一點以外，即使對於與波蘭幾無任何類似之處的國家，在相當期間也是適當的。

所以，居民的產業主要是在土地，而繼續以穀物輸出；這樣的國家，按其特殊的情形，或則享有大的富裕，或則也可經驗到大的缺乏。這些國家，一般雖然不會受到很大的歉收（由氣候變化而生的一時弊害），但是，經常給與勞動者的食物分量，不許有人口的增加

（but the quantity of food permanently awarded to the labourer may be such as not to allow of an increase of population）。而且，它們（按：指人口）的情形，是進步的、停滯的、還是退步的，將由別的各種原因（即非他們主要傾其注意於農業）所決定的。

第九章　論商業制度

工商業繁盛的國家，因爲可由極多的國家購買穀物，所以，一旦進至這一制度，也許更可購買許多穀物（至各交易國的土地全被耕作爲止），且可支持急速增加的人口。所有國家的土地，全被耕作，這當然是遙遠將來的事情；因此，這種國家的人口，在非常長的時期，也許不會由於食物獲得的困難而受到阻礙。

但是，引起這種困難壓迫的各種原因，遠在此處所舉事故發生之前（而且，恐怕即使在周圍各國的食物獲得手段還比較豐富的時候），已經不斷發生作用。

第一：完全由於資本及熟練的各種利益與現有商業上的特殊銷路，在其性質上是不能永久的。我們知道：以機械的改良限於一地，這是如何地困難。我們知道：增加資本，不論對於個人或國家，都是不斷的目的。我們由商業國的過去歷史，知道：銷路不少是採取不同方向的。所以，一國只憑熟練與資本的力量，不受外國競爭的妨礙，而依然能夠保有市場；這是無法期待的。有力的外國競爭，一經發現，則該國輸出品的價格就急速下降，使利潤大爲減少；利潤的低落，將使儲蓄力與儲蓄心減少。在此情形之下，資本的積蓄緩慢，對於勞動的需要也比例地緩慢；而終於達到幾乎停滯的狀態。反之，新競爭者，也許由於自行生產原料品，又由於其他的某些利益，使其資本與人口，仍是很急速地繼續增加。

但是，第二：即使在很長的期間可以排除有力的外國競爭，但國內的競爭，幾乎一定產生同樣的結果。一國如有一種機械發明，因此機械的幫助，一人可做十人的工作，則其所有者，最初當然可以得到異常的利潤。但是，這種發明一經周知，大量的資本與產業勞動就被投於這種有利的新事業；因此，其生產物，如以過去的價格，遂遠超過國內外兩方面的需要。這樣，其價格逐漸下跌；結果，被投在這種事業的資本與勞動，不能獲得異常的利益。所以，即使是在這種製造工業的初期，每人產業勞動的所得，可以交換能夠扶養四、五十人的食物量，但在其後期，同一產業勞動的所得，也許連僅支持十人的食物量都無法購買；這是顯然的。

在過去二十五年間曾有可驚發展的英國棉紡工業，一向很少受外國競爭的影響①。棉製品價格的非常暴跌，幾乎完全由於國內競爭；這種競爭的結果，引起國內外兩市場的供給過剩；因此，被投在這一事業的現在資本，儘管是有因勞動節約而產生的異常利益，但在其一般利潤率上，已經沒有什麼好處。由於棉紡織所用精巧的機械，乃使過去需要若干大人的工作，現在一少年或一少女也可勝任；但是，儘管如此，不論工人的工資或雇主的利潤，比較不用任何機械、並無任何勞動節約的事業，並不多些。

但是，在這期間英國得到了莫大的利益。所有的居民，不僅能費較少的勞動與財產而獲得優秀的織物（這不能不說是永久的大利益），而此事業的一時高利潤，帶來了資本的大積蓄。因此，又引起了對於勞動的大需要。同時，海外市場的擴張與被投在國內市場的新價

① 一八一六年。

值，對於農業、殖民及工商業的（所有各種產業）所產，造成大的需要，因而阻止了利潤的下降。

英國因爲土地既廣，且有富裕的殖民地，所以增加資本的使用範圍大；一般利潤率，不如一般的想像，由於資本的積蓄，很容易而且迅速地減少。但在我們現在所考察的國家（即專門從事製造工業，而其產業勞動不能同樣指向各種事業的國家），利潤率將因資本的增加而立即減少；又，不論如何精巧的機械，如非不斷地改良，則在一定期間之後，利潤低落，工資下降；而其自然的結果，不能防止產生一種對於人口的障礙。

第三：在製造品的原料與人口的生活資料都非由外國購買不可的國家，該國財富與人口的增加，幾乎完全是依賴貿易對手國財富與需要的增加。

時常聽說：製造工業國家並不依賴對其供給食物與原料品的國家，這恰似農業國家並不依賴對其供給製造品的國家；但這正是言詞的濫用（but this is really an abuse of terms）。擁有巨大土地資源的國家，其資本的大部分用於耕作，而輸入製造工業品，這顯是利益。因此，其全產業勞動常是最生產地使用，其資木常是最迅速地增加。但是，即使因其鄰國製造工業的衰微及其他原因，而致製造工業品的輸入大受限制或全被阻止，食物及原料品自給的國家，仍可長期不受損害。當然，一時會不能獲得充分的供給，但是不久就有製造業者與職工出現，很快就可學得相當的熟練②。而且，在新生的事情之下，該國的資本與人口，雖然也許不如過去急速地增加，但此兩者的增加力，仍是很大的。

反之，如果只是經營製造工業的國民而拒絕接受食物與原料品的供給，就無法長久生存；這是顯然的。如照極端的假定，這種國民的絕對生存，不僅依賴外國貿易，而其富力的增進也幾乎完全非由貿易對手國的進步與需要來測定不可。這樣的國民，不論如何熟練、勤勉而且節約，如果因爲外國人民（它的主顧）怠惰而缺乏資本的積蓄，以致並不消化（或不能消化）每年貨物的增加價值，則其國民的熟練及機械的效果，也是十分短命的。

一國製造工業品的廉價（由於熟練與機械的），對於別國原產物的增加，具有獎勵的傾向，這是誰都不能懷疑的。但是，同時，在怠惰而統治不得其法的國家，可能財富並不增加，高利潤將長期繼續。而且周圍各國，如果沒有這種財富與需要的增加，則工商國家任何才能與努力的增進，都會在不斷的價格低落中消失。跟著熟練與資本的增加，該國不僅必須提供更多的製造工業品，交換原產物，而且即使以低價格的誘惑，也許還不能刺戟對手國的購買（至足以保證逐漸增加的食物及原料品輸入的程度）。所以，如果沒有這種輸入的增加，則人口不得不停滯；這是極明白的。

---

②此事可在美國得到充分的例證。（一八一六年）

這種增加食物量的無法獲得，是由於穀物貨幣價格的上漲，還是由於製造工業品貨幣價格的下跌，這不成問題。兩者的結果是一樣的。而且，遠在穀物生產上的困難大爲增加（或則由於製造工業國家競爭與積蓄的增加，或則由於農業國家競爭與積蓄的缺乏）以前，乃以上述何種方法，產生這種結果；那是確實的。

第四：不能不由外國購買原料品及生活資料（幾乎全部）的國民，不僅依賴於其顧客的需要〔這被他們之爲怠惰、勤勉或任性（indolence, industry, or caprice）所支配〕，而且這種需要，在一定年月之後，自然進步的結果，乃按貿易對手國熟練與資本的程度（當然可以期待的），而必然比例地減少。使一國成爲工業及運輸業國，這一般是偶然的、一時的分工，而非自然的、永久的分工。又在農業國民，當其農業利潤很高的時候，雖可以別國國民爲其製造業者及運送業者，而予以充分的支付；但如土地的利潤低落（或借地法不好，即使投下積蓄資本，也無多大收穫），則此種資本的所有者，自將轉向工商業方面投資。根據 Adam Smith 及其他經濟學者的正確論斷，凡有力量在本國生產製造工業的原料與生活資料，且運輸對外貿易品的國家，比較仍以製造工業及運輸業委諸別國掌握的時候，恐怕可以大爲低廉地自行經營這些業務。只要農業國家，繼續以其增加資本（their increasing capital）專門投於土地，則此資本增加（this increase of capital）對於工商國家，定有可能的最大利益；這正是對於工商國家的財富增進與人口增加的主要原因，且爲大的調節者（great regulator）。但是，一旦農業國家關心工商業，則此後的增加資本就成爲過去由該國所支持的工商國家，其衰亡與破滅的信號。這樣，即使沒有優越的熟練與資本的競爭，由於國民進步的自然發達，純粹的商業國家乃爲擁有土地利益的各國所壓倒，而定被逐出市場。

在此進步過程之間，關於財富的分配，一獨立國家對其他各國的利害，與一特定地方對其所屬國家的利害，乃有本質的不同；此點過去都未嘗充分注意。例如，在索塞克斯（Sussex），如果農業資本增加而農業利潤減少，則過剩資本恐將向倫敦、曼徹斯特、利物浦及其他比較索塞克斯有利的地方（可以使用於工商業）流出。但是，如果索塞克斯是一獨立國，這種現象就不能產生；今天運至倫敦的穀物定被收回，用以支持國內工商業者。所以，如果英國仍像過去　樣分裂爲七王國，則倫敦大概不會像今天的樣子。而且，如其目的不爲全島，而爲某特定地方積蓄最大量的財富與人口，那末，今天所有財富與人口的分布（這可推定給與全領域以最大的利益），將有本質的變化。但是在任何時代，各獨立國家的關心，是在其領域內積蓄最大量的財富。因此，一獨立國家對其貿易對手國的利害，與一地方對其從屬帝國的利害，幾乎是不能相同的。資本積蓄，在前者是使穀物輸出減退，在後者則毫無阻礙。

這樣，由於上述原因之一（或其以上）的作用，工商國家的穀物輸入，本質地受到阻礙；如果實際輸入減少（或其增加受到阻止），則該國的人口乃非受限制不可（幾乎與其以同樣的比例）；這是非常明白的。

威尼斯爲一商業國家，它是顯著的實例：其財富與人口的增加乃由外國的競爭而立即停止。葡萄牙人發現經過好望角的印度航線，使對印度貿易的通路一變。威尼斯人的高利潤（這是急增財富的基礎，也是海運通商國異常優勢的基礎），不僅驟然減少，而爲這些高利潤根源的貿易本身也幾乎絕滅；他們的權力與財富，不久被收縮於很狹的範圍（與其自然的資源不相稱的）。

十五世紀中葉，法蘭德斯的 **Bruges**，是南北歐洲間的貿易大中心地（*entrepôt*）；但在十六世紀初期，商業乃因與安特衛普（**Antwerp**）的競爭而開始衰頹；結果是許多英國人及外國商人離開此已衰微的都市，而向商業與財富已在急速擴大的都市移居。大約在十六世紀中葉，安特衛普已達繁榮的頂點。它有十萬以上的居民，是最顯著的貿易都市；而且普遍認爲：它在歐洲北部，經營著最廣泛而且富裕的商業。

到了安特衛普不幸爲 **Parma** 公爵所包圍與劫掠，新興的阿姆斯達丹得占漁人之利。荷蘭人異常勤勉與不屈努力的競爭，不僅阻止了安特衛普恢復昔日的貿易，而且幾乎對於所有 **Hanse** 都市的外國貿易，給與嚴厲的打擊。

此後阿姆斯達丹本身貿易的衰頹，雖然一部分因爲利潤的低落（由於國內的競爭與豐富的資本），一部分因爲過度的課稅制度（乃使生活必需品的價格上漲），但是較大的原因，恐怕是比荷蘭具有更多自然資源的其他各國的發達。這些國家，在熟練、勤勉及資本上，雖然差些，但終於能夠有利地推行過去幾乎全爲荷蘭所掌握的許多貿易。

早在一六六九年及一六七〇年 William Temple 爵士住在荷蘭的時候，豐富資本與國內競爭的結果，除了對印度貿易以外，荷蘭大部分的外國貿易都有損失；利潤超過百分之二至百分之三的貿易，已經到了全無的狀態③。在此狀態之下，儲蓄力與儲蓄心自都大爲減退；資本或則停滯或則減少；縱使增加一定也很遲緩。事實上，William Temple 爵士的意見是：荷蘭的貿易，幾年前早已越過高峰，而顯已開始衰退④。根據無可懷疑的文獻，後來其他國民的進展更爲顯著，荷蘭的大部分貿易，與其漁業一樣全歸衰亡；除了是在外國權力與競爭圈外的美洲及非洲、萊因（Rhine）及 Maese 的貿易，任何方面的商業都未留有昔日的繁榮⑤。

一六六九年荷蘭及西 Friezeland 的人口，據 John de Witt 的概算爲二百四十萬。在一七七八年，七州（seven provinces）的人口被推定僅爲二百萬。這樣，百餘年間，人口非但沒有增加而反大爲減少。

---

③《荷蘭的利息》（Interest of Holland）第一卷九頁。

④《荷蘭的財富》（Richesse de la Holland）第二卷三四九頁。

⑤ William Temple 爵士在荷蘭貿易衰亡的原因中，算入穀價的低廉，這是奇怪的。因爲這種穀價的低廉，在歐洲的這一地方，已經繼續了十二年以上。（第一卷六九頁）。他說：這種低廉，減少了他們的購買力，因此阻礙香料及其他印度的貨物輸入波羅的海各國。

凡此一切商業國家，財富與人口的增加，乃受上述原因之一（或其以上）所限制；這必然多多少少影響於生活資料的購買力。

一般的觀察則爲：不論其發生的原因如何，一國的勞動維持基金如果停止增加，則對勞動的有效需要也停止增加；工資在現在的食物價格及人民現在的習慣之下，正止於維持靜止的人口，而不再低落。達到了這種情況的國家，不論別國的穀物如何豐富、資本的利潤如何高昂，如欲增加本國的人口，恐怕是不可能的。但是，在其以後及新的情況之下，人口也許又告增加，亦未可知。即因某些幸運的機械發明，新貿易路線的發現，又周圍各國農產物與農業人口的異常增加，不問其種類如何，如果輸出品有了異常的需要，則穀物的輸入量又復增加，跟著，人口也再增加。但是，只要每年食物的輸入量無法增加，則對增加人口供給生活資料，顯然是不可能的；如果商業交易狀態的結果，使勞動維持基金開始停滯或減少，則該國一定會遇到這種不可能。

第十章　論農商併存制度

即使是在完全的農業國家，若干原料品，常是爲了國內的用途而加工。即使是在完全的商業國家，也非絕對的被關閉在都市的城牆之內。所以，居民及家畜的部分糧食，取自近郊的小地區。但所謂農商併存制度，乃指比較這種結合遠爲進步者而言；這是說：不論土地資源或商業資本都屬豐富而不甚偏於一方的國家。

在這種情況之下的國家，具有兩制度的利益，同時，卻無兩制度分離時，其各所屬的特殊弊害。

一國工商業的繁榮，它的意義就是：該國已由封建制度的最惡面獲得解放。這是表示：大家非在奴隸狀態、他們已有儲蓄的能力與意志、資本如經積蓄則可安全投資，因此，政府對於財產已可與以必要的保護。在這些情形之下，像對勞動及土地生產物需要的不時停滯（這種狀態，在大部分歐洲國民的歷史上，是常有的），幾乎不可能。在工商業繁榮的國家，土地生產物，常可於國內容易找到市場；這種市場，特別促成資本的累進增加。但是，資本，尤其是勞動維持基金，其數量及價值的累進增加，是對於勞動的需要及穀物工資上升的大原因；同時，穀物的相對高價（由於機械的發明與工業資本的增加者），乃與外國貿易的隆盛，相俟而使工人可以其穀物工資的一定量，交換多量國內外生產的便利品及奢侈品。而且，即在對於勞動的有效需要減退、穀物工資開始下跌之時，穀物的相對高價，猶可比較良好地維持勞動階級的境況；又，即使他們的增加是被阻止，他們的大部分，也許仍可獲得好的住宅與好的衣服，使用外國產的便利品與奢侈品。至少，他們在對勞動的需要停滯之時，不像穀物價值比較製造品及外國品極低國家的人民，陷於窮狀。

因此，純粹的農業國家，其所有特殊的不利，乃因工商業的發達與繁榮而得迴避。同樣，只是工商業國家，其特殊的不利，乃因土地資源的所有而得迴避。糧食自給的國家，不會因何外國競爭，而立即招致人口的必然減少。在只是商業國家，如其輸出，由於外國競爭而本質地減少，則此在極短期間之內，也許去失支持同數人口的力量，亦未可知。但是在擁有土地資源的國家，即使其輸出減少，也只失去若干外國產的便利品及奢侈品；在所有交易之內，最大最要之都市與農村間的國內交易，比較不受影響。當然，因爲失去了以前的刺戟，其發達的速度也許一時受到阻礙，但毫無退步的理由；且因外國貿易的喪失而已無需要的資本，也不會就此成爲遊資。即：這些資本雖然不能收取與過去同樣的利益，但當可發現某些有利的用途；總之，且可維持正在增加的人口（雖然不及在繁盛的外國貿易刺戟之下的比例）。

國內競爭的結果，同樣的，在我們所比較的兩類國家之間，會有非常的不同。

在單是工商國家，因爲國內競爭與豐富的資本，使製造工業品的價格大爲低廉（比較原產物），所以投在製造工業的增加資本，與此交換之時，也許不能獲得「增加食物量」（increased quantity of food）。但是，在有土地資源存在的國家，這種現象不會發生。由於機械的發明與新耕地的收穫遞減，雖然較大量的製造工業品可與原產物交換；但就大多數的製造工業品而言，不會在農業上帶來與此相等的資本競爭，決不會由於這種產業上的資本競爭而使其價值低落。

更須指摘的是：在國庫收入僅由利潤與工資構成的國家，則利潤與工資的減少，也許大爲損失其能處分的收入，亦未可知。資本數量及工人人數的增加，一般也許不足以補償利潤及工資的減少。但是，在國家的收入是由利潤、工資及地租構成時，則在利潤與工資的損失，大部分乃由地租彌補；因此，其能處分的收入，比較不受損失。

土地豐富而同時工商業興盛的國民，其他顯著的利益，是其財富的增進與人口的增加，比較少受別國的情形與發達的影響。國富只靠工商業的國民，如果貿易對手國的原產物並不增加，或如不奪取（taking away）他們現在消費慣了而很少離手的部分生產物，那是無法增加的。即：其他國民的無智與懶惰，對於這種國家的進步，不僅是不利而且是致命的。

擁有土地資源的國家，決不會有這些不便。如其勤勉、發明與節約增加，則不問對手國民的情形與行狀如何，財富與人口將告增加。這樣的國家，即使在工業資本充分豐富、製造工業品過度低廉的時候，也沒有理由定須期待鄰國原產物的增加。這是因爲：如果以其豐富的資本轉用在本國的土地上，則可獲得新生產物；製造工業品就可與此新生產物相交換，而使供給量比較減少、需要比較增加——由於這雙重的作用，可使其價格上升。又即使在原產物過剩的時候，同一作用使於農業與製造工業間，恢復利潤的平均。而且因爲同樣的理由，該國的資本，由於各種情形，按其使用於農業或工業的有利狀況，而被分配於全國各地。

這樣，農工商業相互、又廣大領土各地相互作用與反作用的國家，即使以 Berkeley 主教的銅牆加以包圍，財富與力量（riches and strength）一定仍將增加。這樣的國家，不論其外國貿易的現狀如何，自將儘量予以利用。而且，貿易的增減，對於國內生產物乃一有力的刺戟。但是，因爲國內生產物的增加，不大依賴於外國，所以，即使由於外國貿易的不振而致其生產增加有所阻礙，這也不會使其停止或退步。

由農工結合所生的第四利益（特別是兩者幾乎保持平衡時的利益），是這種國家的資本與人口，如果只由其他國家的自然進步（這些國家都不斷地向著指定的改善狀態前進），決不能迫其發生退步的運動。

根據所有一般的原則，大部分的農業國家，自行經營工商業，結局最爲適宜，棉花在美國裝船，運至幾千哩外的別國，經過加工，再被運至美國的市場；這樣的事決難永久維持。當然，無疑的這可暫時繼續。因此，我決不說：僅僅由於這樣的情形難於永久維持，而連繼續時期的利益也不能利用。但是，因爲這種利益，它的性質只是一時的，所以必須事先注意：這種利用一旦終止，由全體看來，莫使害多於利。

如果一國被此一時的利益所眩惑，而大大偏重工商業，使大部分的人民必須靠外國的穀物扶養，那末，外國工商業的進步發展，不久，也許使本國的資本與人口陷於缺乏與退步的運動時期，使以前所得的一時利益，相抵而尚不足。但是，工商業人口依然由本國農業支持的國家，乃由這種一時的利益，在工商業兩方，受到顯著的刺戟；即使在這種利益已經消滅的時候，也不會受到任何顯著的壞影響。

這樣，以大的土地資源結合於工商業的繁榮狀態，而使商業人口不大超過農業的人口；這樣的國家，特別可以免去急激的變化。他們增加的財富，不會受普通的事故所阻礙。故其財富與人口，毫無理由可以斷言：幾百年（不，幾乎幾千年）並不繼續增加。

固然這種進步，它的距離極遠；任何擁有大土地資源的國家，都確還未達到；但是我們不能想像：它是無限的。

如上所述，商業國家的人口界限，是在由於外國市場的實際情形，致使無法有規則地輸入其食物增加量的時候。又在本國生產食物總量的國家，其人口的界限，是在「土地已全被占有而且耕作，即使以更多的工人用在土地上、平均也已無法生產食物增加量（足以扶養使增加人口有其可能這一程度的大家族）」的時候。

這顯然是對人口增加之極端而實際的界限；任何國民都未嘗達到這種界限，不，將來也不會達到。這是因爲：此處不論對於食物以外的其他必需品或資本的利潤，都未有何斟酌；而此兩者，即使很低，也決非可以忽視的。

而且，即使這種界限，如果比較所有未嘗從事任何必需品生產的人，都用於土地（換句話說，如使軍人、海員、婢僕及一切奢侈品工匠，都使從事耕作）時，土地所能生產的界限，則遠不及。固然，足以扶養一家的食物，不用說了，甚至只夠扶養本身的食物，結局，或許他們也不能生產。但是，至土地已經絕對不能增產時止，他們還有若干可以附加於共同資源（but, till the earth absolutely refused to yield any more, they would continue to add something to the common stock）；這樣，依賴增加生活資料而可提供「增加人口的扶養手段」。於是，一國的人民，他們全部的時間都用在只是必需品的生產上，完全沒有閒暇可做其他任何工作。但是這種情形，只有在靠公權（public authority）強制國家的產業於一方（one channel）時，始能實現；在私有財產（這可預想將永久存在於社會）的原則之下，是決不能發生的。地主與農民，由其個人利害的見地，不會在耕作上使用並不生產超過工資價值的工人。而且，如果這些工資平均不足以養活一妻及二子至結婚年齡止，則人口與生產物都非陷於停止狀態不可；這是顯然的。因此，即使在最極端的實際上的人口界限，土地的情形恐也必須使其最後所雇的工人能夠生產四個人的生活維持量。

而且，謂此事爲自然的法則，這對人類乃是幸福。如果人口增加，爲了對於生活必需品的競爭，使全人類必須因此而不斷地勞動，則人類將隨時間而退化，使其發達期間的所有重要改善，都於最後階段完全消失。但是，在實際上，又如根據私有財產的普遍原則，即使到了縱以較多勞動用於土地而仍不合算的時期，而耕作者事實不能消費的原產物超過部分，仍在地租、利潤及工資（其中，特別是地租）的形態，對於全生產物，占據幾與前時期同樣的大比例；在任何情況之下，都可充分扶養許多的社會人員；他們或則自己不做肉體勞動而生活，或則加工於土地原料品使成最適於滿足人類欲望的形態而生活。

所以，我們所謂人口的實際界限，不要忘記：這常遠不及土地最大的食物生產力。

此外，還須不要忘記：不論在任何國家，遠在到達此實際的界限以前，人口的增加率將逐漸減少。在一國的資本由於惡政、懶惰、浪費或商業上的急激打擊而致停滯之時，對於人口增加的障礙，縱使難免帶來顯著的混亂，但可能會有相當程度的急變。不過，在因不斷的積蓄與可耕地的飽和而致一國的資本成爲停止狀態之時，則不論資本利潤與勞動工資都已長期繼續漸減，結局，即使促成較多的資本增加，但其程度之低，一定也不能爲了增加人口的支持而供給較多的手段。如果可以想像：投在土地的資本，不論在任何時期，其數量僅可產生同樣的利潤，而且沒有任何節約勞動的農事改良，則跟著資本積蓄的增加，利潤與工資是有規則地低落，人口增加率也是有規則地降低；這是顯然的。但是，實際，這決不能發生；自然的及人爲的若干原因，互相配合，阻礙這種規則性；在各時代，使向此最後界限前進的人口增加率，發生大的變化。

第一：土地，實際上幾乎常未被投下充分的資本。其部分的理由，是農場的一般借地權阻止由工商業的資本流入；故其資本的來源，主要出自土地的創造。又一部分，幾乎來自所有大國大部分土壤的性質本身；如對土地投下大資本，進行灌溉，或施以大量自然的或人工的肥料，而使地質發生變化，那就變成十分生產的；但如投下有限的資本，那就幾乎爲不生產的。最後，還有一部分的來源，是每於利潤與工資低落之後，常有能以更多的資本（比較現在的農場所有者所能極力投資的）投在土地的餘地。

第二：是農業的改良。如果發明新而優秀的耕作方法，因此，不但使土地得到較好的管理，而且能以較少的勞動耕作，使劣等地也可獲得較高的利潤（比較過去優等地所能獲得的利潤）；這是顯然。這樣，已經改善的耕作制度，乃與較好農具的使用，相俟而致常使收穫相對減少（由於耕作地的擴張與資本的大增加）的傾向，在長期間抵消而尚有餘。

第三：是製造業的改良。如果製造業的熟練增加與改良機械的發明，使過去需要八—十人的工作，一人可以進行；則因生產量的大增加（這是國內競爭的原理與其結果），當然使此製造品的價格大爲下跌。而且，只要這些製造品包括工人與農民的生活必需品及習慣的便利品，則由全生產物的價值之內，使因耕作而當然被消費的部分減少，終使產生較大的剩餘；這是一定的。這樣，縱使資本增加、耕地擴張，但由此較大的剩餘，將可引出較高的利潤。

第四：是外國貿易的興盛。興盛的外國貿易，它的結果，如果一面使本國的勞動及貨物的價格大爲上升，同時使外國貨物的價格，比較上升極少——雖然這是極普通的——則農民及工人，以較少於過去的穀物或勞動，可以獲得其必需的茶、糖、棉布、麻布、皮革、油脂及木材等。這樣，這種對於外國貨物購買力的增加，在不使利潤低落而使耕作擴張的一點，將帶來與上述製造業改良完全相同的結果。

第五：是由於需要的增加，原產物相對價格的一時上升。原產物價格的上升，在一定年月之後，帶來勞動①及其他貨物的相對上升，這在實際雖然不大可能；但是，即使承認這種可能，在原產物的價格先於其他物價而上升的時候，耕作的利潤在農業的擴張及不斷的資本積蓄之下增加；這是顯然的。而且，這些期間，在農業國民的財富增加上，特別是有關於上述農業資本不足的原因，帶有無限的重要性。如果大部分的土地產生擴張耕作所用的新資本，又如在一定期間投下巨額的資本，常使土地變成此後可以較少費用耕作的狀態，則此高農業利潤的期間，即使只持續八年或十年，時常對此國家給與等於新土地增加的效果。

因此，不斷的資本增加與耕地的擴張，有使利潤與工資兩者逐漸下落的傾向（*tendency*），這雖爲無疑的、必然的眞理；但是以上列舉的各種原因，顯然充分說明：這種過程上大而且長（great and long）的不規則性。

所以，我們承認：在歐洲的所有國家，資本與人口的增加，乃隨時期的不同而大異。若干國家，在長期幾乎像是睡著的停滯之後，突然開始活動；其增加率幾與新殖民地的增加率不相上下。俄國及部分 Prussia 地方，都有這種實例；資本的積蓄與耕地的擴張，在長期急速進行之後，依然繼續此增加率。

---

① 爲使由最後耕作的土地生產一定量的穀物起見，雖然逐漸需要許多的勞動，但是，僅僅因此所生的上升，當然只限於原產物；這對可以並不增加勞動而生產的穀物，是不適用的。

由於同樣原因的作用，在英國也有類似的變化。大約在前世紀的中葉，利率爲百分之三；我們可以推定：資本利潤率也大體相同。如果只由出生及婚姻推察，則當時的人口增加是緩慢的。由一七二〇年到一七五〇年的三十年間，人口爲五百五十六萬五千，僅約增加九十萬②。此後，英國的資本異常增加，耕作大爲擴張，這雖是無可懷疑的；但在最後的二十年間，利率爲百分之五，利潤率也約略相同；由一八〇〇年到一八一一年，其間的人口增加爲九百二十五萬一千人中的一百二十萬人。這比以前的期間，幾爲二倍半的增加率。

儘管是有這些原因，使資本及人口的增加成爲不規則的，但其極爲緩慢的進行未能達到必然的、實際的界限；這是確實的。資本的積蓄，在因必然（*necessity*）而停止以前，資本利潤，長期甚低；因此，一定幾乎無法使其節約多餘的支出。而且，在人口增加最後停止以前，勞動的實質工資逐漸減少，終於必使人民只能在現在的習慣之下扶養勉可維持實際人口的家族。

所以，帶來最大的國民繁榮（greatest national prosperity）的，乃是農商兩制度的結合；而非分別採用兩者之一（按：既非農業制度，也非商業制度）。又既有廣闊而且豐饒的領域，而其耕作又受農工業及外國貿易進步的刺戟；這樣的國家，因有各種各樣的豐富資

② 《人口摘要》序文（Population Abstracts, Preliminary Observations）、表二五頁。

源，故在何時達到它的界限，這顯然是極難斷言的。不過，這一國家的資本與人口，如不斷地增加，則最後之有某種界限（這種界限終於無法突破）存在；又此界限，在私有財產的原則之下，遠不及土地最大的食物生產力；這也是顯然的。

第十一章　論穀物條例——輸出獎勵金

諸如上述，部分國家，一面擁有大的土地資源，顯然有力可靠本國的土地扶養已經大為增加的人口；但同時，仍常輸入大量的外國穀物，以大部分的供給仰賴於別國。

招致這種狀態的原因，主要如次。

第一：一國的法律、制度及習慣，雖然對於農業資本的積蓄成為一種障礙，但是，這些對於工商業資本的增加，則不成為同樣的障礙。

凡曾實行封建制度的國家，這種法律與習慣的存在，阻止土地（與其他財產一樣）自由分割與轉讓，又常使耕作擴張的準備（the preparations for an extension of cultivation），甚為困難，而且甚需費用。這樣的國家，其土地改良主要是靠佃農；他們大部分沒有借地權，至少沒有長期的借地權。而且，他們的財富與地位，雖說近年已大增進，但是，他們還不可能有：與企業所有者同樣的地位、如工商業者同樣的獨立、像以工商業者所有的精神刺戟資本的運用。

第二是：或則由於不公平，或則由於特殊的事情，以工商業大可負擔的直接稅或間接稅，課於農業，以壓迫農業的租稅制度。

大家知道：對於本國穀物的直接稅，如不按此徵收穀物輸入稅而使其均衡，則也許立即破壞穀物耕作，致一國的消費仰賴於輸入。又如勞動的一般價格因間接稅制度而上漲，同時，又如由於對內外貨物的退稅、由於殖民地生產物的豐富，或由於價格即使上漲而外國的需要不很受影響的特殊貨物①，致令輸出的價值可以增加（即使全輸出的數量減少），也可發生同種的局部結果（and a partial effect of the same kind would follow）。

第三：資本的增加及已與十分有利的分工相結合的機械改良。

在任何國家，一日如因資本及機械可使一人做十人的工作，則於同樣的利益未曾普及別國之時，勞動工資的上升，幾乎也不妨礙各種貨物（資本與機械十分有效適用於其生產的）的出賣力量；這是極明白的。又，必要勞動工資（使穀物生產費用增加的）的上升，即使對於穀物以外的許多貨物，也有同樣的影響；而且，如果沒有別的商品，則因沒有可由外國廉價購買穀物的手段，所以，對於外國穀類的輸入不會有任何刺戟；這也是極眞實的。但是，商業國家可以輸出的大部分貨物，是有各種的特性；或為該國及其屬國的特有商品（其程度很顯著的），或為由優秀的資本與機械所生產，而其價格是取決於國內競爭（並非外國競爭）的商品。凡此各種貨物，顯然可以支持勞動價格的上升（有些是永久的，有些是相當長期的），而不發生重大的損害。如此引起的貨物價格的上升（不，與其這樣說，不如說：否則，貨物價格就會下跌的防止），其結果常於相當的程度，使貨物的輸出量（*quantity*）減少。但是，決不因此減少其在外國的金塊價值總量（the whole of its

① 中國勞動工資的上漲，一定增加可與茶葉交換的輸入品。

bullion value in the foreign country）。這種金塊價值，正是決定其用以交換之輸入貨物的金塊價值，一般也決定其數量（which is precisely what determines the bullion value, and generally the quantity of the returns）。如果英國棉製品的價格，跌到現在的半數，則無疑的輸出將多於現在，至能否輸出兩倍的數量（至少，能否長期輸出兩倍的數量），那一定是很大的疑問。而我們爲欲獲得與過去同樣的外國生產物，乃非如此不可。此時，像與其他許多類似的情形一樣，數量與價值，即使步驟並不一致，但至一定點止，兩者總是增加。不過只是，如果超過此點，而數量猶在增加，則不論生產物的全價值，或可與此交換的輸入品分量，都要減少。

由此可知：一國勞動及原料的價格即使較高，至於大可有效適用優秀資本與機械的貨物，則容易可與外國競爭。但是，勞動及原料的價格，如果這樣高，則不能同樣節約勞動的農產物（及其他某種的生產物），則外國將站在遠爲有利的立場。因此，對於這樣的國家，與其全在本國生產穀物，不如以本國的製造品及特產物，大量由外國購買，來得便宜。

如果由於這些原因的全部或一部，致使一國大部分的人口經常仰賴各外國的扶養，則在這種依存繼續的期間（while such dependence lasts），有些由於純粹工商業國家所發生的弊害，是無法避免的。固然，在下述一點上，依然繼續保持很大的好處。這就是：當其工商業因對外競爭及其他原因而開始衰微的時候，它有可靠的土地資源。但是，在需要大量輸入

（抵消這種好處）的時候，它有一種壞處：就是比較純粹的工商業國家，遠易受到穀物供給的變動。荷蘭與 Hamburg 的需要，這在供給的商人，知道的十分清楚。需要如果增加，因爲這是慢慢增加的，不是每年急變的，故對平均需要量訂結有規則的契約，既安全又便利。但是，像在英國與西班牙這樣的國家，這就不行。他們的需要，一定跟著收穫的變動而大變動；如果商人以平均年需要量與輸出國訂約，則繼續二、三年的豐收，恐怕他們就要破產。所以，他們爲使交易安全起見，非等到每年的收穫情形明白時止不可。而且，應就歐洲的新需要加以考慮的，雖屬當然只爲由於平均收穫的不足額，而非全不足額；但是這種全不足額，數量既大而且無法預測，每年訂結一定量的契約，這是危險的；再則，對於強大而好戰的國家，進入敵對關係的機會很多。因此，要獲得確實的供給，這就大爲困難；而且，如果歉收一定是時常發生的，那末他們就不能想像：不常遭遇價格的大變動。

時常有人說：歉收是局部的，不是一般的；一國的不足，普通可靠別國的豐收來彌補。但是這是全無根據的想像。在關於一八一四年穀物條例提出於下院委員會的陳述中，一穀物商問：在英國歉收的時候，波羅的海沿岸地方，是否也多歉收？對此答覆是：「在歐洲的一部分歉收時，其他地方大概也都如此」②。如果有人在相當的期間，就歐洲各國調查當時

②《報告》九三頁。

期的穀價，就可知道：此處的答覆是完全正確的。過去一百五十年間，英法兩國關於穀物的交易，儘管是往來不甚多，但同時價格上升者，超過二十次。而且，如由迄今蒐集所得的價格看來，可知西班牙與波羅的海各國，也同樣常有一般的不足。即在最近的五年間，在一八一一—一二年及一八一六—一七年，英國的穀價雖然異常上漲，但輸入較少。這就不外爲歐洲大部分一般歉收的結果。

在這些事情之下，假定英國對外國穀物的年平均需要量爲二百萬 quarter，同時，由於歉收的不足量爲一百萬 quarter，則此時的供給不足總量是三百萬 quarter。

如果歐洲一帶歉收，有些國家會完全禁止穀物的輸出，又有些國家會對此徵收重的輸出稅。此時，我們如果能夠獲得一百萬至一百五十萬 quarter，這當是最大的數字。但是即使如此，還有二百萬至一百五十萬 quarter 的不足。反之，如果我們日常自己生產本身的消費量，卻使歉收，不足之數亦僅一百萬 quarter，那末即使一般歉收，則因國內價格上漲的結果，當非不能輸入三、四十萬 quarter 左右。況如英國穀物與勞動的平常價格高於其他歐洲各國，尤其可能。故在此時，英國的全不足量，不是一百五十萬—二百萬 quarter，而只爲六十萬—七十萬 quarter 而已。要是英國的穀物生產量平常大大不及我們的消費量，則在此時，如像今年（一八一六—一七年）這樣的歉收發生，將大大激成國內的窮困。

爲了防備這種災厄，而確保更多的（同時更確實的）穀物供給起見，所以提倡穀物條例的制度。它的目的，是在以課稅與禁令阻止外國穀物的輸入，並以獎勵金促進國產穀物的輸出。

這種制度在英國，完成於一六八八年③；這種政策，Adam Smith 曾有相當詳細的討論。

但是此一般的問題，不論結局如何決定，人們如果承認需供大原則的效力，那就不能不承認：《國富論》的著者反駁這種制度的論法，是本質的錯誤（is essentially erroneous）。

Adam Smith 先說：外國市場不論因獎勵金而有如何的擴張，但是，這種擴張在任何時候，無不完全以國內市場爲犧牲。這是因爲：「如果有獎勵金則輸出、沒有獎勵金則不輸出」的這些穀物，要是留在國內市場，增加消費，定可使此貨物的價格低落④。

在此觀察上，Adam Smith 顯然誤用了市場一語。因爲：某一貨物如果廉賣，則比並不廉賣，在任何市場，都可容易處分較多的數量；但不能因此而謂：這種市場，由此過程，必已擴大。爲了獎勵金而繳納的（這是 Adam Smith 所指摘的）兩種租稅，如果撤廢，則下層階級的購買力確將增加；但是在任何時候，消費結局是受人口所限制；又，由撤廢這些租稅所生的消費增加，對於耕作，到底不能與外國需要的增加，給與同樣的刺戟。如果獎勵金

③ 上述目的，也許不是一六八八年法律的特別目的，但此制度後來之被提倡，確實爲了這一目的。

④ 第二卷第四篇第五章。

的結果，英國穀物的國內市場價格，在生產價格尚未上升之前已經高漲（生產價格立即上升，這顯然也爲 Adam Smith 所承認的），則對英國穀物的有效需要因而增加；又，國內的需要，不論如何減少，如果外國的需要增加，則相抵而尚有餘；這是不爭的事實。

Adam Smith 進而又說：因有獎勵金，人民所納的兩種租稅（即爲支付這種獎勵金納給政府的租稅與在物價上升時所付的租稅），或則使勞動貧民的生活資料減少，或則按其生活資料貨幣價格的上升而使其貨幣工資高漲。前者的作用，乃使勞動貧民不能扶養並教育子女，因而不能不抑制一國的人口。又，後者的作用，乃使貧民的雇用者，不能雇用沒有這種事情時所能雇用的人數，因而不能不抑制一國的產業。

由獎勵金而生的租稅，其將帶來上述兩種結果的任何一種，這是可以容易承認的；但是，同時帶來兩種結果，那就不能承認。而且，這種制度，其課於全體人民的租稅，在「付者」雖屬嚴重的負擔，但在「受者」則所得的利益極少。這確是一矛盾。如後所述，要是勞動價格比例小麥價格而上升，怎樣會使工人的家族扶養力減少呢？又如勞動價格並不比例小麥價格而上升，則如何可以主張：地主與農民對其土地不能使用較多的工人呢？但是，《國富論》的著者對此矛盾的議論，仍有許多的擁護者；贊成 Adam Smith 意見（即謂穀物調節勞動及其他一切貨物的價格）的人們，有些仍舊主張：勞動階級乃因穀價的上升而受到損害，乃因穀價的下跌而得到利益。

但是，Adam Smith 反駁獎勵金的主要論點，是謂：因爲穀物的貨幣價格調節其他一切本國產貨物的貨幣價格，所以貨幣價格的上升給與所有者的利益，只是表面的而非眞實的；這因他在販賣上所得的，非在購買上失去不可。

這種命題雖然相當眞實，但是，關於阻止資本「向土地」或「由土地」移動（the movement of capital to or from the land）的程度，則非眞實。然而，問題就在這一點。在一特定國家，其穀物的貨幣價格，無疑的，是調節勞動及其他一切貨物價格的最有力要素。但是對於 Adam Smith 的命題，只說這是最有力的要素，還欠充分；只要別的原因一樣，雖然一切貨物的價格是與穀價正比例地漲跌，但是這樣的事情，在實際上，到底是不會有的。Adam Smith 本人，乃以外國貨物，完全「除外」。但是，如果想到：輸入品的莫大數量與使用於製造業的許多外國品數量，則只此被「除外」的物品也極重要。羊毛與獸皮，雖爲本國產兩最重要的原料品，但據 Adam Smith 本身的議論（第一篇第十一章三六三頁以下），這些物品其受穀價及地租的支配者少；亞麻布、樹脂及柔皮等的價格，當然大受輸入量的影響。不過，上述貨物所包含的毛織物、棉製品、亞麻製品、柔皮、肥皂、蠟燭、茶葉及砂糖等，幾乎形成勤勞階級的全部衣服及奢侈品。

此外更須觀察的是：在固定資本大有助於產業的一切國家，其製造品的價格之內，支付這種資本利潤的部分，除其資本有須逐漸更新者外，穀價上升的結果，它未必上升；又由勞動價格高漲前所製機械而獲得的利益，自然可以持續若干年。

又在徵收多種巨額消費稅（great and numerous taxes on consumption）的時候，穀價

的升降，雖使工資之內可變爲食物的部分發生增減，但決不使用以支付消費稅的部分發生增減。

故謂一國穀物的貨幣價格，乃是該國白銀實質價值的正眞尺度，這不能承認爲一般的命題。但是所有這些考察，對於地主雖然甚爲重要，但對農民，其影響當不超過現在的借地期間。農民由穀物價格與勞動價格的有利比例所得的一切特殊利益，借地期滿乃被收回；與由不利比例所生的一切不利，互相抵消。決定投於農業的資本比例，其唯一原因，當爲對於穀物有效需要的大小。故如獎勵金實際使此需要擴大（這當確實擴大），則不能想像：較多的資本不投於土地。

Adam Smith 雖說：穀物的眞實價值取決於事物的本性（nature of things），單靠變動貨幣價格是不能變動的，輸出獎勵金與國內市場的獨占都決不能提高此價值，任何自由的競爭也不能降低此價值；但在此時，顯然，他拿問題由穀物生產者或土地所有者的利潤，轉移於穀物本身的自然價值。固然，我並不想說：獎勵金乃使穀物的自然價值變化，使一 bushel 的穀物同樣大可扶養比過去更多的工人。我正想說的是：對於英國耕作者的獎勵金，在實際的情形之下，眞正增加了對英國穀物的需要；這樣使他們播種更多（比較沒有獎勵金的時候），而其結果，爲了維持更多的工人，可以使用更多的穀物。

如果 Adam Smith 的理論是正確的，如果他所謂穀物的眞實價格是不變的（即如價值比較勞動及其他貨物，是不能有相對的增減的），那不能不說：農業誠在不幸的狀態。根據在《國富論》中說得很好的原則，資本定按多種而且必然變動的社會欲望，由一事業向別事業流動；但農業可以免受這種原則的作用。不過穀物的眞實價格，即使不像其他貨物的眞實價格這樣激烈變動，但總是變動的；又，比較穀價，一切製造品，既有比較低廉的時期，也有比較高價的時期：在前一情形之下，資本乃由製造業流向農業；在後一情形之下，資本乃由農業流向製造業；這是正確而不能懷疑的。因在任何產業部門，這些時期對於供給的增加，成爲大的刺戟，所以不能看過或輕視這些時期。無疑地，任何特定產業部門的事業利潤，都無法長期高過其他產業部門。但是，如果沒有由這些高利潤所引致的資本流入，怎樣會使其低落呢？所謂永久增加某特定商人層的利潤，決不能成爲國家的目的。國家的目的乃是供給的增加。但是這種目的，如不先行增加這些商人的利潤，這樣，誘致較多的資本於此特殊的事業，是無法達到的。英國船舶的所有者及航海業者，他們目前所得的利潤，並不多於他們在航海條例以前的所得。但是國家的目的，不在增加船舶所有者及航海業者的利潤，而在增加船舶與船員。而且這種目的的達成，乃須頒布一法律，使對船舶與船員的需要增加；因此，使過去用在這一方面的資本，其利潤提高；於是，使更多的資本趨向於這一方面。一國設定獎勵金的目的，非爲增加農民的利潤或地主的地租；是使國民資本的較大數量投於土地，藉以增加供給量。而且，在穀價由於需要增加而上漲的時候，工資的上漲、地租的上漲以及銀價的下跌，雖然易使問題曖昧（至某程度），但是我們猶不能不承認：穀物的眞實價格，在很長的期間，決定資本的方向；否則，我們就將認爲：任何大的需要都不能刺戟穀物的生產；——我們將陷於這種窘境（we shall be reduced to the dilemma）。

這樣不能不說：關於穀物的性質，Adam Smith 的特殊論法，此時是難以維持的；對於穀物輸出的獎勵金，與對其他貨物輸出的獎勵金一樣，定可刺戟穀物的生產（雖有程度的不同）。

但是更有人主張：這種穀物生產的增加，必然引起永久的廉價；他們認爲：在英國，獎勵金發生全幅作用的前世紀最初六十四年間（這一很長的期間），乃其證據。但是，在此結論上，充分可能：以只是一時的影響（縱使繼續了若干期間），而誤認其爲永久的影響。

根據需要供給的理論，獎勵金應有如下的作用。

在《國富論》中常說：大的需要帶來大的供給，大的不足帶來大的豐富，異常的高價帶來異常的廉價。實際，無限制的大需要，都帶來超過比例的供給。這種供給，雖又自然引起異常的廉價，但此廉價一經出現，接著一定阻害貨物的生產；這種阻害，根據同樣的原則，有使長期繼續（超過必需）而又恢復高價的傾向。

對於穀物輸出的獎勵金，如在適當的事情之下，使其發揮效果，則上述作用是可期待的。而且，在獎勵金曾經充分試行的唯一事例上，正曾有過上述的作用。

即使不想否定其他各種原因的併發（concurrence of other causes），或不想測定獎勵金的相對效果，但也得承認：穀物的生產價格，依照 Adam Smith，只是一 quarter 二十八先令；又，英國的穀物市場價格與大陸同樣低廉時，對一 quarter 的輸出給與五先令的獎勵金，一定帶來眞實價格的上升，而予穀物耕作以刺戟。但是，「向土地」或「由土地」（to or from the land）的資本移動，它的變化常是緩慢的。以資本用在商業方面的人們，不容易以此轉到農業方面。又由土地抽出資本用於商業，這是更加困難而且緩慢的工作。在英國設置獎勵金的最初二十五年間，穀價每 quarter 漲了二先令至三先令。但是，恐怕由於威廉（William）與安（Anne）的戰役、歉收及貨幣的缺乏等，土地上的資本積蓄緩慢，同時似亦未能獲得大的剩餘生產額。本國資本的顯著增加，始於烏特勒支（Utrecht）議和以後。而且，獎勵金亦使比較大量（比較未有獎勵金時）的資本逐漸投於土地。這樣，剩餘生產與價格的低落繼續了四十年。

這種價格低落的期間，即使根據前述的理論，也可說：如果認爲是由獎勵金所引起的，則屬過長。這恐怕是不錯的；如果只有獎勵金的作用，這期間一定更短。但在此時，乃有其他各種原因，有力地與此相結合（but in this case other causes powerfully combined with it）。

英國的穀價低落，帶來了大陸的穀價低落。使在外國發生這種結果，不論其一般的原因是什麼，但不能以爲：這些原因在英國完全未有作用。總之，其他國民不願接受、非廉不買的大量剩餘生產物，是最有力量引起價格的低落，使其不易恢復高昂的價格。這種剩餘生產物一經獲得，要靠廉價予以驅除（destroy），當然要有若干時日。這尤其是：因爲獎勵金的精神刺戟，在價格低落開始之後，將長久繼續其作用。除了這些原因之外，加上利率的大爲低落以及幾乎與此同時發生的資本豐富（又其結果，有利投資方法的難於發現），再想到在由土地移動資本時所遭遇的自然障礙，就可充分知道：何以穀物相對的豐富與低廉乃在長期無何本質的變更。

Adam Smith 以此廉價，歸諸白銀價值的上升。在法國及其他各國幾乎同時發生的穀價低落，略有證明這種推測的傾向。但是，關於問題期內的礦產物，我們最近所得的報告，並不充分支持這種說法；上述的低落，毋寧是路易十四的戰爭終了以後，歐洲是在比較和平的狀態，因使農業資本容易積蓄，而且獎勵農事改良的結果；這種看法遠爲正確。

實在，就英國來說，勞動⑤及其他貨物的價格，其曾逐漸上升，這是 Adam Smith 本身所承認的；不過這種事實，對於貴金屬的價值已經高漲這一想像，是很不利的。不僅是穀物的貨幣價格下跌，其對其他各種貨物的價值也是下跌；這種相對價值的下跌，加上大量的輸出，乃明白表示：上述事實的主要原因，與其說是由於白銀的缺乏，毋寧說在穀物的相對豐富（至其起因如何，乃另一問題）。英國穀物市場的這種暴落，特別是自一七四〇年至一七五〇年十年間的這種暴落（至某程度止，恐怕隨同大陸市場的暴落——這是由於英國

---

⑤ Adam Smith 乃極明白地反覆說明：只有勞動是白銀價值及其他一切貨物價值的眞正尺度；但他想像：在所謂勞動的貨幣價格正在上升的同時，白銀的價格亦在上升，這正是大可注意的事實。這是最明白的矛盾。

穀物的大量輸出，尤其是一七四八年、一七四九年及一七五〇年的大量輸出），當然給與穀物耕作以若干障礙，同時，勞動眞實價格的上升，對於人口增加定有刺戟。這兩原因的共同作用，它的性質，正是先使穀物的剩餘減少，最後乃使此剩餘一掃而光。而且，一七六四年以後，因爲英國的財富與工業人口，其增加遠速於鄰近各國，乃再予農業以顯著的刺戟；但是，因爲這種刺戟幾乎全是國內需要的結果，所以不能生產剩餘。而且由於穀物條例的改正，乃與過去不同，英國的耕作已無限制；因此縱求自給自足，而亦有欠充分。當然，如果舊穀物條例仍有完全的力量，則由此限制的條款，雖可獲得近乎一八〇〇年歉收之前自給量的產額，但因上述原因，剩餘產額大抵仍將喪失。

因此，爲了反對獎勵金，毋須乎學著 **Adam Smith**，說什麼：前世紀前半所發生的穀價下跌，即使沒有獎勵金也必發生的；它的發生決非獎勵金的結果。毋寧是相反的，獎勵金如行於適當的情況之下，這根據所有一般原則，可以承認（我也以爲可以承認）⑥：某一高價時期如果過去，則有帶來其主張者所稱之剩餘與廉價的傾向。但是，根據同樣的一般原

---

⑥ 只要獎勵金有促進劣等地耕作的傾向，無疑的，這有使穀價上升的傾向。但是經驗告訴我們：這樣自然發生的價格上升，乃因農業的改良，而被不絕地抵消。實際，在前世紀中葉穀價逐漸低落的時期，許多的土地，確已耕地化；這是不能不承認的。

則，我們不能不承認：這種剩餘與廉價，立即對於生產發生障礙的作用（又對人口增加發生刺戟的作用），因此這是無法長期維持的。

這樣，在關於獎勵金的一般反對論之外，對於穀物的獎勵金，乃有如下的責難；即：獎勵金縱使是在最適當的情況之下實行，也不能帶來永久的廉價。而且，如果這在不適當的情況之下實行（那就是：一國在未充分生產本國消費量的時候，想靠充分的獎勵金而實行強制輸出），那末爲了這一目的，不僅必需的租稅極重，且其影響對於人口絕對有害；結果，剩餘產額，將以超過其價值的大犧牲而被購買；這是顯然的。

但是，在一般的基礎上對於獎勵金雖有強烈的反對論存在，又獎勵金雖常有不能適用的情況，但在獎勵金發生作用的期內（即在獎勵金帶來如無獎勵金則無法發生的輸出之時），無疑的，對於設有這種獎勵金制度的國家，是刺戟其穀物生產量的增加；或則於如無獎勵金則到底無法達到的一點，維持生產量；這是不能不承認的。

在特殊而且有利的情況之下，一國可以很久維持大量的剩餘產額，既不致過分提高穀物的生產價格，也不會幾乎或完全使平均價格（包含歉收之年）上升⑦。自前世紀的某時期以

---

⑦ 平均價格與生產價格不同。一定不時發生的荒年，對於平均價格；乃有根本的影響。而且，可以阻止饑饉的剩餘穀物量，它的生產，有使平均價格降低以與生產價格相接近的傾向。

來，由於獎勵金的刺戟已爲輸出獲得平均超過生產量（average excess of growth），如果外國對於英國穀物的需要乃與國內需要以同一比率增加，則英國的剩餘產額當可成爲永久的。即在獎勵金已不刺戟新的努力之後，它的影響也決不喪失。這在幾年之間，對英國的生產者所有的絕對利益，遠大於對外國的生產者。當然，這種利益將逐漸減少。這是因爲：使生產者的供給以最低價格（按照一般利潤率所能提供的）出賣，這是一切有效需要的性質。但是，在經過積極的獎勵期間之後，發現英國的生產者已經慣於以與其競爭者同樣的條件，常對比本國市場更大的市場供給。而且，如果外國及英國的市場都同樣繼續擴張，那末，他將繼續向此兩方面分配其供給量。這是因爲：只要不在本國發生特殊的需要增加，則如收回外國供給量，就不能不使全部穀物的價格低落。

雖然假定：某特定的國家，由於獎勵金及別國最有利的價格情形，得以永久維持用於輸出的平均超過生產量；但是，當然這不能想像：這種國家的人口不受生活資料的獲得困難所限制。這種國家，固然很少受到由於歉收的特殊壓迫，但在其他各點，則將受到與前面各章所述的同樣障礙。這樣，不論有無慣例的輸出，人口乃由勞動的眞實工資所調節；以這些工資所能購買的必需品，在人民的實際習慣之下，如果不足以刺戟人口的增加，則人口將成停滯狀態。

第十二章　論穀物條例——輸入限制

禁止外國穀物輸入的法律，雖然決非沒有反對的餘地；但不應受到與對獎勵金同樣的反對；必須承認：它是對於維持自給這一目的的適當手段。擁有土地資源，因此，如非價格表示接近歉收則決不輸入穀物的國家，平年對於本國的需要，當然可以自行供給。所以，外國穀物輸入限制，是有阻止國民資本及產業之最有利使用、抑制人口、阻害製造品輸出的傾向，——也許可以由此論據加以反對；但是，我們不能否認：這種限制具有獎勵國內穀物生產而使自給得以樹立、維持的傾向。如前所述，足以強迫達到帶來剩餘產額這種目的的獎勵金，普通需要很重的直接稅，且占穀物總價格的極大比例，故在有些國家這幾乎是無法實施的。但是輸入限制，對於人民並不徵收任何直接稅。反之，在認為必要的時候，可以作為國庫收入的財源，且常容易實施；而在平年，對於現實人口，確保充分穀物生產——對於這一迫切的目的，可以正確適應。

在前章，我們考察過：幾乎純農業的或幾乎純商業的制度所帶來的特殊不利，以及此兩制度並用而共繁榮時所帶來的利益。此外，還觀察過：即使在有大土地資源的國家，由於特殊的原因，商業人口激增，因而受到純工商業國家所屬的某種弊害，以及受到普通在這種國家不能發生的穀價變動。藉限制外國穀物的輸入，以維持農商兩階級間的均衡，這顯然是可能的。問題不是這種方案是否有效，乃是這種方案是否妥當。它的目的雖然確可達到，但其代價也許過高。關於凡此各點的研究，雖與我們自信為神聖的原則相違背，但對不想立即加以拒絕的人們，在某種情形之下應否人為地維持農商兩社會階級間的均衡（這在自然狀態之下，是不會發生的）？一定是最重要的實際問題。

對於承認以輸入限制爲有利的學說，有一反對論，那就是各國應當出產自己的穀物，——這一一般原則到底未曾成立。這種原則在若干國家，由其實際的情形，顯然（clearly and obviously）是不能適用的。

第一：過去在歷史上占有相當地位的國家，它的領土比較首都或各都市，過於狹小，完全不足以對其現實人口供給食物（這樣的國家不少）。在這樣的社會，如爲大國，則名爲主要國內交易（即都市與地方間的交易）的，一定是外國貿易；外國穀物的輸入，對其生存是絕對必要的。這些國家，可說是不靠土地的長處來維持的，不論單純的工商制度有何危險與不利，他們也沒有力量選擇其他任何手段。他們只能比較鄰國的情形，最善利用本國的情形，以優秀的產業、熟練與資本，努力彌補此重大的缺陷。我們知道的若干國家，在這些努力上，已經得到可驚的成功。但是一旦轉入逆境，因其繁榮，比較其自然資源的缺乏，出乎異常，故其慘狀也就更甚。

第二：外國穀物的輸入限制，在因年歲的豐凶（由於其土壤及氣候的性質的）而致其國內供給量發生極大急烈變動的國家，顯然不能適用。在這種情況之下的國家，無疑的，將儘量爲輸出入開拓許多的市場，增加穀物供給的確實機會；此事，即使其他各國偶而禁止穀物的輸出（或加以課稅），恐怕亦當如此。這種國家所受特殊的弊害，只有儘量獎勵穀物的自由外國貿易，始可和緩。

第三：輸入限制，對於雖其領域相當廣泛，但甚貧瘠的國家，不能適用。想在這樣的領域，強制地投下資本，而予以充分的耕作改良，這無論如何終將失敗。而且，這樣獲得的現實生產物，恐怕是靠其國民的資本及產業無法永久負擔的犧牲購買來的。那些本國的土地足以支持大人口的國家，不論其享有如何的利益，但是這些利益，在上述情況之下的國家，到底是無法享有的。這樣的國家，或則甘爲貧小的社會，或則主要依賴土地資源以外的其他資源。這樣的國家，在許多地方，與那些領域極狹的國家，頗相類似；關於穀物輸入的政策，當然亦必幾乎相同。

在上述各種情況之下，如欲維持農商兩階級間的均衡（並非自然發生的），其非善策，是沒有懷疑餘地的。

但是，在其他的反對事情之下，此非善策，決無這般顯明。

如果一國所有的大領域是由普通地質的土地所構成的，則靠本國的土地，也可容易支持充分的人口——維持在財富與權力上的地位，使不亞於與其有通商或戰爭關係的各國。某種廣泛的領域，結局，大體定可扶養本國的人口。任何輸出國，由於自然的發展，其財富與人口乃趨向飽和；因此，逐漸限制其對鄰國（工商業比較繁盛的）的穀物分配；終使這些鄰國不能不靠自己的資源而生活。基於各國土壤及氣候的特產物，雖在任何情況之下，定爲外國貿易的對象，但是食物並非特產物，即使是生產最豐富的國家，根據支配人口增加的法則，也許完全沒有分給別國的。大規模的穀物外國貿易，如果不是由於各國收穫期的不同，這是一時的、偶然的貿易（主要由於各國進步階段的不同及其他的偶然事故），它的性質決非永久的；對於這種貿易的刺戟，將隨社會的進步而減少。在大膽的思索中（in the wildness of speculation），曾有這樣的說法：即歐洲本身專心致志於工商業而在美國生產穀物，這是地球上最好的分工（當然，這不是實話，毋寧只是戲言）。但是，假使事物的自然推移（the natural course of things），帶來這種分工（即使是暫時的），因使歐洲得以增加更大的人口（比較歐洲的土地所能扶養的），則其結果一定是很可怕的。大領土國，從各國購買製造品，這是因爲這些國家除了資本與熟練以外，還有若干長處；否則，任何大領土國，也隨其財富的自然增加，以自行興辦製造業爲有利；這是無可懷疑的眞理。所以，如果根據這一原理，在美國開始限制對歐洲輸出穀物，且歐洲雖然努力於農業而仍未能塡補這種不足；則此時定會感到：過度的財富與人口的一時利益（假定實際獲得了這種利益），實在是以長期的退步運動與窮困這一很高代價購買來的。

因此，如果某一國家其土地的廣闊，終於可以充分期待能夠對其人口供給食物；又因此，如果能由其本國土地資源扶養的人口，可以維持其地位與權力，而不亞於其他國民；而且，再如（縱使這是遙遠未來的事情）一定期間所曾使用的外國穀物，結局不僅受到限制，而跟著工業人口大膨脹的直接結果，致有像不健康、騷擾、穀價動搖及勞動工資變動等增加的危險；則限制外國穀物的輸入，使農業與工業併進，藉以人爲地維持農商兩階級間之更平等的均衡，這恐怕不能說不是善策。

第三：如果某一國家，它所有的土壤與氣候，比較其他大部分的國家，使其穀物年生產額，可少變動；那末，這是承認外國穀物輸入限制的另一理由。各國所受每年供給變動的程度，是大不相同的。而且如果在這一點上，所有的國家幾乎相同，同時，如果穀物貿易眞的（*really*）自由，則穀物交易的對手國愈增加，某特定國的穀物價格愈安定，這是無疑的事實；但是，如其前提，本質不同，就決不會產生同樣的結論；換句話說：如果參加爲貿易對手的國家，其中一部分，其穀物供給量有了較大的變動，而且，如果這種不足乃因穀物貿易缺乏眞的自由而更甚，就決不會產生同樣的結論。

例如：假定由穀物平均生產量的變動，其上下兩極端，英國爲四分之一，法國爲三分之一，則兩國的自由交易，恐乃英國市場的變動更甚。而且，如果在英國及法國之外，使像孟加拉（Bengal）的國家——據 George Colebrook 爵士所說，常是某年，該國米穀比其未有饑荒或歉收的翌年，低至四分之一；又雖時常繼續豐收①，但仍發生不足，致使人口的可觀部分非破滅不可，——也能前來參加貿易圈內，則英法兩國的供給，比其參加以前，將受很大的變動。

① 《孟加拉的農業》（Husbandry of Bengal）一〇八頁註。在同頁的正文上，他說：穀價的變動，遠大於歐洲。

實際，不列顛群島在其土壤與氣候的性質上，乃有理由可以相信：很可避免穀物年產額的大變動。從 Eton 各表（Eton tables）開始至革命戰爭初期，其間英法兩國的穀價，如果加以比較，則在英國，整個期間，小麥一 quarter 即八 bushel 的最高價格爲三鎊十五先令六辨士又四分之三（一六四八年），最低價格爲一鎊二先令一辨士（一七四三年）。但在法國，一 septier 的最高價格爲六十二法郎七十八 centime（一六六二年），最低價格爲八法郎八十九 centime（一七一八年）②。即在前者，其差爲三又四分之一倍；而在後者，幾及七倍。又在英國的表上，十年至十二年間，只有二次變動達四倍；但在法國的表上，在同樣的長期間內，乃有[illegible]次發生四倍至四倍以上的變動。這些變動，曾因穀物的國內交易缺乏自由而激化，恐怕是無可爭辯的；但是這種變動，據堵哥（Turgot）的計算，只是由於產額的變動，與國內各地間對於穀物自由運輸的任何困難與障礙都無關係；這是可以充分承認的。

堵哥就普通地質的土地估計：每一 arpent（一英畝半）的收穫，在非常豐年爲七 septier，在非常荒年爲三 septier，又平均收穫爲每 arpent 五 septier③。他認爲這些計算距

---

② Garnier 版《國富論》第二卷一八八頁一表。

③《堵哥全集》第六卷一四三頁。一八〇八年出版。

離事實不遠；他根據這些基礎進而說：在非常的豐年，比普通消費額還多五個月；在非常的荒年，則有同量的不足。這些變動，如果能由價格判斷，則至少遠大於英國的變動。其中，英國既較富裕，且在饑饉之時乃有廣泛的教區救濟金給與貧民，故如兩國的歉收程度一樣，則英國的穀價遠比法國上升至普通的平均價格以上。

如果我們就同期間觀察西班牙小麥的價格，則同樣看到：其變動遠大於英國。從一六七五年發表對金銀塊報告的附錄（the Appendix to the Bullion Report）起，至一七六四年止，根據其間塞維爾（Seville）市場小麥一 fanega 的價格表，最高價格爲四十八 reals vellon（一六七七年），最低價格爲七 reals vellon（一七二〇年）；其差幾近七倍。而且在十至十二年之間，發生四倍之差的，多至二、三次。根據自一七八四年至一七九二年關於舊卡斯提（Old Castille）各都市的其他各表，一七九〇年的最高價格爲一 fanega 一〇九 reals vellon，一七九二年的最低價格爲一 fanega 僅十六 reals vellon。在 Medina del Rio Leco（Leon 王國的一都市，四周都是豐沃的穀物地帶）的市場，小麥四 fanega 的裝貨價格（the price of the load），在一八〇〇年五月爲一百 reals vellon，在一八〇四年五月爲六百 reals vellon；這些比較當年的最高價格，都被稱「低價格」（*low prices*）。如就高價格與低價格，加以比較，則其差更人。這樣，一七九九年四 fanega 的低價格爲八十八 reals vellon，一八〇四年四 fanega 的高價格爲六四〇 reals vellon。——即在六年的短期間，乃有七倍以上之差。

在西班牙，外國穀物是可自由輸入的；且在瓜達幾維（Guadalquiver）河流貫的安達魯西亞（Andalusia）州近海都市，其價格的變動，雖不如上述變動之甚，但對地中海沿岸，決未給與極確實的供給。事實，西班牙在波羅的（Baltic）的穀物購買上，是英國的主要競爭者；而且，西班牙穀物的所謂生產價格或通常價格，無疑地遠低於英國；所以，豐年與荒年的價格之差，一定是很顯著的。

我沒有方法確定北歐各國供給量及價格的變動。但是這些國家，有的時常甚爲不足所苦，這是周知的事實；因此這種變動，一定常是很大的。但是上述諸例，充分表示下一事實；此即：對於國內供給的確實性，具有有利情況的國家，如與對此不甚有利的國家發生交易關係，這與其說增加這種確實性，毋寧是有使其減少的恐懼。而且，如果供給極可變動的國家，在豐年的時候，允許以其穀物在對手國氾濫，則相反的，在略微發生歉收的時候，其商業的鄰國（its commercial neighbour）即使偶然陷於極度的窮乏，但如保有以其穀物留在本國的特權，則上述確實性，無疑的將更減少④。

第三：如果一國領土的廣闊，在其現實的耕作之下，足以維持充分的人口（像第一流的國家），再如其無盡藏的沃度允許人口大量增加，則限制外國穀物的輸入，這種政策是更可

④ 此兩事情，乃使自由輸入是否適用於某特定國家這一問題的前提條件，發生本質的變化。

適用的（more applicable to it）。

雖然土地肥沃而人口稠密，但如耕作幾已到了極限的國家，除了輸入外國穀物以外，沒有方法可使人口增加。但是不列顛諸島，現在並無任何這種枯竭的徵候。耕作已至極限的領土，跟著來的，定是很低的利潤與利息、對於勞動很慢的需要、低廉的工資及停滯的人口。這些徵候，有的雖然領土即不枯竭，確亦可以發生；但是領土如果枯竭，這些徵候一定都要發生。但是，在一八一四年前的二十年間，代替這種徵候的，乃是高率的利潤與利息、對於勞動的大需要、高工資以及恐爲英國前所未見的人口急速增加。投在未墾地耕作與既耕地改良的資本，一定帶來了充分的收益。否則，在現實的一般利潤率之下，這些資本是不會被如此使用的。而且，由於資本被集積在土地之上，致其利潤終於減少，這雖無可爭辯；但是，由於前述農業熟練的進步及其他原因，致使此兩事情決非經常同其步驟。雖然兩者最後終於結合，而不得不同時停止其進步的過程，但此兩者尚在進步的過程徘徊之時，常常很久，且有可觀的距離，彼此分離。在某國或某地方，就其利潤自行開始激減之前所能吸收的資本量是很大的；它的界限是不易計算的。而且，如果考慮在英格蘭及蘇格蘭的某地方實際已經實行的，以與在其他地方今後將要實行的，加以比較，則不能不承認：還絲毫沒有接近這一界限。勞動與農業資本的原料，其貨幣價格，一部分由於直接及間接的課稅，一部分（不，恐爲大部分）由於對外貿易的繁盛，雖已上升⑤；但是，只要穀物的貨幣價格並不因而上升，則未墾地不會被耕作，既耕地也不會大被改良。但是，這些土地，一旦如被耕作或被改良，則決非「不生產的」。這些土地生產物的數量與價值，對於所投資本與勞動的數量，保持充分的比率；因此，只要促成這種耕作的生產物，其價值與生產費的關係，是同樣或幾乎同樣的，那末這些土地的耕作，不論對於個人或國家都是很有利的。

在土地的這種情形之下（in such a state of the soil），不列顛帝國，無疑的靠其本國的農業資源，不僅可以扶養現在的人口，且可扶養二倍，時或三倍的人口。因此，外國穀物的輸入限制，在資源幾已窮竭的國家，也許是大可反對的；但在靠其本身的土地可以扶養大量增加人口的國家，則情形就大不相同。

但是，即使承認一國靠其本身的土地，可以維持增加人口（不僅是大量人口），如果知道：因爲允許外國穀物的自由流入可以扶養更大、更速（greater and more rapidly）的增加

⑤ 如果穀物輸入限制，十分阻害英國繁盛的對外貿易，則不論如何特別嚴厲，都無法使英國的穀物與勞動永久維持遠高於其他歐洲各國的價格。一國勞動的貨幣價格，在其高的時候（又，同樣的，在貨幣價值低的時候），它（按：指勞動）無論如何不能爲尋求水準而流出；但是，不論自然的或後天的，如有任何相對的長處存在，則勞動的貨幣價格雖高，使這樣的國家維持其繁盛的輸出，那是另一問題。

人口，那也有人以為：阻止這種傾向、抑制當然可以增加的財富與人口，這不是不應該嗎？

無疑的，這是有力的議論；如果完全承認其前提，則僅靠經濟學的原理是無法予以答覆的。但是，我想這樣答覆：如果照此說法，增加財富與人口，則社會將在穀物供給上招致更大的不安，在勞動工資上招致更大的變動，將因工業人口的增加而招致更大的不健康與死亡，將因供給穀物各國的自然發達而更招致長期沉滯的退步運動，如果造成這些機會是確實的，則如此所得的財富與人口，都不能不說：其代價過高。不論社會的財富、力量與人口，其正當的目的，畢竟是其社會的幸福。對此幸福之最有利的社會構造，如由對土地生產財富的適當刺戟這一見地看來，則工商人口與農業人口的大混合，確是絕對必要的；但謂「某程度的善事，在任何程度都是善事」（that what is good to a certain extent is good to any extent）這種推論，顯然是最常犯的錯誤議論。且在擁有大土地的國家，如果僅只這一國家是靠農業支持的，則工商制度帶來的弊害，由其利益相抵而尚有餘，這是最可容易承認的；但是，就不受如此支持的超過部分的影響來說，這種弊害是否不占著決定的優勢？這是大疑問（yet, in reference to the effect of the excess which is not so supported, it may fairly be doubted whether the evils do not decidedly predominate）。

據 Adam Smith 的觀察，『一國由工商業所得的資本，至其某部分投下並運用（secured and realised）於土地的耕作與改良時止，都是很不穩定而且不安全的所有』

（very uncertain and precarious possession）⑥。

又在別的地方，他說：殖民地貿易的獨占，乃使商業利潤提高；因此，阻礙土地的改良，使所得的大源泉，即土地地租的自然增加遲緩⑦。

至一八一四年止的二十年間，是英國工商業及殖民貿易確是吸收巨大資本最甚的時代。從一七六五年到亞眠（Amiens）議和，英國工商業的發達快過農業，致使愈益依賴外國穀物；這是一般所承認的。自亞眠議和以來，其殖民的獨占及製造業的狀態，似需異常巨額的資本。如果此後戰爭的特殊情況，即高昂的運費、保險費及 Buonaparte 的布告等，未使外國穀物的輸入極度困難，而且漲價，那末我們在此時期，按照所有的一般原則，將可成爲習慣，依賴外國穀物扶養極大部分（比較英國史上過去的任何時期）的人口。而且，這一國家的耕作狀態，當與現在人不相同。大的改良（這種改良等於爲國家買進了任何價格低落都不能使其破滅的新土地），將幾乎或完全不會發生。而且，議和及其他各事情，奪去了英國殖民與製造業的利益；在英國的資本分散於土地而不成爲國家的財產之時，破壞或驅逐了這些資本。

---

⑥ 第二卷第三篇第四章一三七頁。

⑦ 第二卷第四篇第八章四九五頁。

但是，實際外國穀物的輸入，在戰爭時，事實上受到限制；因此，強制英國蒸氣機與殖民地的獨占，轉用在國內的土地耕作上；這樣 Adam Smith 之所謂：使由農業收回資本的傾向（如果我們繼續由法國及荷蘭，按照當地的市場價格，購買穀物，那末由此原因，這樣定可收回資本），對於英國的農業，成爲給與大刺戟的手段；而其結果，不但使農業與工商業的急激發達同其步驟，而且縮短多年的落後，致在今天，工商業已經同時發達。

但是，在有大土地資源的國家，其外國穀物的輸入限制，不論是永久的或一時的，乃使該國所有工商業上的利益擴張於土地之上；如照 Adam Smith 的說法，這樣不但可確保並實現（secure and realise）其利益，且有阻止農商發展過程大變動（幾乎時常帶來弊害的）的傾向。

過去，幾乎所有的社會階級都曾因價格的急落而陷於貧窮；應當想到：除了這種貧窮是由通貨的情形所激成的，這是由於自然的（*natural*）原因，而非任何人爲的（*artificial*）原因；這點十分重要，不可或忘。

在食物及人口的增加率上，是有交替的傾向（tendency to an alternation）；同樣的，在農業及製造業的進步率上，也有交替的傾向。在和平而順利的貿易時期，這些交替的發生，即使對於社會的幸福與穩定並無好處，但也不會帶來重大的惡害。但是戰爭的介入（intervention of war），常對這些交替，給與一種力量與速度（a force and rapidity），有使財產狀態（state of property）非受攪亂不可的傾向。

亞眠議和以後的戰爭，乃使英國一大部分的穀物供給仰賴於外國；而且此後人口雖然大爲增加，但在今天我們仍生產著本國的消費量。英國的農業情況，這種急激的大變化，它的發生，完全由於極高的價格；而此極高的價格，則基於國內供給量的不足與外國穀物輸入的費用浩繁。但是這種變化的激烈，定使穀物的國內生產與國內消費充分相等（或稍超過），同時，必然在市場帶來供給過剩。因此，雖然輸入量增加有限，但不可避免地，帶來價格的急速下跌。如果外國穀物繼續自由輸入，則一八一五年的穀價一定更低。縱使因爲地租的減低，使英國現在的耕作狀態，得以維持於顯著的程度，但此低穀價對於將來的改良，一定構成大的障礙；如果輸入繼續進行，則英國確實將不會在國內生產足以養活其增加人口的數量。因此，在十年或二十年之後，由於新的戰爭，我們也許被置於與本世紀初同樣的狀態。在那時候，我們將有必須經過的同樣價格上升時期、對於農業的同樣過度刺戟⑧、對於接著發生的農業之同樣急迫障礙及同樣巨額負債。這種負債，在借入的時候，小麥價格爲一 quarter 九十—一百先令，而地主及勞動階級的貨幣所得也幾乎與此同比率地上升；但在償還的時候，則小麥爲一 quarter 五十一—六十先令，地主及勞動階級的所得也已大爲減

---

⑧ 根據在上院的陳述（報告四九頁），每一 quarter 的穀物，只是運費與保險費，一八一一年已比一八一四年高出四十八先令。由此可知：即使沒有任何人爲的干涉，只是戰爭，已必使價格上升。

少。——這種狀態，定使租稅的繳納增加困難，而尤以金額一定的國債利息的支付爲甚。

另一方面，平均生產本國的供給量，限制外國穀物的輸入，而只在歉收時期乃由外國輸入；這樣的國家，乃使製造業的各種發明與由殖民地或一般交易所得的一切特殊利益，分散於土地；使這些固定在一定的地方，這不但可以保護意外的災難，且在一般的戰爭與國內穀物的供給不足併發之時，定可免去幾不可免之激烈悲慘的財產激變。

在最近的戰爭開始之時，如果英國已不以其平均的消費仰賴外國，那末即使紙幣的濫發，也不會使英國的穀價接近已有經驗的價格⑨。而且，如果英國在戰爭繼續中，除了不時的歉收以外，平常不靠外國的供給，則因已有等於或略超過國內消費量的收穫，故在戰爭終了之時，也當不會發生一般的貧窮感（feeling of distress）。

對於穀物輸入的限制，所有主要而實際的反對論，是謂：由於豐收而發生供給過剩，不能以此輸出而獲得救濟。而且，在考察問題中關於價格變動的部分時，這種反對論不能不帶有若干重要性。但是，由此原因所生的價格變動，有時甚被誇張。使貧國農民甚爲苦惱的供給過剩，這在富國農民不甚覺得。而且，像一八一五年當時的英國，擁有豐富的資本，對於

---

⑨ 據 Tooke 先生所說（《高價與低價》High and Low Prices 二一五頁），在最近的戰爭開始之時，如果我們已有超過消費量的生產，那末，關於價格，將可看到一連串完全不同的現象。如果沒有紙幣的膨脹或收縮，穀價也不會如此漲跌之甚；而且知道：如果妥予調節，則穀價與其說是紙幣膨脹及收縮的結果，毋寧爲其原因。

商業信用的大打擊不孚影響；這樣的國家，儲蓄某年的剩餘以補翌年或以後某年的不足，不會感到非常的困難。又在像英國的國家，由此原因所發生的價格低落，是否有如由歐洲的豐收所發生的（特別是由那些並非有規則地輸出穀物的國家，因其供給量的迅速流入而發生的）價格低落這樣顯著，則大有懷疑的餘地。即使英國的海港是常開放的，但法國現在的法律，依然不許有使價格平均的供給。而且法國的穀物，只有在大豐收的時候流入英國；在這樣的時候，我們是最無此必要的；因此最容易引起供給過剩⑩。

但是，一般歉收之年的價格上升，在平時生產本國供給量的國家，比較不多，這完全是確實的；因此，假使由上述兩種方法所生的價格低落，在本質上並無不同，則價格高漲，雖不阻止輸入，但是通常之年，在輸入限制制度（僅僅相當於消費的數量已有充分的生產）之下，價格變動的幅度是最小的；這非承認不可⑪。

---

⑩ 曾於一八一四年向兩院委員會提供意見的穀物商人，幾乎無不充分注意：如果英國允許穀物的自由流入，則因歐洲的豐收，恐將招致穀價的低廉。

⑪ （一八二五年）Westminster Review（它力言穀物條例的必然結果，帶來了穀價的大變動）第六號載有一表，謂至一八二四年止的十年間，各年度 Rotterdam 的小麥平均價格，取自商業上的最高權威者。此表揭載的目的，雖在表示在此十年間荷蘭小麥的平均價格；但是，意外地，這又表示：即使是在荷蘭（關於價格安定，它在許多地方，是特別有利的），穀物的自由貿易也決不能確保這種安定。

一八一七年八六 Winchester bushel-last 的價格爲五七四 guilder，但至一八二四年，僅爲一四七 guilder；其間幾有四倍之差。經過同樣的十年間，英國各年度平均價格的最大變動，乃是一八一七年的價格（九十四先令九辨士）與一八二二年的價格（四十三先令九辨士），相差二又五分之一倍弱（Tooke 先生著《高價及廉價》的附錄，表第十二，三十一頁）。

穀物貿易的自由，一定保護我們免於歉收的危懼；這種議論顯然無視事實；這已被反覆敘述。大英百科全書（Encyclopedia Britannica）補遺的穀物條例項，筆者曾謂：『在一國收穫不良的時候，常可於別處找到豐富的地方。……世界食物常是豐富的。因此，如想經常享受豐富，只須放棄禁止與限制，不要違反賢明上帝（Providence）的慈悲』。同樣的話，在上述 Review 上，也一再講到：『一國雖然歉收，但別國豐收。後者的剩餘生產物可補前者的缺乏……』。這些記述，乃有充分理由證明：其與最廣範圍的經驗（most enlarged experience），完全矛盾。第一：如果這些事情是可靠的，即如上述一般的豐富，只因缺乏穀物的自由貿易而受妨礙，那末當然，一國價格的大漲，應與別國價格的大跌，同其時候。但是，如果看一下最近一、二世紀間商業國家的穀價，則與上述相反；公平的人們都立即承認：同時期的穀價顯然是一致的；這與上述事情是絕對矛盾的。第二：對於氣候十分注意的旅行者，都說：同種的天氣時常同時支配不同的各國。去年夏季的異常酷暑，不僅遍襲歐洲的大部分，而且遍及美國。Tooke 先生在《高價及廉價》中（二四七頁），引用 Low 先生在《英國現狀》（Present State of England）的一句話；據此，一般大眾，特別是未嘗旅行過的人們，幾乎沒有注意到：歐洲的所謂穀物國，即大不列顛、愛爾蘭、北部法國、荷蘭、丹麥、德國的西北部，又在某程度上，波蘭及德國的東北部，是受同一溫度所支配。他更進而說明歐洲各國同時期發生的穀物不足情形。而 Tooke 先生說：這種記述（即在某一定緯度內的歐洲，一般是受同樣氣候的支配）是正當的；他完全同意。一八一四年及一八二一年，兩次在兩院的委員會受到諮詢的穀物商人，大多也有同樣的意見；而且，我連一個例子都無法想起：站在觀察事實的立場者，誰曾主張這樣的議論；即謂豐收與歉收，在各不同的國家，一般是互相平均的。因此，不能不說：像這樣的記述，只是毫無證據的主張而已。

但是，各國每每同時豐收或歉收，這縱使一定阻止價格安定的可能性，然我決不以此爲改正或廢止穀物條例的決定理由。反對輸入限制最有力的議論，是限制之非社會的傾向（unsocial tendency）與這些限制一定對一般商業界的利益有明白的損害；這種議論的重要性，反因同時受苦（由於歉收）者之多而增加（並不減少）。而且，在英國閣僚正對商業政策熱心準備比較自由制度的實例之時，乃極希望外國人民不要責難像英國現在穀物條例的顯著例外。不很高的輸入稅與被李嘉圖先生所推獎程度的獎勵金，對於英國現在的情形，恐怕是最適當的；最可保證價格的安定。對於外國穀物的課稅，乃與別國對英國製造品（課稅的對象）所課諸稅相似；這些，同樣並不破壞自由貿易的原則。

但是，不論採用任何制度，對所有對於穀物條例的贊成與否的議論，加以充分而且公平的考慮，這對健全的判斷是必要的，同時，爲了阻止失望是最有用的。而且本章的議論，如果予以冷靜而且公平的批判（我所能判斷的），則這些議論，仍有值得這種考察的重要性；決不能認爲對於穀物條例廢止或改變的一種抗議；因此，敢於此新版再錄這些議論。

但是，對於輸入限制制度，定常留有一種反對論。這種制度，在本質上乃非社會的。如由某特定國家的利害來說，外國穀物的輸入限制，確實是每每有利的。不過，如由歐洲一般的利害來說，則穀物貿易之最完全的自由，與對所有其他的貨物一樣，是最有利的；這是更確實的。但是這種完全的自由，一定同時帶來資本之更自由平等的分配；不過資本的這種分配，即使大大增進歐洲的富裕與幸福，無疑的，乃使某部分比較現在更爲窮困，使其人口更爲稀薄。而且，到底不能希望：每一國家爲了世界的財富而以本國的財富爲犧牲。

即使不靠比較直接的統制，而只靠課稅，也可產生一種獎勵或抑制的制度，以根本支配貨物相互的自然關係（natural relations of commodities to each other）；而且，因爲無人希望廢止課稅，所以有時只靠更多的干涉（only by a further interference），可以恢復這些自然關係。

因此，完全的貿易自由乃一幻像，恐怕絕對不能實現。但是我們的目的，必須儘量使其接近（接近完全實現）。這非經常認爲一般原則不可。而且，此後如有任何奇離的提案，則提案者對此乃有明白說明的義務。

第十三章　論影響貧民境遇的財富增加

Adam Smith 的《國富論》，其明白的對象是「關於國富（諸國民之富）的性質及原因之研究」（*Inquiry into the Nature and Causes of the Wealth of Nations*）。但是，他還有一比較有趣的對象，常與此相混淆；這是對（在各國民中占大多數的）下層階級的幸福與愉快，給與影響的各種原因。此兩問題，無疑的幾乎是相關聯的；但是這種關聯的性質與範圍，以及逐漸增加的財產對於貧民境遇的作用方式，則未有充分正確而且縝密的說明。

Adam Smith 在論勞動工資章，認爲社會資本或收入的增加就是勞動維持基金的增加；而且，因他先有這樣的命題：即「對於工資生活者的需要，只能比例工資支付基金的增加而增加」，所以，自然產生這樣的結論：即「對於勞動的需要，跟著財富的增加而增加，下層階級的境遇有被改善的傾向」①。

但是，如果更精密地研究，就可知道：勞動維持基金未必跟著財富的增加而增加；何況「與此比例增加」，這幾乎是沒有的；而且，下層階級的境遇決非僅僅取決於勞動維持基金的增加（即扶養較多勞動者的力量）。

Adam Smith 對於一國財富的定義是：一國土地及勞動的年生產物。這種定義，顯然包含土地生產物與工業生產物。假定某國民因爲特殊的地位與事情無法獲得食物的增加量，則

① 《國富論》第一卷第八章。

縱使其土地生產物或穀物輸入力早已未有增加，顯然該國勞動的所產未必停頓。如果製造業的原料品，能由本國或外國獲得，則已進步的熟練與機械，用同數的人手，可將這些原料造成莫大的製品。而且，比較軍務與家事勞動，對於工業的趣味增加；因此，全人口的更大比率，乃從事於工商業勞動；單是勞動者的人數，也許就要大爲增加。

這種情形其不常發生，是最容易知道的。但是，此事不僅有其可能，而且形成對於人口增加（在耕作的自然進步上）的特殊界限；這種界限與對財富增進的界限，本來是不能同時出現的。因爲這種界限極少達到，所以上述情形雖不常發生，但「向其接近」（approximations to them），則不斷發生；在普通的進步過程上，扶養勞動者增加數的力量幾乎並不跟著財富與資本的增加而比例增加。

根據我們所有的紀錄，某些古代國民，只有極少數的工商資本；但因農地分割而大力地（highly）耕作土地；無疑的，人口當很稠密。在這樣的國家，雖然人口已經充滿，但資本與富裕，顯然尚有人爲增加的餘地。不過食物的生產量或輸入量，不論受資本增加的刺戟，增加到如何程度，但生活資料當然無法與此同比率地增加。

如果我們就歐洲最繁榮各國的初期情況，與其現在的情況加以比較，那末我們可以知道：這一結論，幾乎普遍地已由經驗所證明。

Adam Smith 論不同國民富裕的不同進步過程（the different progress of opulence in different nations），謂英國自伊利薩伯時代以後，工商業不絕地發達；他更附帶說：『英國的耕作與改良，無疑的，已經逐漸進步。但是，這對工商業之更迅速的進步，是緩慢而且落後。英國的較大部分（the greater part），在伊利薩伯王朝以前，恐怕早已耕作，但其極大部分（a very great part），迄今猶未開墾；更大部分（the far greater part）的耕作地，遠劣於當然應有的狀態』②。同一意見，在歐洲其他大部分的國家也可適用。最優等地，自然最早被占有。這種土地即使以怠慢的耕作（這是封建時代的特色）與勞動的大浪費，也可扶養大量的人口。而且，資本的增加與對便利品及奢侈品趣味的增加，乃與耕作新地的遞減生產力，自然而又必然，相俟而使最大部分的新資本，投向工商業；其使財富增加的速度尤快於人口的增加。

因此，在伊利薩伯王朝，英國的人口估計約為五百萬；這一數字接近現在（一八一一年）人口的一半。但是如果想到：對於為人們消費而生產的食物量，今天工商業的產物所占的巨大比率，那末即使最粗略的估計，這一國家的財富總額（即資本與收入），恐達四倍以上（假使貨幣價值沒有任何變動）。在歐洲幾乎沒有一個國家，其工商財富的增加，有如英國的程度的。但是這些國家，只要是經過同樣的過程，則一切情況，乃明白表示：這些國家一般財富的增進，大過生活資料（用以扶養增加人口的）的增加。

② 《國富論》第二卷第四篇第四章一三三頁。

一國資本或收入的增加，不能認爲就是眞正勞動維持基金的增加；這以中國爲例，是極明白的。

Adam Smith 說：中國的富裕，恐怕早已到了爲其法律與制度的性質所許可的程度；但如頒布別的法律與制度，並尊重外國貿易，則將更爲富裕。

在中國，如商業與外國貿易大被尊重，則因本來的勞動者人數眾多而勞動低廉，故可生產大量輸出用的製品；這是顯然的。又因中國擁有莫大的糧食與廣大的內地領域（the great bulk of provision and the prodigious extent of her inland territory），所以，輸入的數量不能對其生活資料有顯著的增加；這也同樣是顯然的。所以中國的大量製造品，或則在本國消費，或則以與世界各地的奢侈品相交換。現在中國的人口，比較其能使用的資本是過剩的；其用於食物生產的勞動，毫無節約。如在中國，以巨額的資本用在生產「輸出的製造品」（manufactures for foreign trade），則此事情就完全不同；若干勞動者將退出農業，因使土地生產物減少。但是這種損失，即使因「在最劣等地的耕作上使用熟練的進步與勞動的節約」這一有利的結果而獲得補償（不，即使獲得補償而尚有餘），但因食物量只能增加極少，所以，將會提高勞動工資對製造品的需要（the demand for manufactures which would raise the priceof labour），一定會引起同比率的食物價格上漲（would necessarily be followed by a proportionate rise in the price of provisions），因而勞動者所能支配的食物增加無幾。但是，這一國家的財富顯然增進；其土地及勞動年產物的交換價值，每年擴大；而眞正的勞動維持基金則幾乎停滯。這種議論，應用在中國，乃更明白。這是因爲：一般承認中國的財富早已停滯，且其土地幾已極度耕作③。

在所有這樣的情況之下（in all these cases），像上述結果的發生，並非因爲過分偏重工商業（比較農業），而只因爲：土地的食物生產力，比較對原料品賦與價值的人類的熟練與趣味，其限度狹小。因此，即使是在所謂「接近生活資料的極限」一點，某種財富的增加，自比別種財富的增加，遠可產生餘裕；因此可以更多獎勵。

所以必須承認：勞動維持基金，並非必然的（*rarely*）隨財富的增加而增加，何況與此比例地（*proportion*）增加，這是極少的。

但是，下層階級的境遇，確非只是依賴勞動維持基金（即扶養較多工人的手段）的增加的。這些手段，常是支配勞動階級境遇之大有力的要素，也是人口增加的主要要素；這是無可懷疑的。但是，第一：下層階級的快樂，並非專靠食物（不，甚至也非靠嚴格的必需品），他們如果不能自由獲得若干便利品及奢侈品，決不以爲是在幸福的境遇。第二：與

---

③ 後半的意見，可靠至如何程度？這決難斷言。由於技術的改良與勞動的節約，確使中國人目前不能耕作的若干土地可以有利地耕作。但如廣泛地使用馬匹以代人類，則耕作既可如上擴張，而對人口增加也不會有刺戟。

生活資料完全同其步調增加的人口傾向，普通一定阻止上述資料的增加；這種增加，乃對貧民境遇的改善，給與大而且久的效果（secondly, the tendency in population fully to keep pace with the means of subsistence must in general prevent the increase of these means from having a great and permanent effect in improving the condition of the poor）。而且，第三：對於下層階級境遇的改善，給與最永久效果的原因，主要是靠各個人本身的行爲與戒愼；因此，其與生活資料的增加，並無直接與必然的關係。

所以，希望考慮生活資料的增加與影響勞動階級境遇的其他各種原因，特別精細研究財富增加的作用如何，而且一併記述其附隨的利害。

在一國向著大的財富與人口，作自然而正規的發展之時，下層階級當然必須受到兩點不利。第一是：在有關生活必需品的現在社會習慣之下，子女扶養的力量逐漸減少；第二是：不利於健康而且需要變動與工資不安定的職業，其所雇用的人口部分，逐漸增加。

子女扶養力的遞減，在一國向著人口的最大界限前進之時，是絕難避免的結果。如果我們知道：某一定地域的食物生產力是有一種界限，那末，人口的增加乃因接近此界限而逐漸緩慢；於是，子女扶養力逐漸減少；而且，最後到了生產物停止增加的時候，這種扶養力已經平均只能維持不許再有增殖程度的家族。這種境遇，一般是隨勞動的穀物價格（the corn price of labour）的低落而來。但是這種結果，縱使是被下層階級間戒愼習慣的普及所阻止，但上述結果仍必發生。又，即使這種預防的障礙，對於人口的增加，具有有力的作用，甚至以穀物推算的勞動工資也不低落，但是此時，子女扶養力顯然不是眞實的，乃是名目的；這種力量，一經發生顯著的作用定就立即消滅。

在財富累進地增加之時，下層階級所受第二的不利，是他們的較大部分，從事於不健康及勞動工資較易變動（比較農業及單純的家庭工業）的職業。

從事製造業的貧民，關於其健康與工資的變動情況，我可引用 Aikin 博士《曼徹斯特近郊記述》（Discription of the Country round Manchester）中的一節。

『機械的發明與改良（爲了節約勞動），在伸張英國的貿易上，又在由各方面招致勞動力上（特別是在招致孩子們於紡織工場上），帶來了驚人的影響。在這世界，不能只有利益而無弊害的事情，這是上蒼的賢明計劃（the wise plan of Providence）。在這些紡織工場及類似的工場上，還有若干明白的弊害存在；這些弊害，抵消了通常由勞動簡易化所產生的人口增加。在這些工場，雇用著極年輕的孩子們；這些孩子大多是由倫敦與 Westminster 的救貧院所招集的；他們被一起送到數百哩外工場主的地方，作爲徒弟；使他們的工作，脫離並忘掉了自然與法律所定的保護者。這些孩子通常被關在緊閉的室內，從事過長時期的工作；且有通夜工作的。他們呼吸的空氣，因爲機械用油及其他種種事情，是有害的；對於他們的清潔，幾不注意。而且，出入於熱而濃密的空氣與冷而稀薄的空氣之間，這是疾病與衰弱（特別是這些工場所常見的傳染性熱病）的有力原因。此外，孩子們，在其幼年時代受到如此的虐待，是否果於社會有害？這是一大問題。徒弟滿師的時候，大體都已身體衰弱而不堪勞動，也不能從事其他的工作。女子，也完全沒有教以：爲良妻賢母所必需的裁縫、編織及其他家事。這不論對於她們或對於社會都很不幸；這試以農業勞動者的家族，與一般工業勞動者的家族，一加比較就可知道。前者看來樸素、清潔而愉快；反之，後者雖其工資幾達農民的兩倍，但看來汙濁、襤褸而貧困。而且更須附帶一說的，在幼年時代缺乏宗教的教育及範例、與許多人在這些建築物內的雜處，這對他們未來的立身是很不相宜的』④。

根據同書的記載，自一七九三年的聖誕節到一七九四年的聖誕節，其間向曼徹斯特協同教會（collegiate church）提出申請的，結婚數減少一百六十八，洗禮數減少五百三十八，埋葬數減少二百五十。在附近的洛支旦（Rochdale）教區，比較人口數，減少得尤爲悽慘。即在一七九二年，出生數爲七百四十六、埋葬數爲六百四十六，結婚數爲三百三十九；但在一七九四年，出生數爲三百七十三，埋葬數爲六百七十一，結婚數爲一百九十九。對於人口，這種激烈障礙的原因，雖爲開戰當時的需要與商業信用的破壞，但是這種障礙，如非極度的窮困（由於工資的驟降），是不會這樣激烈的。

④ 二一九頁。據 Aikin 博士，已經開始努力救濟這些惡害，在部分的工場，且已成功。又自此紀錄寫成以來，謂紡織工場少年工人的情形，部分由於法律的干涉，部分由於個人仁慈寬大的努力，已經大有改善；能有這樣的附錄，十分滿足（it is very satisfactory to be able to add that）。

除了由和平到戰爭、由戰爭到和平這種推移所發生的動搖以外，特殊的製造業，因爲嗜好的變動，而如何易於潰滅，這是眾所周知的。Spitalfields 的紡織業者，因爲棉布（muslins）取代綢布（silks）而流行，乃陷於極度的窮困；又，雪菲耳（Sheffield）及伯明罕（Birmingham）的多數工人，因爲靴鈕與包扣（the strings and covered buttons）取代帶扣與金屬扣（buckles and metal buttons）而流行，一時失業。英國的製造業，就全體來說，雖然發達得很快，但在特殊的場所（particular places），則告失敗；凡在失敗的教區，一定泛濫著貧民群（他們是在最悲慘而窮困的狀態）。

在一八一五年穀物法（Corn Bill）發布前，即在其審議期內向上院（House of Lords）提出的證據書類中，乃有若干由各種製造工場提出的報告；這些報告表示：穀物的高價，與其說提高工業勞動者的工資，毋寧說使其減低⑤。Adam Smith 明確地說：勞動的貨幣價格乃受食物的貨幣價格與勞動的需供狀態所支配。他又說明：在受歉收壓迫的期間，工資如何與食物價格朝著相反的方向變化；藉以表示：工資如何常受後一原因（按：指勞動的需供狀態）所影響。曾向上院提出的報告，對他講到的這一部分，固屬顯著的例證，但非證明其他部分的錯誤。這是因爲：幾年的短時期，如果不能支付勞動的自然價格或必要價格——即在

⑤ 報告五三頁。

市場，使勞動供給繼續所必要的價格——，則工業勞動恐將不能繼續供給於市場，這完全是明白的；但是，本來，如果勞動的貨幣價格，不與食物價格相比例（使勞動者得以養育其家族，而其程度足夠供給必要的勞動者），那是沒有可能的。

但是這些報告，絲毫並不否定關於勞動的通說以及 Adam Smith 的意見；而且極明白地表示：工業勞動者的境遇容易受到大的變動。

通觀這些報告可知：有些時候，小麥的價格上升三分之一或近二分之一，而職工的工資則下跌三分之一或近二分之一。而且這種比率，常是未必表示變動的總數（the full amount of the fluctuations）。這是因爲：在工資低的時候，需要情形甚至不許只有普通勞動時間的勞動，但在工資高的時候，則常許有時間以外的勞動（extra hours）。

由於同樣的原因；在農業包工的價格上（in the price of task-work in agriculture），時常發生同樣的變化；這是容易承認的。但是，第一：這種變化並不十分顯著；第二：多數的農業勞動者乃是每日雇傭的，這種日傭農業勞動的貨幣價格，很少是急速而普遍下跌的⑥。

---

⑥ 英國紀錄上唯一的實例，是發生於最近、即一八一六年；這是由原料品交換價值的空前暴跌所引起的；這必使原料品的所有者，不可能以同樣價格雇用同樣的勞動量。

因此，財富如果自然而且通常地增加（natural and usual progress），則早婚乃使扶養一家的資源減少；而且人口的較大部分，必須從事易受勞動工資變動的工作；這種工作不論在健康上或在道德上，都比從事農業的人口爲不利。

這些，無疑是顯著的不利；這些不利，如果沒有大體（縱使不說充分）可以抵消的利益，則財富的增進，對於貧民的境遇，顯然是很不利的。

但是，第一：資本的利潤，顯然是主要用以維持中流階級的收入源泉；而且，資本的增加（這是財富增進的原因，又爲其結果），可說是由對地主的從屬解放社會大眾的有力原因。在領土有限而沃土被分割爲大所有地的國家，如果資本貧弱，則其社會構成對於自由與善政最爲不利。這正是封建時代歐洲的情形。地主除了扶養許多懶惰的僕從以外，別無方法消費其所得；而且，地主的有害權力，一被打破，他們所屬的僕從轉變爲商人、製造業者、職工、農民及獨立勞動者，在各種職業，由於所投的資本增加，所以這對社會大眾（包括勞動階級），是大有利的變化。

第二：耕作與財富自然發展之後，穀物增加量（an additional quantity of corn）的生產，需要更多的勞動；但是，同時，一旦由於資本的積蓄與較善的分配（better distribution）而使機械不斷地改良，開放給外國貿易的便利（the facilities opened to foreign commerce），於是製造品與外國貨物，得以較少的勞動生產或購買；因此，一定量的穀物，可以購買遠較多量的（比較過去英國貧困的時候）製造品及外國貨物。所以，縱使工人所得的穀物，已比過去減少，但是，因他不以現物消費的各部分價值，在便利品的購買上，大於過去，故足抵償上述減少而有餘。雖然他確實沒有與過去同樣的大家族扶養力，但他有小家族，可以給與較好的衣與住，使他們過著平穩而安易的生活。

第三：在便利品與享樂品比較食物豐富以前（這非食物貧乏至某程度是沒有希望的），勞動階級對於這些是不曾有很多興趣的；這可由經驗證明。勞動者如靠二、三天的勞動可以獲得充分的生活資料（扶養自己與家族），又如爲了獲得便利品與享樂品而更須勞動三、四日，則他以爲：這種犧牲比較對他並不十分必要的目的物，未免太大；所以，時常寧可選擇怠惰的奢侈（luxury of idleness）而不選擇好住與好衣的奢侈（luxury of improved lodging and clothing）。據 Humboldt 說，這以在南美某地爲尤甚；至於相當的程度，則自愛爾蘭及印度開始，凡是食物比資本與製造品豐富的國家，都有此情形。反之，如果勞動者的大部分時間，用於獲得食物，則勤勉的習慣自然發生；多餘的時間，雖然即使用於勞動也不能獲得很多的財貨，但極少是浪費了的。在這些情形之下，特別在與優良的政治結合之時（particularly when combined with a good government），勞動階級對於生活的便利品與享樂品最易持有充分的興趣。而且這種趣味，在某一定期間之後，也許達到防止穀物工資更加下跌的程度。所以，如果穀物工資持續可觀的高價，而同時，貨物的相對價值（比較穀物）大爲低落，則勞動者乃被置於最有利的境遇（the labourer is placed in a most favourable situation）。對於便利品與安樂品，因有充分的興趣，所以即使穀物工資提高，一般也不早婚；即使是在擁有大家族的個人，如果犧牲用慣的便利品與安樂品，也可獨立扶養家族。這樣，即使是下層階級最貧困的人，也很少缺乏食物；此外大多數的人，不僅擁有充分的生活資料，且可自由處分不少的便利品與安樂品。這是使自然的或後天的欲望滿足，同時無疑的，乃有陶冶心情、提高人格的傾向。

如果這樣注意財富增加對於貧民境遇的影響而予以深刻的觀察，就可知道：這種增加雖非勞動維持基金的比例增加，但對下層階級所給的利益，抵消它所帶來的弊害而尚有餘，而且嚴密說來，貧民境遇的良否，非與社會趨向財富飽和狀態時的某特定階段，必然的（*necessarily*）相結合。固然，財富的急激增加，不論其主要是由生活資料的增加而成，或由便利品及安樂品的增加而成，只要其他事情一樣（*cæteris paribus*），對於貧民，常有好影響；但是：即使由於這種原因的影響，乃因其他事情，而大有變更與改變（modified and altered）；只要個人的戒慎不與產生財富的熟練及勤勉相結合，都不能永久保證對於下層階級給與極可想望（不論由那一點出發）的財富份額。

第十四章　一般的觀察

或謂：許多國家，在人口最稠密的時期，生活最豐富，而且可以輸出穀物；但在人口極稀薄的時期，生活經常窮困，而且非輸入穀物不可。埃及、巴力斯坦（Palestine）、羅馬、敘利亞及西班牙，是此事實的顯例；由此推論，則未曾充分耕作的國家，其人口增加，不僅不使社會全體的相對豐富減少，反有使其增加的傾向；或又如 Kaimes 爵士所說：因爲農業有按消費者人數生產食物的特性，所以有人論斷：一國的人口，對於農業，係屬過多，這是不能容易（cannot easily）有的①。

產生這些推論的一般事實，是沒有理由可以懷疑的。但是，由此前提，決不產生這種推論。已如前述，農業的性質（特別是管理適當時農業的性質），除了雇用的人數以外，還對更多的人數生產食物。因此，這些社會人員（members of society）、即 James Stueart 爵士之所謂自由人手（free hands）；只要沒有增加到「可由剩餘生產物扶養的人數界限」，則該國的全人口，可以長期繼續增加（跟著農業狀態的改善），而且常可輸出穀物。但是，這種增加在一定期間之後，與自然的無限制的人口增加，大不相同。這只是因爲農業上的逐漸改良以致生產緩慢增加的結果；所以人口增加，仍爲生活的不易獲得所阻礙。在這種情況之下的國家，其人口精密的尺度，實在不是食物量（至其理由，則因部分的食物量是被

① Sketches of the History of Man，第一篇、草圖一、一〇六、一〇七頁，八開本，一七八八年。

輸出的），乃是雇用量。但是這種雇用情形，一定規制那支配下層階級食物購買力的勞動工資。而且，視一國雇用增加之緩急，這些工資，或則獎勵早婚，或則抑止早婚；或使僅能支持二、三個孩子，或使可以支持五、六個孩子。

在此情況及在前述其他一切事例與制度上，於說明人口增加主要係由勞動的實質工資所規制、所限制（regulated and limited）時，不能忘記：以生活必需品測定的每日勞動工資，常是未必正確表示下層階級所能消費的生活必需品量，時或超過，時或不及。

即使是在穀物及其他一切貨物價格逐漸上升的時候，勞動的貨幣工資未必常是跟著上升。但是對於勞動階級，這種表面的不利，在雇傭豐富的時候（即在婦孺也有機會得到許多工資、大可補足家族收入的時候），有時相抵而尚有餘。此時，勞動階級的生活必需品購買力，遠大於由當時工資率所能判斷的；當然，其對人口增加的影響，也比例的更大（proportionably greater effect on the population）。

反之，在物價普遍低落的時候，工資率並不跟著低落，這雖常有；但此表面上的利益，也與上述一樣，常因工作不足，使有勞動能力與勞動意思的工人，無法全家找到工作，以致相抵而尚有餘。在此情況之下，勞動階級的生活必需品購買力，顯然少於由當時的工資率所能判斷的。

同樣的，被分配於各家族的教區補助費、包工習慣的實行（habitual practice of task-work）及婦孺的頻繁雇用等，對於人口的影響，有似實質工資的上升。另一方面，各種勞動的按日支付（the paying of every sort of labour by the day）、婦孺工作的枯竭及因慢性的怠惰與其他原因而致工人每星期沒有超過三、四天的工作，這些對於人口的影響，則有似於低工資。

在所有這些情形之下，整年由食物測定的勞動階級實收入，與表面上的工資不同。而且，支配結婚獎勵與子女扶養力的，顯然是勞動階級家族整年的平均收入，不是由食物測定的只是一天的勞動工資。

如果注意此重要而本質的一點，何以在很多的情形之下，人口的增加似乎不由所謂實質工資所調節呢？又何以不能以一日工資購買適度的穀物量時，比較可以購買較多穀物時，時常反而帶來大的人口增加呢？這些理由，都可明白。

例如，英國在前世紀中葉，穀物甚爲低廉，由一七三五年到一七五五年，二十年間，一日的勞動平均可購一 peck 小麥。在此期間，人口雖已以相當的比率增加，但其速度決不及自一七九〇年至一八一一年間（當時一日平均工資普通不能購買一 peck 的小麥）。但在後者，資本的積蓄較快，對於勞動的需要也已增加。而且，食料的繼續上升，雖仍大於工資的上升；但對有意勞動的人，都給以充分的工作，包工（task-work）的數量也多；穀物的相對價值，比較製造品爲高；馬鈴薯的使用也已增加；而且，因有巨額教區補助金的分配，下層階級，無疑的，有了更大的食物購買力；故此後期比較急速的人口增加，可與一般原則毫無矛盾地予以說明。

由於同樣的理由，在氣候溫暖、土地肥沃，因而穀物低廉的國家，如由以一日勞動所能獲得的食物量計算，則可能會有比較現在尤爲急速的人口增加，但有時事實並非如此；這如知道：慢性的懶惰習慣（由惡政所養成的）與勞動需要的弛緩，阻礙常恆的雇用，就可充分說明②。在每年勞動日數僅及一半的地方，僅僅扶養停滯的人口，需要一日勞動的高穀物工資，這是當然的（It would of course require high corn wages of day-labour even to keep up the supply of a stationary population, where the days of working would only amount to half of the year）。

再則，在一般實行著戒愼的習慣，對便利與舒適的趣味已經確立的時候，假定這些趣味與習慣，對於早婚沒有刺激的作用，同時，實際也非幾以全部用於穀物的購買；所以這種國家的人口，要是其他的事情一樣（*cæteris paribus*），則不以與在穀物勞動工資同樣高的別國普通所見的同樣比率增加，這是完全與前述一般原則相一致的。

一國的雇用量，當然不像生產量必受季節變化的影響一樣，每年變化。因此，由於雇用缺乏的障礙，比較由於食物直接缺乏的障礙，它的作用是顯著不變的，對於下層階級是大爲

---

② 這種觀察，以美國的人口增加，與西班牙領美洲某部分的人口增加，兩相比較，而後者來得緩慢；這可爲例證。

有利的。前者是預防的障礙（preventive check），後者是積極的障礙（positive check）。在對勞動的需要停滯或其增加甚爲緩慢的時候，人們看到沒有足以支持一家的工作機會，或者知道普通勞動的工資不夠達此目的，當然不會結婚。但如對於勞動的需要，以相當的速度增加，則縱使因爲收穫的豐歉與依靠別國等，致使食糧的供給有欠確實，但人口顯然繼續其增加，最後將因饑饉或疾病（由於激烈的缺乏）而被積極阻止。

因此，歉收與極貧（scarcity and extreme poverty），雖然有時帶來人口增加，有時並不帶來人口增加，但一定會帶來長久的人口減退。蓋使一國人口長久減退的原因，過去只有食物的缺乏，今後亦大體如此。試觀歷史上人口減少的無數實例，它的原因，常可追溯到產業的缺乏（由於暴力、惡政及無知等）或其錯誤管理等；這些首先帶來食物的缺乏；這樣當然帶來人口減少。羅馬，一旦採用輸入全部穀物的習慣，而以義大利全境爲牧場，而其人口立即減退。埃及及土耳其，其人口減退的原因，已詳上述。又如西班牙的事例，使其人口長久損傷的，並非因爲 Moors 人的放逐所引起的人口損失，乃是這樣被放逐的產業與資本。凡在一國由於暴力的原因而帶來人口減退之時，如果跟著是財產的不安定（這通常是跟著惡政而來的；而且，這在所有現在的人口比較以前減少的國家，一般是可看到的），則不論食物與人口都不能恢復，居民的生活大多十分艱苦。但是，在一向人口稠密而且勤勉又常輸出穀物的國家，如果發生偶然的人口減少，此時，要是殘餘的居民有向與過去同樣的方向行使其勞動的自由（而且事實行使），那末，謂他們不能獲得與過去同樣豐富的穀物，這誠爲奇妙的想法。如果已經減少的人口，專門耕作其領土中比較豐饒的部分，而毋須耕作像人口稠密時代的貧瘠土地，則尤其如此。這樣的國家，在恢復以前的人口時，顯然是有與過去達到此數時所有的同樣機會（countries in this situation would evidently have the same chance of recovering their former number, as they had originally of reaching this number）；而且，事實如像農業家所想像[3]，爲了相對的豐富，而必須絕對的人口稠密（absolute

---

③ 在這些人的中間，我特別舉出安得孫（Anderson）先生。他在《對於招致英國現在穀物歉收的各種事情之冷靜的研究》（*Calm Investigation into the Circumstances which have led to the present Scarcity of Grain in Britain*）（一八〇一年出版）上，乃以異常的熱心（這恐怕完全出於善意的），拿上述不可思議的眞理，告訴英國國民。他想證明的特殊議論是：即使在任何耕作地尚未到達其最高可能程度的生產力（在這地球上，未曾見有到達這一程度的）的國家，人口的增加，不僅不使生活資料減少，毋寧一定使其增加；而且，反之亦然〔*that an increase of population in any state, whose fields have not been made to attain their highest possible degree of productiveness (a thing that probably has never yet been seen on this globe), will necessarily have its means of subsistence rather augmented than diminished by that augmentation of its population; and the reverse*〕。這一命題，它的表現，確是相當模糊的；但由前後的關係，他的意思顯然是說：由於人口的增加，相對的豐富也有增加的傾向；反之，亦爲眞理。他在列舉其證明之後，曾有如下的結論；他說：如果他這樣指摘，說明的許多事實，還不能使那些人們——他們懷疑可以支持該國人口的生活資料是有豐富生產

populousness were necessary to relative plenty），則對新殖民地，要與舊國家，以同樣的速度增加穀物，這是不可能的。

關於人口問題的偏見，乃與過去關於硬幣（specie）的偏見，十分相似；而且我們知道：經過如何緩慢與如何困難而終於承認後者是比較正確的觀念。政治家們，看到強大的國家幾乎常是人口稠密的，所以倒果爲因，不以繁榮爲人口的原因，而以人口爲繁榮的原因。這與過去的經濟學者，不以硬幣的豐富爲國富的結果，而謂爲其原因，如出一轍。在此兩種情況之下，土地與勞動的年產物，因而成爲次要的問題；認爲：它的增加，自然前者帶來硬幣的增加，後者帶來人口的增加。但是，強欲增加一國的硬幣量，這種努力的愚蠢（不論如何設計的法律，都絕不可能使硬幣量的積蓄超過某一程度），現在已被充分確認；而且在西班牙及葡萄牙的實例上，已經得到完全的證明。但是關於人口，幻想（illusion）仍是存在；在此想法（impression）之下，幾乎所有的政治論（political

---

的可能性（縱使人口以空前的速度增加）——安心，那末縱使死人復活，如此告訴他們（it were one even to rise from the dead to tell them so），他們是否相信，也可懷疑。一國的勞動，其大部分必須用在農業；關於此點，我完全同意A.先生。但是，他陷於奇怪的誤謬；他以爲：一國因其勞動的某種管理，縱使人口十分稠密，但是由於常可生產足以充分供給的穀物，所以農業國家可以支持無限制的人口增加。

treatise），都以幾乎或完全忽視人口扶養手段的人口獎勵案（proposals to encourage population）爲滿足。何況，不謀增加可以流通的貨物而欲增加一國的硬幣，這種努力，與不謀增加可以扶養人口的食物而欲增加人口的數量，其愚蠢是完全相同的。而且，任何法律都無法使一國人口更爲提高的水準，這遠比硬幣積蓄的界限，是更固定的，而且不可踰越的。要在國內保存大量的硬幣（超過由土地及勞動的所產與由其他各國的相對狀態所必需的限度），雖然，這在實際上是不可能的，但是這還可想像。然如人口，因大獎勵而逐漸增加，致使一國的生產物只能以最少量（可以維持生活的）分配給各人，則不論如何安排，都無法想像：人口還有增加的可能。

在本書前半對於各種社會的考察上，當可知道：居民是陷於最蒙昧無智的狀態，又爲最殘酷的暴政所抑壓；這樣的國家，不論其實際的人口如何稀少，但人口比較其生活資料則甚稠密，即使遇到輕微的歉收，大多要受缺乏之苦。無智與專制政治，並無破壞情慾（促進增殖的）的傾向，而反使由理性與先見所生的增殖障礙大受破壞。只想到眼前欲望的野蠻人與那些可憐的農民（他們因其自己的政治地位，致其自己所種的物品，到底能否收穫都不可知），顧慮那在三、四年內或不發生的不便，而控制情慾的滿足，這幾乎是沒有的。但是，由無智與專制培養而成的這種先見的缺乏，毋寧乃有促進孩子出生的傾向；對於可以支持他們的產業，給與絕對的致命傷。的確，如無先見與安全，產業是無由存在的。野蠻人的懶惰這是人所周知的；再如缺乏資本的埃及或阿比西尼亞貧農，每年租用貸給最高得標者的土地（who rents land which is let out yearly to the highest bidder），而且不絕地受到強暴地主的要求與敵人的不時掠奪，此外，還常苦於可憐契約的蹂躪；所以，他們不能有勞動的熱忱；縱或有之，也不能有好結果。雖然貧困是對勞動的大刺戟，但這如果超過一定的限度，幾乎就停止其作用。絕望的赤貧，破壞一切的活動；使其努力僅限於爲其生存所必要的程度。對於勞動的最好刺戟，不是缺乏本身，毋寧是對於缺乏的恐怖與改善生活的希望。而且，最好的指導與不斷的努力，幾乎常在極貧階級以上的人民階級之間發現（almost invariably be found amony a class of people above the class of the wretchedly poor）。

這樣，無智與壓制，常破壞一國產業的源泉，因使其土地及勞動年產物減少。而且，跟著這種減少，人口也不得不減少（不論每年的出生數如何）。爲欲滿足目前欲望的希冀，或出於戒慎的抑制的消滅，在這樣的國家，恐怕一般地助成早婚。而這些習慣，一使人民陷於極貧狀態，則對增殖，顯然已不能有更大的效果。其唯一效果，是提高死亡率；如果我們能夠得到南方各國的正確死亡統計（當地婦女幾乎沒有終身不嫁的，而且都是早婚的），則每年的死亡率，無疑的，乃是每十七、十八或二十分之一，而非歐洲各國（當地是有預防的障礙發生作用，where the preventive checks operate）的每三十四、三十六或四十分之一。

人口的增加，如果按照自然的順序進行，則其本身是一大而積極的利益；同時，對於一國土地與勞動年生產物的更大增加，是絕對必要的；關於此點，我也決不懷疑。問題只在什麼是人口增加的順序。James Steuart 爵士，雖然大體對於這些問題，曾有極好的說明；但對此點似乎有一謬見。他斷定人口增加是農業的有效原因，而非農業爲人口增加的原因④。但是，即使承認：人口增加至超過由土地的自然生產物可以容易生活的程度而始促成土地的耕作（且又承認：一家扶養的願望或爲獲得任何有價値的報酬以與農產物交換的願望，對於耕耘仍有主要刺戟的作用），但其實際的情形是：爲能充分扶養永久增加的人口，首先必須這些生產物超過現存人口的最低要求量；這是顯然的。在無數的事例上，我們知道：出生的增加，對於農業無何影響，而只帶來疾病的增加。但是，農業的永久增進，對於人口的永久增加，毫無影響；這樣的事例，恐怕是沒有的。因此，固然，農業與人口增加確是互相影響的，各爲其對方的存續所必需的，但與其說人口增加是農業的有效原因，不如說農業是人口增加的有效原因，遠爲妥善⑤。這實爲問題的焦點所在；而且，關於人口的一切偏見，恐怕都由此前後順序的混同而產生的。

《人類之友》（*L Ami des Hommes*）的著者，在農業衰頹對於人口影響的一章，他嘗

---

④《國民經濟學》（Polit Econ.）第一卷第一篇第十八章一一四頁。

⑤ James Steuart 爵士後來說明：他是指對農產物給與任何有價値的報酬（valuable consideration）的人們之增加而言。但是，這顯然不是單純的人口增加；這樣的說明，可說是承認一般命題的不正確。

以人口爲收入的源泉，這是根本的錯誤；但是後來他說：他充分相信收入是人口的源泉⑥。政治家們，因爲不了解此最重要的區別，所以爲謀增加人口，或則獎勵早婚，或則給家長以褒賞，或則排斥獨身。但是，這已如上述著者所說：是在沒有蒔種的土地上，施以肥料與灌溉而等待收穫。

此處所述關於農業與人口的前後順序，與本書開頭部分所述「人口及食物的增加，在其自然的發達過程上所示動搖或交替的傾向」，並不矛盾。在此發達過程上，一定期內，人口的增加快過食物，這是最普通的，這毋寧是一般原則的一部分。而且，增加人口如被使用於製造業而爲貨幣工資的下跌所阻止，則因競爭激化所引起的穀價上漲，實際上是對農業之最自然而又頻繁的刺戟。但在此時，必須記住：人口之較大的相對增加（the greater relative increase of population），它的意義是：一定在其以前的某時期，食物曾有超過人民最低要求量的增加。否則，人口到底是無法增加的⑦。

---

⑥ 第八章八四頁。十二開，九卷，一七六二年出版。

⑦ 根據人口原則，人類有比食物增加更快的傾向。因此，一國的人口，乃有不斷充滿生活資料最高限度的傾向；但是，根據自然的法則，決不能再有增加。而此所謂最高限度，當然是指維持停滯人口的食物最低量而言。所以嚴格說來，人口決不能走在食物的前面。

一般由於勞動的穀物工資低廉，常使一國的人口發生若干時期的停滯；但在此時，如不預先增加食物，至少增加對勞動者的份額，則人口是無法開始再行前進；這是顯然的。同樣的，想對勞動者的境遇施以若干本質的改善，使他們享受較多舒適的生活資料，那絕對必須先由最低點出發，即食物的增加必須先於而且大於人口的增加。

因此，嚴格說來，本來人類沒有食物是無法生活的，所以，由前後的順序而言，食物一定先於人口；這是沒有懷疑餘地的。但是，如果由於耕作狀態及其他原因，勞動者所得的平均食物量，遠多於可以維持停滯的人口的，則其數量的減少（由於人口的增加傾向的），對於農業為一最有力而且不斷的刺戟；這完全是當然的。

還有值得注意的是：根據上述理由，對農產物增加的刺戟，由於「戒愼的抑制」的普及及其他原因，在勞動者的收入豐富之時，更為容易。蓋在此時，由人口的增加或外國需要的增加所引起的穀價上漲，暫時之間常使農民的利潤增加，並使永久的改良有其可能。反之，在勞動工資太低、人口必因工資的減少（縱使是一時的）而減少時，則耕作與人口的增加，必自始就帶來利潤的低落。因此，對於人口之「預防的障礙」，它的普及與高的平均工資，與其說阻止利潤的不時增減，毋寧說對於食物及人口的增加，是一可以想望的刺戟。

在有關人口問題的其他偏見之內，一般以為；一個國家，如果富人們仍在浪費，或未墾的土地仍有存在，而對食物的缺乏，鳴其不平，這是不對的；至少，貧民所受的貧窮壓迫，乃應歸諸上層階級的不法行為與土地的拙劣管理。但是這兩事情，其眞正的結果，只是收縮現實人口的界限，對於所謂貧民階級的貧窮之平均的壓迫（on what may be called the average pressure of distress on the poorer members of society），幾乎或完全沒有影響。如果我們的祖先十分勤儉；它對其子孫傳下了這樣的習慣；即今天的上層階級並不消費任何奢侈品、並不爲了快樂而用馬、土地並非棄置不耕，則對現實的人口情形，雖已發生很大的不同；但在下層階級的情形，關於勞動價格及家族扶養的難易，恐無任何不同。富人間的浪費及快樂用的馬匹，它的作用與前述中國釀造用穀物的消費，頗爲相似。如此消費了的食物，假定在歉收的時候收回，用以救助貧民，則在其繼續的期間，恰與只在最緊要時打開的穀倉，具有同樣的作用；因此，它對下層階級不但無害，而反有有益的傾向。

即就未墾地來說，它給貧民的結果，顯然無害而亦無益。急激的開墾，暫時可以改善他們的境遇；而既耕地的休閒，確是暫時將使他們的境遇惡化。但是，在這種任何變化都未進行的時候，未墾地給與下層階級的結果，它的作用只如較小地域的占有而已（merely like the possession of a smaller territory）。一國在習慣上輸出或輸入穀物，這對貧民確有多少重要關係；但是，這與全地域之完全或不完全的耕作，則未必是有關係，這毋寧取決於剩餘生產物與此剩餘生產物所支持的人口比例。事實上，這種比例都以在全地域的耕作尚未完成的國家爲最大。縱使英國的土地，到處都已耕作，但只因此，絲毫沒有可以期待輸出穀物的理由。關於此點，英國的國力，一則取決於剩餘生產物對商業人口的比例；而此自更取決於資本之趨向於農業或商業。

擁有廣大領域的國家，恐怕永遠沒有都是已經完全耕作的。所以，我們由國內未墾地的外表，往往對此國家的產業及政治，遽下甚爲籠統的結論。對於土地的構圍與耕作，除去一切的障礙，給與各種的便益，這是任何政府應有的明白義務；但是，這種義務一經完成，而其餘則須委諸個人利害的作用（the rest must be left to the operation of individual interest）。但是根據這一原則，未必可以期待新土地的開墾。這是因爲：開墾未墾地所必需的肥料與勞動，也許不比使用於既耕地的改良遠爲有利；這樣的情形是極常發生的。在擁有大地域的國家，常有不少中等的土地；這些土地，如果不是經常施肥，可能變爲瘠地；如果施以大量的肥料與勞動，則大有改良的餘地。對於土地改良的大障礙，是不易獲得充分的肥料，有時是不可能獲得。因此，這種改良手段，理論上暫且不說，實際是受限制的；所以問題常是如何能最有利地予以適用？而且，使用於新土地開墾的一定量肥料與勞動，如果投在既耕地，可以永久獲得較大的生產物，則不論個人或國民都是損失。雖然是有這一原則，但農民在某種情形之下，往往決不以肥料用在最劣等地，乃僅滿足於由這種土地每三、四年取得有限的收穫，而以自認爲實際有限的肥料，全部用在可以產生較大效果的農場。

地域狹小，人口眾多，而此人口是靠不能求諸本國土地的基金扶養，在這樣的國家，事情當然不同。此時土地的選擇，幾乎或完全沒有；而肥料則比較過剩；在此情況之下，也許最劣等地也被耕作，但是對此目的，所必要的，不是單純的人口，乃是一面逐漸改良本國的生產而同時又能獲得別國生產物的人口。否則，人口立即比例此狹小不毛地域的缺乏生產而減少；土地的改良決不發生；縱使發生也甚緩慢；人口常可依此緩慢的速度而正確測定，決不能超過這一程度而增加。

這一問題，可以在不拉奔（Brabant）的 Campine 的開墾爲例證。據修道院院長 Mann 所說⑧，當地原是乾燥不毛的沙地。雖然有人，有過一些計劃，要耕作這一地方，但都失敗。這乃證明：這種開墾，不論就農事計劃或自給自足的方案來說，畢竟都不適當。但是，結局，若干宗教團體移居其地，它們是靠別的基金生活，它們只是爲了次要的目的而改良土地，因爲跟著土地的充分改良而以此貸給農民，故在數世紀之間，幾乎全部的土地都已逐漸耕作。

任何不毛的土地，用這方法，或靠工業都市的集中人口，都可變成富裕的地方。但此絲毫不能證明：在人口與食物的關係上，人口先於食物。因爲：在某其他地方的剩餘生產物之內，如果事先沒有充分的食物量存在，則此集中人口，到底是無法生存的。

像在不拉奔或荷蘭這樣的國家（它們缺乏的，主要是領域而非肥料），例如 Campine 地方，可說大體已經有利地耕作。但在那些擁有大地域與廣大中等土地的國家，這種土地開墾計劃，在個人及國民的資源上，顯然都是誤用，都是浪費。

⑧《關於荷蘭農業的報告書》（對農務院報告第一冊），二二五頁。

法國人已經知道：過多開墾瘠地的錯誤。他們現在已經注意到：這樣爲了瘠地所費的勞動與肥料，如果用以改良較好的土地，當可產生長久而更好的結果。即使是在耕作充分周到而人口十分稠密的中國，某些地方仍可找到不毛的荒野。這乃證明：雖然人民感覺食物的不易獲得，但以肥料用在這樣的土地上，仍不合算。如果想到：在廣大的瘠地上耕作，播種必有很大的浪費，則以上所述當更明瞭。

所以，只要沒有其他證據，我們對於一國的國內經濟，不能由未墾荒蕪地的外表，而輕下推論。事實是：任何國家，都未嘗到達生產物的最高可能極限，今後恐也不會達到；因此，對於生產物及人口更大增加的實際極限（the actual limit to a further in crease of produce and population），常認爲是勞動的缺乏或勞動的誤用，不是自然的絕對拒絕，不許有更多的生產（not the absolute refusal of nature to yield any more）。但是，一個人被關在室內，即使他的手不能觸到四壁，仍可說是被四壁所包圍。關於人口原則，這不是一國能否生產更多一些（*any more*）的問題，乃與能否充分生產（與幾乎無限制增加的人口同其步驟）的問題。在中國，不是耕作的改良能否獲得稻米一定增加量的問題，乃是在此後二十五年間能否期待足以扶養三倍增加人口的生產增加問題。至在英國，不是耕作所有的公有地能否生產遠大於現在的穀物量的問題，乃是在此後二十五年間能否生產足以扶養二千萬

（此後五十年間，則為四千萬）人口的食物量問題⑨。

⑨此處所說由資源的大增加所生的各種結果，在都市與工場眾多的國家，是不能發生的；又，也許以為：這與本書開頭部分的說明——即對人口增加的最後障礙（食物的缺乏），除了實際饑饉的情形以外，決非直接的障礙，是相矛盾的。

如果這種措辭過於強烈，則可改用溫和的說法，而幾不影響議論的實際力量及其適用。但我認為：縱使措辭確是過烈，但不這樣脫離眞理。充滿都市及工場的大問題，是工作的不足與一國生活維持手段的不足（後者是工作不足的結果）。因此，各勞動者，如果在其出生地的教區，可以獲得足夠扶養十個子女的衣食住，則都市的人口，比較一國的人口，立即僅占絕少的比例。而且在此假想狀態，如果都會的出生率及婚姻率大為增加，來自貧困的一切死亡幾乎全被消除，那末即使是在中國（在習慣的變化所需要的短時間之後），發生與本文所述同樣的人口增加，也決無可驚奇。

如就英國而言，由於都市與製造業的長足發達，乃使每一百二十年（或一百二十年以上）增加一倍的人口增加率，變化為每五十五年增加一倍；這已是眾所周知的。因此，如果英國資源的增加與分配，可以保證任何人（即使在十八歲或二十歲結婚）都能支持最大的家族，那末不列顛群島的人口，將以每二十五年增加一倍的比率增加，這幾乎是沒有懷疑餘地的。根據英國的登記簿，則英國似比美國更為健康的國家。美國的人口，即使在以異常速度增加的時代，有些都市仍是死亡超過出生。但在英國的都市，如以現在的改良，那末，即使下層階級都能隨時結婚，這樣的事情也不會發生；因此，由於貧困的夭折，也幾乎或完全不會發生。

由於這種議論，完全建基於人口與食物的增加率的不同，所以即使假定：土地的生產物是絕無限制的，也絲毫不會減少其重要性的；因此，任何賢明的政治、任何堅忍而且指導得宜的產業努力，充其量，也只能使對於人口的必然障礙產生比較均等（more equably）的作用，使其弊害的發生止於最少的程度；至欲刪除這些障礙，這是絕對沒有希望的工作。

但是，舊國的風俗習慣，乃因食物的豐富而大有變化；而其結果，能否幾與新殖民地一樣地增加人口，這只是一好奇的問題（is a question of mere curiosity）。此處唯一必需的議論（the argument only requires）乃是：如果支持家族的資料，由缺乏的狀態轉成豐富的狀態，則在舊國，將有顯著的人口增加；這到底也是不能否認的。

第四篇

我們未來的預想——關於刪除或和緩由人口原則所生的弊害

第一章　論「道德的抑制」及我們應實行此德行的義務

就我們前所觀察所有社會的實況來說，似乎人口的自然發展，本已受到不絕的且有力的抑制；同時明白：任何已經改善的政治形態、任何移住計劃、任何慈善設施及任何程度或方向的國民勤勉，都不能防止對於人口的（任何形態的）巨大障礙的連續作用（can prevent the continued action of a great check to population in some form or other）；故其結果，我們必須對其服從，而視如無法避免的自然法則；因此，餘下的唯一問題，是此作用即使發生，我們怎樣可以使其對於人類社會的道德與幸福所給的損害，止於最小限度。

在相同及不相同的國家中所有對於人口的直接障礙，都可分解爲道德的抑制、罪惡及窮困。而且，如果我們的選擇以此三者爲限，那就沒有理由可以長久躊躇不決：何者是最當獎勵的。

在此論文的第一版，我已說過：對於人口，必須有某種障礙存在，這由自然法則（the laws of nature）可以知道；因此，這種障礙，與其等到實際的窮乏與疾病臨頭之後使它開始作用，不如在能預料家族扶養將有困難的時候（或知道貧困將要與此俱來的時候），事前防範於其未然而先使它開始作用（it was better that this check should arise from a foresight of the difficulties attending a family and the fear of dependent poverty, than from the actual presence of want and sickness）。這種想法還可推進一步；而且，我這樣想：現在世間普遍流傳所有關於人口的意見，無疑的，起源於野蠻時代；又在各社會，乃爲以支持這種意見爲有利的階層所繼承、所流布；因此，一直在妨礙我們聽從有關這一問題的理性與自然的明白命令（we have been prevented from attending to the clear dictates of reason and nature on this subject）。

自然及道德方面的弊害，似乎是上蒼（the Deity）訓誡我們所使用的手段——爲了避免不適於我們生存，因而損傷我們幸福的任何行爲。如果我們的飲食不節制，則我們的健康受到損害。如果我們任意大怒（if we indulge the transports of anger），則恐定有遺悔將來的行爲；如果我們人口增加過速，則將因貧困與傳染病而遭受悲慘的死亡。凡在這些情況，自然法則是相同而且一律的（similar and uniform）。這些表示：我們過於跟隨這些衝動，因此，冒犯了同樣必須聽從的某些其他法則（they indicate to us that we have followed these impulses too far, so as to trench upon some other law, which equally demands attention）。我們由過飽所受的不快，因憤怒而加於我們自己或別人的損害，及因貧困臨頭所受的不便等，都是對我們必須更加妥善（better）控制這些衝動的忠告。而且，如果我們不顧這種忠告，我們當然要受不服從的刑罰；我們的受苦有對別人警告的作用。

人類對於過速的增殖結果向不注意，由此可以推定：這些結果，與產生這些結果的行爲，不像其他的情形（按：指過飽與憤怒）具有直接而明顯的關係。但是，這種結果人類知道得遲；結果本身的性質並不因此而有何變化；又，我們一旦了解此行爲應當如何，乃須立即按此節制行爲；這種義務也不能變更的（but the delayed knowledge of particular effects does not alter their nature, or our obligation to regulate our conduct accordingly, as soon as we are satisfied of what this conduct ought to be）。在許多其他的情況之下，對於人類的幸福最爲有利的行爲，也都是經過長期而且艱若的經驗，乃始引起人們的注意。最適於營養的目的及滿足味覺的食物種類與其烹調方法、各種疾病的治療方法、低溼土地對於人體的不良結果、最便利舒適衣服的發明、優美房屋的建設以及其他一切能表示文明生活特點的各種利益與更大的享樂；這些，都不是人類立刻注意到的，乃是經驗與由一再失敗所得忠告的遲緩成果。

疾病，曾經一般被認爲是不可避免的天譴。但是，很可能，其大部分是我們冒犯某些自然法則的明顯後果；這樣想法，當比以爲是不可避免的天譴更正確。在君士坦丁堡及其他東洋市鎮的鼠疫，是對其居民的這種不斷的警告。人類的身體，是不能忍受這種汙穢與蟄眠的狀態的。而且，不潔、赤貧與怠惰，對於幸福與道德是極端不利的；因此，這種狀態乃由自然法則而產生疾病與死亡；這成爲一種警戒，使人避免遭受與別人同樣的覆轍；這可說是上天的恩惠。

至一六六六年止，倫敦鼠疫的流行（一六六四—六五年，倫敦大鼠疫，死人五萬），正是善導了我們祖先的行爲，除去不潔物、鋪設下水道、拓寬道路、擴大房屋、改善通風等，確實完全根絕了可怕的禍殃，而且大大增進了居民的健康與幸福。

食物惡劣而欠充分，同時又群居在狹隘陋屋的貧民階級，是流行病的主要犧牲者；這種事實，在所有流行病的歷史上，幾乎都常可看到。如果我們超過生活手段而增殖過速；則其結果，必使社會的很大部分，陷於這種貧困狀態；這畢竟因爲我們冒犯了一種自然法則；這種事實，恐怕是自然向我們表示的最好方法。飲食上的不節制，早晚危害健康；又此暴飲暴食，不論在其當時對於我們是如何愉快，但結局是帶來不幸；自然乃以完全相同的方法，指示這種法則。飽食傷害人體，這與無此結果的飲食有益人體，同時都是自然的法則。

固然，我們盲從自然的情慾衝動，這必引導我們陷於極荒唐、極不幸的放肆。而且，所有這些情慾，對於我們的生存都是十分必要的；故如一概加以削弱或減退，這有最有力的理由可以相信：定會傷害我們的幸福。在我們所有的欲望之內，最強烈而且最普遍的，是對於食物及其他衣服、房屋等（這些是直接使我們免受饑寒的苦痛所必需的）的欲望。人類行爲的大部分（產生文明生活的偉大改良與進步的），是由這些欲望所發動的；又這些目的的追求及這些欲望的滿足，不問其在文明與非文明的社會，都形成人類大半的主要幸福來源，且對其餘一半已更高尚的享樂是必不可缺的；這是誰都承認的事實。我們在聽從某種方式所指導的時候，充分知道：人類社會會由這些欲望獲得無限的利益；但是，我們在不聽從這種指導的時候，也同樣知道由這些欲望所能產生的弊害。所以（so much so），社會對其認爲這些（對衣食住等生活資料的）欲望的不正當的滿足，必須加以最嚴酷的處罰。但是，不論在任何情況之下，欲望都是自然的；抽象的想法，欲望都是善良的。饑者從別人的架上（shelf）偷取一塊麵包以滿足其食欲的行爲，與以自己的麵包滿足其食欲的行爲，除了依據其後果以外無可區別。即使是由這些後果想來，我們也可確信：如果人們以別人所有的麵包，滿足自己的自然欲望，而無所妨礙，則麵包的數量一般就要減少。這種經驗，是有關財產法律的基礎；同時，本來完全相同的欲望滿足，成爲區別善惡的基礎。

如果由這種欲望滿足所生的快樂，一概減少其強烈的程度，則所有權的侵害事例，當可減少。但是因此，人類的享樂源泉也必同時縮少，這種不利抵消上述有利而大有餘。貢獻於人類欲望滿足的所有這些生產物，其數量的減少；在其比率上，遠大於竊盜的減少；而且，一方一般幸福的喪失，比較另方幸福的獲得，也是大得無可倫比（and the loss of general happiness on the one side would be beyond camparison greater than the gain of happiness on the other）。我們想到大部分的人類正在不斷地做著苦役時，優美的飲食、溫暖的房屋、黃昏時的一家快活團聚（a comfortable fireside in the evening），乃是充分的刺戟，如對整天的勞動與艱難，而不給以興趣與快樂，則一定會痛感到：人類幸福的源泉將被最無情地減少。

在我們的欲望中，次於食物的欲望，最有力、最普遍的，乃是廣義的兩性間的情慾。這種情慾對於人生全般的幸福，幾乎是無人不知的。由友情而高升之貞潔的戀愛（virtuous love, exalted by friendship），特別適合於人類的本性；它是一「靈肉一致」的享樂，它能最強有力地喚起兩個靈魂間的精神共鳴，而且產生最美妙的滿足。曾經體驗過貞潔戀愛的眞正愉悅者（who has once experienced the genuine delight of virtuous love），即使其「知能的快樂」（intellectual pleasures）非常之大，也很少不想起：那一時期是其一生的光輝部分；那是他的幻想最好回到的地方，是他以最甜美的愛惜心情追思與回憶的地方，是他希望再體驗的地方。

爲了表示肉體的快樂所以顯爲劣等，Godwin 先生曾謂：『如果由兩性間的關係，取去其附帶的一切粉飾；這樣，它將被一般所蔑視』。這好比：對讚賞樹木的人，叫他由樹木取去其擴展的枝幹與可愛的綠葉；這樣，你對一根樑柱能承認其美麗麼？但是，刺戟讚美之念的，是有枝幹與綠葉的樹，不是沒有這些的樹。刺戟戀愛之情的，乃是婦女「肉體的勻整、快活、優美的氣質、溫柔的愛情、想像力與機智」①，而非女性這一簡單的特質。

兩性間的情慾，只仕爲謀其即時的滿足之時發生作用，而影響人類的行爲；這種想法是極大的錯誤。每人各自建立生活的某種計劃，而逐步追求其實現，乃是幸福最永久的源泉之一；這種想法已被公認爲正確的。但我相信：在這種成家立業的計劃之內，很少是與上述情慾滿足的希望（與由此所生子女的扶養），沒有很大的關係的。如果我們不想到愛情的對象（可以共享晚餐、溫暖的家庭、快適的爐邊之樂的），那恐失去其興趣的一半。

我們有很大的理由可以相信：兩性間的情慾，還有最有力的傾向，它可使人類的性情溫柔而善良，使所有比較優雅的慈悲與憐憫之情得以持續。關於野蠻生活的觀察，都有證明下

①《政治的正義》第一卷第一篇第五章七二頁。

一事情的傾向；此即：凡是這種情慾不甚明顯的國民，都是靠猙獰惡辣的精神（特別是靠對於異性的暴虐與殘酷）而出人頭地的。我甚至於可以說，如果夫婦的這種紐帶大爲削弱，恐怕男子一般要用其優秀的體力而以妻爲奴隸（像在野蠻人間所常見的），否則，至少（at best）是因兩人間的氣質有些不同，以致常使愛情冷淡；兩者當有其一。而其發生，定使父母的慈愛與愛護減少，這對社會的幸福會有最致命的影響。

此外，還可以說：如有某種障礙存在，使此情慾不能很快獲得一般的滿足，則此情慾將更強烈；又，情慾大有力量可以產生溫雅、親切與殷勤風度（gentleness, kindness, and suavity of manners）的效果，這是人們所承認的；又在許多國家，對於人性的觀察也支持這種結論。在一切的衝動幾乎都立可滿足的南方某些國家，情慾完全墮落爲單純的動物欲望，由於濫用而迅速衰弱，幾至消滅；因此，其對性格的影響，受到極度的限制。然在歐洲各國，婦女雖然未被隔離，但對此情慾的滿足，風俗加以相當的控制；因此，不僅情慾的力量增加，而其效果的普遍性與有利性亦在增加；所以，情慾在其滿足最受抑制的地方，對於品性的形成及陶冶，常有最大的影響。這樣，兩性間的情慾，如由各種方面及關係考察（包括由此情慾所生之父母與子女的愛情），則沒有人會否認：這是人類幸福主要要素之一。而且經驗告訴我們；許多的弊害，是由其不正當的滿足所產生的。固然，如以這種弊害與其利益比較，雖不怎樣重大；但是，如果想到情慾的力量及其普遍性，則此弊害的絕對量，決不能說少。不過，所謂由此原因所生的弊害，既不像在財產欲不正當的滿足時這樣大，也不像它這樣直接危害社會，這由一切政府對於刑罰的安排所採的一般行動，可以明白；即使視此弊害最爲重大，但如爲了減少這種弊害而消滅或減少情慾（這是這種弊害的原因），這畢竟付出了極高的代價；這樣的交換，恐怕是化人生爲冷漠而無快樂的空虛，或是野蠻而無慈悲的地獄。

所有人類的情慾與所有一般的自然法則，對其遙遠結果與直接結果的綿密注意，強有力地使我們達到如下的結論；即在現在的情形之下，如不更強有力地促使「善的源泉」狹隘（遠過於「惡的源泉」），而能予以非常的減少，這幾乎或完全是沒有的。而其理由似甚明白。實際，這些是我們所有快樂的因素，雖然同時也是我們所有苦痛的因素。是我們所有幸福的因素，雖然同時也是我們所有不幸的因素。是我們所有善行的因素，雖然同時也是我們所有罪惡的因素。所以我們所必需的，是調節與善導，而非減弱或消滅。

Paley 說得好：『人類的情慾，都是人類的幸福所必需的，或可造成有益於人類的幸福的；又，事實大多是這樣的。這些情慾是強烈的，是普遍的。否則，恐不適於達成其目的。但所謂強烈與普遍，在需要顧慮各種情況之時，如使放任，遂成過度與濫用；人類的惡德（無疑的，這又爲許多貧窮的原因）也從此發生。這一面指示惡德的來源，同時乃對我們指示理性與自制的本分（shows us at the same time the province of reason and self-government）②。

所以，我們這理性動物的道德，顯然是在：由創造主委託我們的一般資料中，取出最大量的人類幸福。而且，自然的衝動，抽象的說，其本身既然都是好的，這只能由其結果來區別好壞；因此，對於這些結果加以嚴密的注意，又按此而調節我們的行爲，這必須視爲我們的主要義務。

人類種族的繁殖力，固然在某些觀點上，與兩性間的情慾，是另一問題。因爲：這顯然依存婦女的生育力，多於這種情慾的強弱。但是這種法則，其主要特色，乃與其他一切自然法則，正相類似。這是強烈的而且普遍的，如使情慾大爲減弱，則必不適於其目的。由此所生的弊害，是附隨於其「強烈而且普遍」的必然性質的。而且這些弊害，可由人類的努力與道德，大予和緩，使成爲比較輕微的。我們不能不承認：人類充滿地球，這是創造主之一目的。而此目的，如果沒有人口的增加快過食物的傾向，是無法實現的；對我來說，這是顯然的。再說，以現在的增加法則，人類的繁殖其進行並不十分迅速；因此無疑的，我們乃有相當充分的理由可以相信：這種法則，對其明白的目的，並非過強。如果人口沒有比較食物更快增加之強烈而普遍的努力，則對生活手段的欲望，結果是比較局限的，將不會產生在

---

②《自然神學》（Natural Theology）第二十六章五四七頁。

人類能力的進步上所必需的一般活動。如果這兩傾向正相平衡，則是否有某種動機足以克服人類通有的怠惰，使其更加努力於土地的耕作呢？不論土地如何爲肥沃、面積如何廣大，人口可能增加到五百萬人或五千萬人；但也可能只停止在五百人或五千人。所以這樣（人口與食物間）的平衡，顯將打破創造主的一大目的。而且，如果問題只是程度的問題（即情慾的強度略爲較大或較小的問題），那末我們當然可說：無法判斷爲達到這一目的（以最小的附帶弊害）所必需的正確分量究爲多少（we may fairly distrust our competence to judge of the precise quantity necessary to answer the object with the smallest sum of incidental evil）。在現在情形之下，我們大有一種力量，可於很短的歲月之內，能以人類充滿荒蕪地方；而且，在別的情形之下，如果忍受很小的弊害，則此力量，卻可由於人類的努力與道德，使其生存局限於任何狹小的面積之內（and yet, under other circumstances, capable of being confined by human energy and virture to any limits however narrow, at the expense of a small comparative quantity of evil）。如果只是這個例外，而對偶發的弊害既無任何方法防範於先，又對人類的惡德（或由其他一般法則所生的部分不幸）沒有方法應付於後，則與其他一切自然法則的類推，都將全不成立（the analogy of all the other laws of nature would be completely violated, if in this instance alone there were no provision for accidental failures, no resources against the vices of mankind, or the partial mischiefs resulting from other general laws）。反之，如欲根絕任何附帶的弊害，而達到明白的目的，則人口增加的法則，顯然得隨各國不同的情形，必須加以不同的不斷變化。但是，事實卻非如此，該法則是古今中外一律，而其附帶的弊害，在各種情形之下，都讓人類自己去設法和緩與消除。我們有理由可以想到：唯有如此，不僅與自然其他部分的法則更相符合；且更能促進人類智性的形成與進步。人類的義務，此時，乃隨其境遇而變化；這樣，對其行動的結果才會更加注意；又他的才能，比較按照情形不絕地變更法則而除去弊害，顯然是有更大的活動餘地與改良機會。

如果情慾是非常容易控制的（或則，不法的交合是容易的），因此，獨身狀態是一種無所謂的事情（a state of celibacy were a matter of indifference），而且絲毫不是艱苦的生活，則欲以人民充滿地球的自然目的，顯然易被破壞。人口不太快地增加，這對人類的幸福是最重要的；但是爲要達到這一目的，不是說可使結婚的欲望大爲減退。各人在有養育其孩子的把握之前不結婚，這顯然是各人的義務；但是同時，爲了實現這種把握而自努力，而且爲刺戟其準備養活較多的人數，仍令保持結婚的欲望而不使其減少，這是應當的。

因此關於人口原則，我們所應有的顯然是調節與指導，不是減少或變更。而且，如果道德的抑制，是避免（由此原則所生的）附帶弊害之唯一的有效方法，那末，我們實行此事的義務（our obligation to practise it），與我們實行所有其他道德的義務一樣，顯然是有完全相同的根據。

我們在實行一般認爲困難的義務之時，對於別人偶然所犯的過失，雖然都可予以寬恕，但是對於義務的嚴格原則，則不容懷疑。我們在沒有明白的把握可以養育我們的子女之前不結婚，這種義務，如被證明對於這種義務的遵守，是有防止窮困之最有力的效果，那恐怕是值得道德論者的注意的。反之，如果聽憑自然的最初的衝動，在思春期立即結婚成爲一般的習慣，那末，我們所知道的一切道德，不論其如何普及，畢竟不可能由缺乏的最可憐的絕望狀態及普通隨此而來的一切疾病與饑餓，拯救社會。

第二章　論「道德的抑制」、其普及及對於社會的影響

人口有超過生活資料而不斷增殖的傾向，有一主要理由阻止對於這種學說的同意的，是謂：上帝使依自然法則不能生存的人類，乃依自然法則而出生於此世界；這畢竟是不可想像的。但是，如果想到：除了依據這些法則所推動的我們勤勉的一般活動與方向之外，而還使我們的注意朝向道德的抑制（即：由此法則所生的附帶弊害，使我們的注意朝向對於人口的適當障礙）；再如知道：堅強服從由自然與理性之光（the light of nature and reason）指示並啓示我們而被確證並承認的義務，藉此可以避免這些弊害，那末這些反對論就會被消除，以罪惡歸諸上帝善意的一切表面理由，都會消滅。

現世快樂主義的異教道德論者，也謂不經道德的媒介，在地球上是無法達成幸福的。而且在他們的道德之內，戒慎是占第一位；甚至有人以爲：其他一切的道德都包含在戒慎之內。基督教說我們現世及來世的幸福，全在實行各種道德；這能使我們適於更優越的悅樂狀態（a state of superior enjoyment）。因此特別推獎：置情慾於理性的指導之下——即使這非戒愼的全部，至少爲其主要部分。

假使允許我們爲了例解而描繪一幅社會的圖案，則在此社會，如果各人依靠嚴格執行最優秀的古代哲學者由自然法演繹出來的，同時也是基督教道德律直接教訓的（而且已經予以有力承認的）義務，藉以努力獲得幸福，那末這種社會圖案，與我們今天所看到的光景當大不相同。凡是爲了滿足眼前的欲望而結果招致較人苦痛的一切行爲，都被認爲「義務的違背」（breach of duty）。因此，收入只有足夠養活兩個子女的人，無論如何爲愛慾所驅使，當不會置身於非養活五、六個子女不可的境遇。這種戒愼的抑制，如被一般所採用，則因市場勞動供給的縮小，故其當然的結果，是其價格的立即上升。在延緩情慾的滿足期內，超過僅只個人需要的收入予以儲蓄（in saving the earnings which were above the wants of a single man），同時還有養成認眞、勤勉與節約的習慣，這樣在很短的歲月之後，就可進入結婚生活，而對其結果無需恐懼。這種預防的障礙，它的作用就是這樣；縱使人口不絕地追隨食物的增加，但因經常保持在食物的極限之內，所以對於工資的上升與工人在結婚前的儲蓄金額，賦與眞實的價值。這種價值，與勞動價格的強制提高或專斷的教區補助金，完全不同——後者隨其數量與範圍的擴大，一定帶來食物價格的相對上升。工資，這樣足夠安樂地養活大家族，而且，任何夫婦的出發（set out，按：指結婚）都已有萬一的準備，所以一切的極貧將由社會絕跡。或則至少，只有極少數的人，陷於任何戒愼與先見都無法準備的不幸。

在青春期與各人不妨結婚的時期之間，按照假定，必須保持嚴格的純潔（strict chastity）。因如犯了純潔的法則，一定發生弊害。像阻礙孩子出生的亂交，其結果顯然是削弱最高尙的愛情，且使女性的品格大爲墮落。而且，其他一切的性交，只要不用不當的手段就像結婚一樣，爲社會帶來許多的孩子；這些孩子，更多可能變爲社會的負擔。

這樣想來便可知道：純潔的道德，不像有些人們所想像的，是人工社會的強制產物（forced produce of artificial society），在自然與理性之中，實有其最眞實而鞏固的基礎。因爲顯然，這是迴避罪惡與窮困（常由人口原則所產生的結果）之唯一合乎道德的手段。

在像以上所想像的社會，部分男女在其一生的初期，要過獨身生活；而且這如普遍實行，則對比較目前更多的人員，確爲他們造成後來結婚的餘地；這樣就全體看來，注定一生要過獨身生活的人數，就將減少。如果晚婚成爲一般的習慣；而且冒瀆純潔，不論男女都被認爲不名譽；則兩性間的交際，可以比較目前更爲親密而友愛（more familiar and friendly）地進行，而無危險。兩年輕人儘可親密交往，而不即刻被人認爲他們打算結婚，或有不規行爲；這樣給他們以極好機會，使男女都發現彼此相投的性情（kindred dispositions）；這可構成鞏固而永久的愛情（否則，結婚生活大體悲慘多於幸福）。如此，一生的初期，即使沒有愛情的完全滿足，但也不是沒有愛情而過去的。愛情不像今天所極常見的，乃因年輕時的淫樂而枯竭；它是到了後來，成爲更加光輝、更加純眞、更加堅定的火焰而燃燒（that it might afterwards burn with a brighter, purer, and steadier flame）；而且，只是暫時之間受到抑壓而已。所以結婚生活的幸福，不是只提供一時耽溺的手段，而成爲每人所指望的自己因勤勉與道德早晚可以得到的賞與，同時也是純正不變的愛情的報償①。

愛的熱情，在品性的形成上，是一有力的刺戟，而且往往促進最高尚而寬大的努力。但這限於「愛情集中於某一對象，且其完全的滿足乃因困難而被延緩」之時②。恐怕，在這種

---

① Currie 博士在其所著《朋斯的生涯》（Life of Burns）序文上，對於蘇格蘭民眾的性格及境遇，載有饒有興趣的觀察；其中，博士以關於人性的正確知識而謂：『在判定一社會的幸福與道德時，除了兩性間的交際情形之外，恐怕更無可以置信的標準。這種交際情形，如果表示強烈的愛情，而同時常有行爲的純潔，則婦女的品格與影響力提高，使我們不完全的本性在道德的階梯上也是昇高（where this displays ardour of attachments, accompanied by purity of conduct, the character and the influence of women rise, our imperfect nature mounts in the scale of moral excellence）；而且，由此唯一的愛情源泉，湧出幸福的水流；這一水流，分爲無數細支，充沛地潤飾著人生的草原。兩性間的愛慕，如果墮落而成獸慾，則我們種族的傳承就比較貧弱，人類就接近滅亡的獸類狀態』。（第一卷一八頁）。

② Currie 博士說：『蘇格蘭的農民，在其熱情期間，往往發揮無愧西班牙騎士的冒險精神』（《Burn 全集》第一卷一六頁）。這種浪漫的熱情，如照 Currie 博士的說法，是最貧賤的蘇格蘭人民的愛慕特性（characterises the attachment of the humblest people of Scotland）；而且，這是由於他們所受精神的向上（elevation of mind）——而此則又由於優良的教育——而大大涵養起來的；無疑的，這對國民性，曾有最有力與最有益的影響。

熱情的影響之下，心情是最多傾向於道德的所爲的；又在這種時候，貞操的道德，對於男子是最少困難的。如此實行的晚婚（late marriages taking place in this way），與現在同名的晚婚大不相同。現在的晚婚，每多只是出於利益的目的；也有不少是男女以已枯竭的肉體（又大體以已枯竭的愛情）互相結合。再說，現在的晚婚主要限於男子；這些男子不論本人已入如何老境，苟有結婚的決心，幾乎無不選到年輕的妻室。沒有財產（按：without forture；因有譯運氣不好的）的年輕婦女，過了二十五歲，就開始擔心將過一生的獨身生活，這不是沒有理由的。而且，那女人一面是有可以形成強烈愛慕的心情，而同時是一年一年地過去，發現其愛情可有歸宿的對象這一希望逐漸稀薄；由於世上愚昧而錯誤的偏見，使其境遇帶來的不安心情，愈益深刻。如果婦女之間一般的結婚年齡延遲，則青春與希望的期間會被延長（the period of youth and hope would be prolonged），而最後失望的人將會減少。

這種變化，對於社會中行爲比較檢點的那一半（to the more virtuous half of society），是最明顯的利益；這是我們絲毫不能懷疑的。男子忍受這種不便，無論如何苦痛，但這將立刻而且喜悅地爲婦女所支持（it would be supported by the women readily and cheerfully）；而且，如果婦女確有把握：可在二十七歲或二十八歲得到結婚，則我相信：只要她們有選擇的自由，她們與其在二十五歲被捲入子女繁多的各種勞苦，顯然不如等待這一時期。但是最適當的結婚年齡，是無法確定的，這完全應取決於環境與地位。人的一生，從十七或十八歲到二十歲，是自然最強有力地促成兩性結合的時期。但是，在已脫離野蠻愚昧狀態（在此狀態，幾乎沒有理性與先見）的所有社會，這種早期急於結婚的傾向，必須抑制。而且如果人們知道：在現狀之下，這種自然衝動的抑制是無法避免的，則我們能夠合理解除這種抑制的時期，在社會現在的情形之下，不是畢竟即爲扶養一家的充分希望已經實現的時候麼？（and if, in the actual state of things, such a restraint on the impulses of nature be found unavoidable, at what time can we be consistently released from it but at that period, whatever it may be, when, in the existing circumstances of the society, a fair prospect presents itself of maintaining a family?）

對於「道德的抑制」，可能有人以其難於實行作爲反駁的論據。對於不承認基督教權威的人，我只能說：在最慎重的研究之後，這種道德，對避免由一般自然法則所生的弊害（即如無此道德，由一般自然法則所生的結果），是絕對必要的。按照他自己的原則，追求最大的福祉（greatest good），是他的義務。而且，他不要只是部分地服從自然的某些指示，同時由藐視別的指示而違背此重大目的，以致得不償失地使發生更大的窮困，這也是他的義務。道德之道（the path of virtue），本來是導向永久幸福的唯一之道（only path）；但異端的道德論者也常說：這是難於攀登的（difficult ascent）。

對於基督教徒，我想告訴他們；聖經最明白而確實地指示：在理性的範圍之內，抑制我們的情慾，這是我們的義務；所以，以理性告訴我們最後一定陷於窮困的方式追求我們的欲望，這是對此法則的明白違背。基督教徒不能以爲：因爲道德的抑制困難，所以他毋須以此爲義務。這是由於：幾乎每頁聖經都記載著：人的四周乃常被極難抵抗的誘惑所包圍；而且，雖然基督教所指示的義務，都是不但導致來世（future state）的幸福，同時也有助於今世地上（on earth）的幸福，但也決未說過，絕對服從這種義務是容易的工作。

一般在青春的時候，對於愛情乃有很強的傾向；故在此時代，純眞的熱情與一時的熱情，極難區別。實行道德的抑制，結果乃使氣質相同的男女，交際較爲容易；因此，如果男女都在其年輕時代，渡過道德的抑制，不是可以實行遠較幸福的結婚麼（比較像在環境允許男女極早結合的美國情形之下）？於是，由於戀愛熱情，不將獲得更多的快樂麼？但是，如果我們以我前所想像社會的男女交際，與現在歐洲的情形，一切照舊（taken under all its circumstances），加以比較，則很可如此斷言；因此可能除去的窮困重擔之外，由戀愛熱情所生的快感總量，必會大大地增加。

如果我們可以想像：這種制度一般通行，則在其外部關係上（in its external relations）給與社會的幸福，也幾不亞於在其內部經濟上（in its internal economy）給與社會的幸福。在這種情況之下，當可充分期待：爲人類大難的戰爭，不久也不會像現在這樣廣泛而又頻繁地擴大其慘禍。

其（按：指戰爭）最根本的原因及最有力的刺戟之一，無疑的乃是土地與食物的不足。而且，人類的生活情況，雖自最初開始以來已大有變化，但是同樣的原因，依舊發生作用

（雖其程度差些），產生同樣的結果。如果不是下層階級的窮困，使他們趨赴王侯們的旗下，則王侯們的野心也將缺少破壞的工具。徵兵官常是祈求歉收與失業，換句話說，是祈求過剩人口。

在世界史初期的時代，戰爭是人類的大事業；在因這種原因的人口死亡遠甚於近代的時候，各國的立法者及政治家，主要注意於攻與防的工具；他們用盡手段獎勵人口的增加，對不妊及獨身予以汙名，而頌揚結婚。世俗的宗教，附和這些一般的世論。在許多國家，自然的出生力，成爲嚴肅禮拜的對象。在穆罕穆德教（它的確立，是由於刀劍，因此，在宗教上，使其信徒不能不帶來非常大量的死傷）規定：爲了讚美創造主而生育孩子，這是人類主要義務之一；認爲子孫最多的人，最符合於造物主創造世界的目的。這種道德觀念的普及，對於獎勵結婚，自然是有大的效果；跟著而來的人口急速增殖，一部分是不絕戰爭的結果，一部分也是其原因。由前次的荒廢所造出的空隙，乃對新的養育給與餘地（made room for the rearing of fresh supplies）；而且這種供給，其橫溢的速度，對於新的戰爭，不絕提供新的刺戟與新的用具（and the overflowing rapidity with which these supplies followed constantly furnished fresh incitements and fresh instruments for renewed hostilities）。在這種道德觀念的影響之下，不絕戰爭的狂暴到底能否和緩，這是很大的疑問。

基督教對於結婚及我們有關生殖的義務，其見解與過去的見解不同；這一事實是愉快地證明基督教的眞實性與莊嚴性；且又愉快地證明它適合於人類社會的比較進步狀態。

雖然深入於這一問題（entering minutely into the subjest），顯然過於離題，應予避免；但是，我們如果以聖保羅宣言的精神（關於結婚的），應用在社會的現狀與人性的既知組成（the known constitution of our nature）上，則其當然的推論，可以說是：要是結婚並不妨礙較高的義務，這是正當的；否則，這是錯誤的。根據道德學的純粹原理，「由觀察自然的現象探知神意的方法，是追究此行爲有促進一般幸福的傾向，抑有減消的傾向」（the method of coming at the will of God from the light of nature is, to inquire into the tendency of the action to promote or diminish the general happiness）③。沒有養育子女的能力而結婚，這種行爲其有直接減少一般幸福的傾向，可能是無過於此的。所以，有此行爲的人，顯然是冒瀆神意；而且，成爲自己生活社會的重擔，又使自己與家族陷於最難保持道德習慣的境界；於是，他破壞了對其鄰人及其自己本身的義務；也就是說，他違背其較高的義務而耽溺於情慾之聲（listened to the voice of passicn）。

在我上面所假想的社會，因其人們都極力遵守道德律（這是由自然的光所引出、所啓示，而爲宗教所堅強支持的），以求達到幸福。所以，前段所說的那種結婚，顯然不能發生。而且，過剩人口既得以防止，其結果乃有這樣的堅強傾向；即：除去對於侵略戰爭之一主要導因，同時亦根絕互相爲用的兩種致命的政治混亂（即國內的專制與國內的騷擾）。

---

③ 佩力（Paley）著《道德哲學》（Moral Philosophy）第一卷第二篇第四章六五頁。

這種社會，雖然不想侵略的戰爭，但在防禦的戰爭，則鞏固有如盤石。在各家庭富有生活必需品（且有相當分量的安樂品與便利品）的地方，不能存在變革的希望（如使下層階級說：『聽憑任何事情發生，我們不能比現在更壞』），至少不會對於變革存有漠不關心的灰心心理。如果各人對其自己的享受感到確實的利益價值（felt the value of the solid advantages）；又如變革的希望只是表示「奪去這些」（and a prospect of change presented only a prospect of being deprived of them），則所有的心與所有的手，都將一致排擊侵入者。

由此可知：由人口原理發生而結果影響各個人及社會的一切弊害，予以避免，這是在個人能力的範圍之內（依賴實行在宗教內所明白命令的道德，這些是由自然之光對他明白指示而且啓示的）；再則，因爲我們有理由可以想像：在某程度實行這種道德，與其說有使個人幸福減少的傾向，毋寧說有使增加的傾向。所以，我們沒有任何理由可以責難神的正義，而謂神的一般法則使此道德有其必要，乃以跟著罪惡的弊害與跟著各種夭折形態的苦痛，處罰我們對此道德的違反。像我所假定的，那種眞實道德的社會，將可避免這些弊害。靠跟著罪惡的苦痛，使我們免去罪惡；靠道德所生的幸福，引導我們趨向道德，這是造物主的明白目的。想來這種目的正是適於仁愛的造物主的。關於人口的自然法則，只有促進這種目的的傾向。所以對於神的仁慈，這種責難，決不能建築在這些法則之上。這種責難，即使對於在不完全的生存狀態所必有的任何弊害，也同樣是不能適用的。

第三章　論改善貧民境遇的唯一有效方法

發表道德律或義務體系（system of duties）的人，即使他確信各人有如何遵奉的堅強義務，但也不致於愚蠢到想普遍地或一般地實行。但這對於道德律的發表，不是任何正當的反駁。假令如此，則同樣的反駁，常是妥當的；我們將完全沒有所謂一般的原則。而且，除了由誘惑而生的人類罪惡之外，我們將還有許多（遠多於我們現在所有的）基於無知的罪惡。

如果單照自然判斷，我們可以確認：一方是由許多人口所生的貧困，他方是由亂交所生（特別是對女性所生）的罪惡與不幸，那末，承認功利原則爲道德律的大規範（the great criterion of moral rules）者，如何可以否定這樣的結論；即道德的抑制（即在到達可以扶養一家的狀態時止，延緩結婚，而於其間嚴行獨身）是人們應當嚴守的義務。而且，如果在這一問題上信任神的啓示，則此義務，無疑地接受極強有力的確認（this duty undoubtebly receives very powerful confirmation）。同時，在人類的一般行爲之內，關於此點，希望其有任何急激而重大的變化，我想：幾乎沒有讀者比我更不樂觀的。我在前章雖曾假定：這種道德，普通地實行，但其主要理由，(1)是由人口理論所生的弊害，乃與其他較少引起責難的大部分弊害，是完全同樣性質的；(2)這種弊害，乃因人類的無知與懶惰而增加，並因人類的知識與道德而減少；(3)這種弊害，如果假定各人嚴格地盡其義務，則幾可完全清除；(4)這絲毫不使快樂的源泉（基因於有規則的情慾滿足的，而此情慾滿足，正被認爲人類幸福的主要原素），普遍減退；由此可以一掃對於神的善意所有的責難。（按：以上數字爲譯者所加。）

我想：如果多少爲了說明的方便，而描寫在假定的社會，各個人都嚴格執行自己的義務，這沒有什麼害處；又，只要論者（writer）不以爲這種普遍或一般的服從，對其體系的實際效用（to the practical utility of his system）是必要的；又如不以爲溫和的、部分的改善（to that degree of moderate and partial improvement），——這是由有關我們義務的最完全知識可以合理期待的最大限度——是必要的；則別無正當的理由受到空想的責難。

但在此點，乃於我在前章所假定的高度社會狀態，與有關此點的其他許多假說之間，有一本質的不同。前章所假定的改善，如果我們向它接近，這是可以實現的；這像我們過去在各種最大的改善上所常見的一樣，可依直接訴諸各人的利益與幸福而使其實現。我們既毋須由不習慣的動機而行動（it is not required of us to act from motives to which we are unaccustomed），也毋須追求完全不能理解的一般福祉與各方離散而且曖昧不清的結果。因爲全體的幸福，可以成爲個人幸福的結果；所以這應由個人開始。合作全無必要。逐步是有效的（every step tells）。忠實履行自己義務的人，完全獲得其成果，而不問其他有多少人失敗。這種義務，任何缺乏才能的人也可理解。這只是說：不能生產無法扶養的孩子。這一問題，雖因教區法（parochial laws）與個人的慈善而致曖昧，但一經明瞭，誰都由衷痛感這種義務。如果他不能扶養自己的孩子，則孩子非餓死不可。又如幾乎已經確實知道無法扶養孩子，而居然結婚，這樣，他非對其自己及妻兒的一切不幸負責不可。因爲必須想到：結婚之後當然要生孩子，所以延遲至達到可以扶養這些孩子（依靠勤勉與節約）的地位而始結婚，顯然對他有利，大可增加他的幸福。而且，在此延遲期內，如使滿足情慾，一定違背神的明白命令，也不能不傷害自己或某同胞；則考慮一身的利益及幸福，就可知道非嚴格履行獨身時的道德行爲不可。

情慾的刺戟不論如何強盛，都可藉理性使和緩至相當程度。所以，貧困的眞正永久原因，如經明白說明，使各人的心中（each man's bosom）都有深刻的印象，對於各人的行爲當有若干而且可能不是些微的影響（it would have some, and perhaps not an inconsiderable influence on his conduct）；這種想法不能說是完全空想的。至少，這種實驗，還未嘗充分試行。過去爲貧民所做的，幾乎一切事情，都似細心地在此問題上面，覆以黑的面紗（veil），乃由他們隱蔽其貧困的眞正原因。在其工資是否足以扶養兩個孩子還可懷疑的時候，有人已經娶妻，生了五、六個孩子。當然，他必沉淪於悽慘的境遇。他說：勞動價格過低，無法扶養一家。他指摘教區在扶助他的義務上，緩慢而吝嗇。他指摘富者貪欲，因爲富者不以其自己多餘之物給他。他指摘偏頗不正當的社會組織，因爲這種社會組織不以土地生產物的充分量給他。他恐還指摘神的安排，因爲神指定他的社會地位，乃爲不可避免的窮困與從屬所包圍。在探討指摘的對象時，他決不注意其不幸的來源。他以爲自己最爲無罪，而事實上，除非他被社會的上流階級所欺騙，大部分的罪都在他自己。他也許以爲：不結婚就好。這因現在感到結婚的不便。但是，他決不想到自己已犯某種錯誤。他常被訓導：爲國王及國家養育臣子，這是極有名譽的行爲。他這樣做，而且因此吃苦。由此可知，他給國王及國家以其不斷宣稱特別必需的物品（按：指孩子），而其報酬是使他們如此吃苦。所以他自然認爲：這是非常不對而且殘忍。

對於人口問題，直至改正這些謬見，且以自然與理性的說法（the language of nature and reason），代替誤謬與偏見的說法（the language of error and prejudice），不能說一般人的理解力，已經有何公平的實驗。而且，⑴他們自己是其貧困的原因；⑵又其救濟手段是在他們自己手中，不在其他任何人的手中；⑶他們所住的社會及支配此社會的政府，對於此點並無任何直接的力量；⑷這種社會與政府，不論如何熱心希望救濟他們，又不論如何想試救濟，但是他們這種慈善的希望，乃是不當的約束，這是不能實際而且眞實（really and truly）實行的；⑸反之，如果工資不能維持一家，這是無法爭辯的徵候，國王及國家已毋須更多的臣下，不，至少是不能扶養更多的臣民；⑹在此情況之下，如果他們結婚，這不是盡其對於社會的義務，是對社會增加無用的負擔；同時，以其自己投入窮困的深淵，其行動與神意正相反對；又如他們遵守神由一般的自然法，對於凡有理性的人類，一再所給的訓誡，則其全部或其大部分可以避免的各種疾病，都不會帶到自己的身上——這些事情，在他們已經充分理解之後，如果他們不再有如現在的行動，則責難他們無謀與怠慢，這是過分的。（按：以上數字爲譯者所加。）

佩力在其《道德哲學》中說：『在食物已經缺乏的國家，國家必須以比過去更深的注意，監視公共的道德。這是因爲：在節操抑制下的自然本能之外（for nothing but the instinct of nature, under the restraint of chastity），此時沒有任何物品可以使人爲了扶養一家而從事必要的勞動，使其同意犧牲個人的自由與放縱』①。運用各種的努力（認有「抑惡進善」的效果的），這常是國家的義務；不論一時發生怎樣的事情，都不絲毫放鬆這種努力；這確是眞理。故所提議的這種手段常是好的（the means therefore proposed are always good）；但在此時，所欲達成的特殊目的，可說是絕對罪惡的。已經知道食物不足，幾乎沒有希望可以扶養孩子，此時，我們無理地使人結婚。這恰似無理地以不會游泳的人沒入水中。這些都是蔑視神意的行爲；在任何情況之下，都同樣地不能相信：會有由貧困及死亡（由我們的這種行爲所產生的），拯救我們的奇蹟發生。

眞的希望改善社會下層階級境遇的人們，其目的定在提高勞動價格與食糧品價格間的相對比率，而使工人獲得較多的生活必需品及安樂品。我們過去主要是靠獎勵既婚的貧民，而使工人的人數增加；我們口稱希望其價格提高，同時卻使此貨物橫溢於市場；我們就企劃靠此達到這種目的。預料這種企劃最後一定失敗，這毋須特別大的先見之明。但是經驗勝於一切。上述企劃，會在許多不同的國家，經過幾百年的嘗試，而其成果常不適於企劃的性

① 第二卷第十一章五五二頁。

質。今天實在是可以嘗試其他任何企劃的時候。

曾經以爲：酸素或純粹健康的空氣可以治療肺病，但是治療的結果反使症候惡化；於是，乃用相反的各種空氣試行實驗。如欲試行治療貧困這種疾病，最好是用與上述相同的哲學精神。即：因已知道：如果繼續增加勞動的供給，則只使症候惡化而已，最好對此供給略予控制，試其結果如何！

在所有古老而人口稠密的國家，我們能夠合理地希望其勞動階級的境遇有何本質而永久的改善，是靠這種方法，而且只靠這種方法。

在努力提高對一國消費者數的食糧品分量比率時，我們的注意，首先自當朝向增加食糧品的絕對分量。但是，如果知道：不論如何迅速增加食糧品，由於消費者數的增加更快，所以，任憑如何努力而仍落後，那末我們不得不承認：只向這一方向努力，絕對不能成功。這等於以龜捕兔；因此如果知道：使食物與人口相比例，這在自然法上是不可能的；那末，我們接著的嘗試，當然　定是使人口與食物相比率。如果能夠使兔睡覺，則龜不久當可獲得追到的機會。

不過，我們不能放鬆使食物量增加的努力。但此必須與另一努力相結合。即如人口一旦追到了食物，我們當努力在可維持我們所望的相對比這一距離，控制人口；這樣，使此兩大所望（*desiderata*）、即現實的大人口與赤貧及從屬較少的社會狀態相結合；這種所望決非並不相容的目的。

如果我們對於這種一般研究的目的，即本質的而且永久的改善貧民境遇的方法，眞有誠意，那末，我們須向他們說明其境遇的本質，而且告訴他們：限制勞動的供給是使勞動價格眞正上升的唯一可能方法；又因他們自己就是這種貨物的所有者，所以，只有他們具有實行的力量。

因我相信：這種貧困驅除方法，在理論上完全是明白的，而且由與市場上其他所有貨物的類推（analogy），常可確認；故我不能不以爲：這種方法，只要並不明白顯示其將產生「弊大於利」，則絲毫不能阻止我們的實行。

第四章　對上述方法的反對論

對此計劃恐怕會有一反對論；謂在市場，毋寧帶來勞動不足；反對論之有價值的，只是由此點出發。這種勞動不足，無疑地，在相當程度一定發生；但是，完全毋慮達到影響一國財富與繁榮的程度。不過，所謂「在市場帶來勞動不足」的問題，即使就最不利的觀點看來，如果富者在達成其自己宣言的希望之時，而不忍受其必然帶來的些須不便，這就難說；他們對其宣言，眞是忠實的。他們對於貧民的慈善，一定非爲兒戲，就是僞善；即或則以慈善爲工具而自求其樂，或則只以意思表示欺騙世人。一面希望改善貧民的境遇，使能獲得較多於過去的生活必需品與安樂品，接著又說工資太高，這是以手頭的糖果給與別人以後而又懊悔啼哭的愚童行爲。勞動供給過多的市場，與對各勞動者的充分報酬，是全不相容的目的。在世界的歷史上，此兩者決未同時存在過；即使在想像上，要使兩者同時存在，這也是連經濟學上最簡單的原理都全屬無知的證據。

對於這種計劃的第二反對論，是謂因此帶來人口的減少。但是應當注意的，這種減少只是相對的。在食物增加的時候，乃使人口停止；這種相對的減少一經實現，則人口從新開始增加，在長歲月內，繼續增加而常與食物保持幾乎相同的比率。這一國家，如果適宜地指導國民的產業，則數世紀間，可有二、三倍於現在的人口；而在此王國之內，任何人都可有遠比現在優良的衣食；這是可以容易想像的。在產業的源泉依然旺盛而其產業的充分部分在於農業之時，我們絲毫無須擔心人口的減退。在貧民中間鼓吹勤勉節約的精神，其最有力的方法，恐怕是使充分理解：他們的幸福主要常非依賴其自己不可；而且必須使其覺悟：如果放縱於違背理性的情慾（或不能在獨身的時候，勤勉節約，儲蓄可供結婚後普通急需的金額），那末，他們就要遭受自然的惡害（這種惡害，是上帝對再三不服從其訓誡者所準備的）。

對於這種計劃的第三反對論，是謂：強使貧民實行道德抑制的義務，有使關於性的罪惡增加的危險；只就這點來說，是含有若干眞理的。

不論直接或間接，凡可解釋爲荼毒道德之事，我毫不想說。但是我確不以爲：只有關於性的罪惡，是在道德問題上應該考慮的唯一罪惡，或是使人性墮落之最有力的。這種罪惡，犯者幾乎或一定不免引起某種不幸；因此常受嚴酷的責難；但是，世上還有產生更邪惡結果的罪惡，還有導向比結婚的抑制更確不道德的事情。破壞童貞的誘惑固屬強大，但較之由不斷的窮困所引起的誘惑，則微不足道。無疑的，極多的婦女及許多的男子，是遵從貞德（with the laws of chastity）渡過其一生的可觀部分；但我相信：極端絕望的貧困苦痛（不，即使是長期不斷的逆境），如果有人能夠通過而不使品性十分墮落，這恐怕是不多的。

在社會的上中流階級，時常看到這樣的事，眞是可悲而可歎的；即一高雅而純潔的人，一向重名譽而尙誠實，但逐漸受逆境的壓迫，最初向借錢給他的朋友說明都覺臉紅，而羞於看到朋友；後則慢慢使用十分卑劣的奸計與遁辭，以圖延緩或倒賴當然的債款；末了，慣作虛僞、仇視人世，完全失去了人的體面與威嚴。

不絕地財產侵害與其他較凶暴的犯罪，使我們不得不常用死刑這一苦痛的手段加以處罰①；這種犯罪其大部分，是由於普遍瀰漫的窮困與我們在此國家對於貧民的法外獎勵（這使他們完全喪失先見與戒愼）②。據 Colquhoun 先生說：各階級的二萬以上貧民，每天早上醒來的時候就是擔心：怎樣，又靠什麼過此一天？有時也會擔心：今晚住在那裡？③主要的犯罪，是由於這些不幸之人；即使他們中間結婚的人不多；因此，即使他們之有這種行爲，很少是爲扶養孩子的需要所迫；但是，在社會的最貧階級間，過度頻繁的結婚，其爲誘致這種犯罪的主要原因之一，恐怕仍爲事實。這種不幸的人們，一大部分，恐怕是由這種結婚所產生；他們是在充滿一切罪惡的授產所接受教育，或則是在汙穢與襤褸的家庭（做夢也

---

① Colquhoun 先生說：『在社會現在的情形之下，可說貧窮是犯罪增加的主要原因』。《首都的警察》（Police of Metropolis）第十三章三五二頁。

② Colquhoun 先生論救貧法謂：『這一制度，本來是一賢明的方案；爲了辯護此制度，有過各種名言讜論；但其所生的結果，就大部分的貧民看來，充分證明：在其實行上，存在重大的錯誤。否則，在此首都（其恩惠與慈善之多，乃非任何時代、任何國家所可比擬的）不可能會有如此大量的人類悲慘存在』。《首都的警察》第十三章三五九頁。

關於救貧法的結果，我雖完全贊成 Colquhoun 先生；但他認爲這一制度本來是一賢明的方案，此點難於贊成。我以爲：較大的壞處，不在此後錯誤的實行方法，乃在最初錯誤的想法。

③ 《首都的警察》第十一章三一三頁。

不知道何爲道德的義務、長成④。又更大的部分，恐因勞動的供給過多而一時失業，爲一時的窮困所迫而出此舉動，這些人，因爲這樣已經失去品性，所以，即使在需要他們勞動的時候（由於社會之有充分根據的注意），也會遭受排斥⑤。

---

④ 同上，第十一章及第十二章，三五五頁、三七〇頁。

⑤ 參照同上第十三章三五三頁以下。在像倫敦這樣的大都市，一定獎勵由農村流入許多的異鄉人（strangers）；所以一定常有許多的失業者。因此，根據像 Colquhoun 先生所提的計劃（前揭書第十三章三七一頁），以救濟一時的貧民爲目的的某種公共制度，如其管理沒有遺憾，則可得到大於弊害的利益，（more good than evil）。但是爲了這一目的，如果由此制度，給與工作，則人們因此所得的金額，低於普通工人的最低工資，這是絕對必要的，否則，求職者急激增加，而基金立即不夠對付這種目的。在過去所設立的制度中，被認爲成功的 Hamburg 制度，其工資雖高於普通的工資，但因工資的性質，每人每週要有十八辨士以上的收入，是不容易的。所以這一制度的監理者，其決定的原則，是他們所給的補助，還低於當時勤勉的男女所得的最低工資。（Voght 著《關於漢堡貧民管理的報告》一八頁。）而且，他們的成功是靠這種原則。不過，不論漢堡的制度，或 Ramford 伯爵在巴伐利亞所計劃的制度，都存在不久，所以我們必須注意：不能說其具有永久的效果。貧民救濟制度，在其設立的當時，驅逐很多的窮困，這是沒有懷疑餘地的。問題只在：跟著下一代的長成，扶助他們所必需基金的增加與寄食者的增加，它的弊害是否大過應加救濟的弊害？以及在公共制度中所累積的許多貧民及寄食者以外，結果是否仍在國內充滿與過去無異的許多乞食者？此事略可適用於英國現狀。如無救貧法，乞食者是否更要增加，將是疑問。

赤貧如不產生明顯的犯罪行爲，乃使所有的德行（virtue）痲痺。破壞貞操的誘惑，如果不絕地繼續，雖然偶或誤犯，亦未可知；但是關於其他事情的道德感情（moral sensibility in other respects），不會因此受到很大的損害。反之，圍繞（beset）絕望貧困的不斷誘惑，與因不知貧困的眞因而通常跟著貧困的強烈偏見，乃極有力地危害氣質，而有使心情疲頑、德行消沉的傾向；因此一般說來，德行乃由此汙穢的地方飛去，不留影蹤，而且極少回頭（virtue takes her flight clear away from the tainted spot and does not often return）。

即使是關於性的罪惡，可知結婚決非完全的治療法。在上流階級之間，所謂離婚法院（Doctors' Commons）或許多既婚者所過的周知生活，充分予以證明。而且這種罪惡，在下層階級之間，雖然不大聽到，但在英國的所有大都市，恐怕幾乎同樣地盛行。

而且，在赤貧的時候，特別是在赤貧與怠惰相結合的時候，保守貞操是最不適當的。情慾的強烈，與在其他的境遇幾無不同，而自尊心與道德心對它的制御，則大體喪失。世上既有下賤的赤貧（a degree of squalid poverty）存在，在這種環境生長的女孩，眞能保持純潔至二十歲，這可說是無上的奇蹟。不受任何人的尊敬而能繼續保持自尊心，這樣的人眞是非凡的人物；這一定是在同一環境之下的普通人做不到的。在這樣環境之下養成的孩子，即使二十歲開始結婚，恐怕在其幾年前已經過慣惡習。

但是，結局，如說這種議論有欠充分（即如以爲：在貧民之間，獎勵道德的抑制，因有誘發罪惡之慮，所以是錯誤的）；又如以爲：使用一切方法促進結婚，這對人民的道德與幸福是最重要的；那末，就讓我們言行一致地行動（let us act consistently）；而且在實行之先，應努力知道能使我們目的實現的唯一方法。

第五章　論採用反對方法的結果

不論生活資料的增加率如何，人口的增加一定受其限制，至少，在維持生命所必需的食物最少份額知道之後，一定受其限制；這是顯然的眞理。所有超過必需的食物量（爲保持人口於此水準所必需的）而出生的孩子，除非由於大人的死亡而爲他們留下餘地，必然難免於死亡。的確，根據本書前此所述，可以明白：在所有古老的國家，婚姻及出生，主要是靠死亡；又高死亡率，對於結婚的獎勵是最強有力的。所以，與此不相矛盾的行動，不是努力阻止產生這種死亡率的自然作用（這是愚而無用的），是當予以促進。而且，我們如果恐懼饑饉這一可怕的形態來襲過頻，那末，應當努力獎勵其他形態的自然破壞手段。不對貧民獎勵清潔，而應獎勵其相反的習慣。在英國的都市，使道路更狹，使屋內的人更多，因而希望疾病的再來。在鄉間，則以村落設在沉澱的沼澤附近，特別是應獎勵在所有瘴癘之區設置住所。但是更要緊的，是排斥對於激烈疾病的特殊療法；還須排斥那些雖然博愛但很錯誤的人們——他們研究特別的疾病撲滅法，想對人類有所貢獻。如果依賴這些及其類似的手段，使年死亡率由三十六或四十分之一，增加到十八或二十分之一，那末，恐怕任何人都可在青春期結婚，而沒有人會完全餓死的①。

---

① 芮克在論法國的出生率時，關於這一問題，曾有嶄新而富於教訓的的敘述。固然，他自己對此似乎沒有充分注意。他說：『在被自然或道德的事情所阻礙的地方，出生數對住民數的比率爲一對二三及二四；這種比

但是，如果我們都在此年齡結婚，而且繼續努力阻止自然的作用，則我們的一切努力，終於沒有效果，這是一定的。自然不欲自己的目的受到妨礙，而亦無法予以妨礙。必然的死亡，非以某種形態出現不可。而且某一疾病的根絕，只是其他更致命的疾病發生的徵候而已。貧困的海，如在某處加以壓力，則該處的水準雖然下降，但別處則非上漲不可；因此，可有希望達到這一目的的唯一方法，只是予以吸取。自然乃依懲罰相反的行爲，而使我們的注意常向此方面（to this course nature is constantly directing our attention by the chastisements which await a contrary conduct）。這些懲罰，乃依自然的訓誡產生所期效果的程度，決定其殘酷的程度（these chastisements are more or less severe in proportion to the degree in which her admonitions produce their intended effect）。現在英國，這些懲罰決非全被忽視。對於人口，預防的障礙相當普及；因此，自然的懲罰乃告和緩。但是，如果我們都在青春期結婚，則自然的懲罰必趨激烈。除了物質的弊害之外，恐怕還有政治的弊害。爲不絕的窮困所苛擾、爲頻繁的饑饉所侵襲，這樣的人民，除以殘忍的專制主義

率，在大部分的法國，爲一對二五、二五・五及二六』。《財政論》（des Einances）第一卷第九章二五四頁，十二開本。所以，爲欲實現政治家們一向所切望的大婚姻率與大出生率，最好的方法，是使人民住在沼澤地，用暴政加以壓迫。

以外，別無控制的方法。我們將接近埃及與阿比西尼亞人民的狀態；在此情形之下，我們可能較爲道德麼（it is probable that we should be more virtuous）？

醫學者早已看到：疾病將有大的變化，以及某種疾病雖似被人類的注意與熟練的努力所征服，但別種疾病接著成爲更惡性而致命的。William Heberden 博士，在幾年前，對此問題發表了若干貴重的觀察，這些觀察是由倫敦的死亡表得來的。他在序文中，就這些死亡表說：『死亡表所表示的特殊疾病，其逐漸的變化，是與死亡的洪流不絕通過的水道中，逐漸發生的變化相適應的』（the gradual changes they exhibit in particular diseases correspond to the alterations which in time are known to take place in the channels through which the great stream of mortality is constantly flowing）②。他又在該書的內容討論若干特殊的疾病時，曾以率直的態度（candour）說明（這種率直的態度常以眞正科學爲特徵）：『對疾病的歷史所有一切的變化，給與滿足的說明，是不容易的。又其原因發生作用，往往是極緩慢的，又極微妙的；所以，即使對此不能研究，也絲毫不足爲醫學者的恥

② 《關於各種疾病消長的觀察》（Observation on the Increase and Decrease of different Diseases）序文五頁，第四版，一八〇一年出版。

辱』③。

即使暗示：在某種事情之下，這種變化一定發生；又即使暗示：此時（按：指這種變化發生之時），通常被認爲其近因的，恐無任何變化，而這種變化也一定發生；這當不會受到僭越之譏。如果這是眞實的，那末，甚至是最熟練而且科學的醫學者（他們的主要工作是研究近因），對於這些原因的探求時常失敗，也不足爲奇。

在保持人口於一定標準的國家，如果是有婚姻及出生的平均數，那顯然也有死亡的平均數；用 Heberden 博士的隱喩法（metaphor），有死亡的巨流不絕貫注的水道，常是運走一定量（always convey off a given quantity）。現在，如果我們塞住這些水道的其中之一，則死亡的水流，必以更大的力量，通過某其他水道。換句話說：如果我們使某種疾病根絕，則其他疾病，當以同樣的比例成爲更致命的（others will become proportionally more fatal）。此時，眼看到的唯一原因，是塞住了死亡的必然出口④。自然在完成其大目的時，常是攻擊最弱部分。此一部分，如以人類的熟練使成堅強，則攻擊其次的最弱部分；這樣按序而行。這不是播弄我們的苦痛，使常人的努力成爲泡影的邪神態度，這是親切而又嚴峻的

③ 同上，序文四三頁。

④ 這種作用的進行，它的順序，恐怕是勞動的供給比較勞動的需要過快，而其結果，則爲貧困增加。

教師（教導我們堅強地在任何部分由地上驅逐罪惡與貧困）態度。我們時常爲避免一種過失，而容易陷於別種過失；但是我們每錯一步，自然立刻課以肉體的或道德的弊害，訓誡我們所犯的過失；使其自己的大目的無所錯誤。對於人口，即使預防的障礙普及，今天苦惱我們的許多疾病顯著消滅，但如亂交的罪惡大爲增加，則由此罪惡而生的紊亂與不幸，以及肉體的、道德的弊害，不論其勢力或程度都當增加；而且表示：應當嚴責我們的錯誤，遵守自然、理性與宗教所承認的唯一行動方向（即控制結婚，直至可以扶養子女之時止，並於其間保守純潔）。

如上所述，假定人口與婚姻數是一定的，則因某疾病的減少或消滅而致他疾病死亡率的必然變化，是可以數學表示的。使此問題容易曖昧的唯一暗影，它的發生，是由於考慮死亡率的減少對於人口增加或婚姻數減少的某種結果。有些死亡的特殊原因，它的消滅，超過生活資料所許可的範圍，對於人口不能有何影響；又這對這些生活資料，不會有何確實而必然的影響；是讀者已經承認的事實。這使對於子女新供給的需要減少，而其結果有阻止結婚的作用，我毫不懷疑；而且，在使英國大爲荒廢的鼠疫終熄之時，上述結果恐曾發生不少的作用。Heberden 博士巧妙地描寫：自此時期以來，英國人民健康狀態的良好變化；而謂其原因爲所有大都市均已逐漸發生的改善（不只是倫敦）以及全英國生活狀態的改善（特別是對清潔與通風）；這種解釋，應該是很妥當的。但是雖有這些原因，如果預防的障礙並不同時增加，則恐此時開始普及的潔癖與生活改善，使端正而有益的自尊心更加一般地普及，因對此預防障礙的增加並無主要貢獻，所以不能產生上述結果。不過，這種婚姻數的減少，也不足以抵償由於鼠疫終熄的死亡大減少及赤痢死亡者數的顯著減退。在這些以及其他疾病幾乎消滅的同時，肺結核（consumption）、癱瘓（palsy）、中風（apoplexy）、痛風（gout）、精神錯亂（lunacy）及天花（small-pox）成爲更致命的（became more mortal）。這種死亡的增加，儘管預防障礙的作用增加（又儘管每年增加的部分人口，由於農業的進步，衣食已有著落），猶爲掃蕩依然繼續過剩的人口所必需。

Haygarth 博士，對於隨時發生的天花，在概述其博愛的根絕法（his benevolent plan for the extermination）時，曾經描寫這種疾病死亡的可怕情形，而於此尋求人口增加緩慢的理由；且就這種疾病的根絕對於人口增加的好影響，進行有趣的計算⑤。但是，他的結論，由其前提，可說是無法產生的。固然無疑的，爲天花而喪命的乃有百千萬人。但其慘害，即使像 Haygarth 博士所想像，爲鼠疫的數千倍⑥，但我仍是懷疑：地上的平均人口是否因而減少。天花正是過去千年自然爲了抑制人口於生活資料的水準而開闢的若干水道之一，而且是幅度極寬的水道。但是，這一水道如予阻塞，則當擴大別的水道，或開闢新的水

⑤ 第一卷第二部第五節及第六節。

⑥ 同上第八節一六四頁。

道。在古代，由於戰爭與疫病的死亡，人數之多乃非近代所可比擬。由於這種死亡的水流逐漸縮小，乃有天花發生，幾乎到處流行；這是死亡水道所生的一大顯例；當然，這引起我們的注意，促使我們應有周到而綿密的調查。據我所信：要是開始種痘而天花絕跡，但婚姻數依然如故，則極顯著的變化，是表現於某其他疾病死亡率的增加，這是毫無懷疑餘地的。可以妨礙這種作用的，只有英國農業的飛躍發展；這如發生，它的起源，與其說由於因種痘而使許多孩子免於死亡，毋寧說由地主們因最近歉收⑦而生的覺悟及近來農業者利得的增加（這受到十分不當的責難）。但我衷心相信：此時婚姻數乃與過去不同；而且，對於這一在人類的研究上具有興趣的題目漸趨明朗；將會教導我們：如何消滅致命的疾病，成爲對我們的眞正祝福，並爲對社會一般健康與幸福的眞實改善（I am strongly however inclined to believe that the number of marriages will not, in this case, remain the same; but that the gradual light which may be expected to be thrown on this interesting topic of human inquiry will teach us how to make the extinction of a mortal disorder a real blessing to us, a real improvement in the general health and happiness of the society）。

⑦ 一七九九年及一八〇〇年的歉收。此處所說飛躍的發展，在一八〇一年至一八一四年，確曾實現；糧食正可抵償死亡數的減少。

對於因鼓吹「道德的抑制」這一義務而偶然附隨之某種罪惡的增加，與因獎勵結婚及人口增加而必然附隨之貧困的增加，考慮的結果，如果我們得到這樣的結論：「即無論如何不應干涉個人，而應讓各人自由選擇；他以任何方法所犯的罪惡，使他感到只有對神負責」，那是我的全部要求；我決不要求比此更多。不過我得主張：現在我們離此境界尚極遼遠。

此點，在社會的下層階級間，是最重要的：在他們中間，救貧法乃使生產自己無法扶養的孩子者，各自解除由自然法所負的全責；因此，直接地、不斷地而且有組織地推行結婚獎勵。我們個人的慈善，也與救貧法具有同樣的作用；它幾乎常是獎勵結婚，有使既婚者與獨身者的境遇儘量均等的傾向。

在上流階級之間，既婚婦女特別受到尊敬，而年老的獨身婦女則大被輕視；因此，即使是不論精神與人品都不甚好而且已入老境的男人，也可在年輕而美麗的女人之間選擇配偶；而未必要受自然的指示，以年齡與教養相似的女人爲限。不少女人怕成老處女，或怕對老處女這一名稱常有愚劣不當的嘲笑，而與並不歡喜的男人（至少是全無興趣的男人）結婚；這幾乎是無可懷疑的。這種結婚在很敏感的人看來，與合法的賣春相差無幾；而且，他們時常只以無用的孩子增加世人的負擔，而對增進當事者的幸福與道德，無所助益。

關於結婚義務與責任的通說，對於社會的任何階級，都有極有力的影響。有人以爲：不留後代而遽去世，這是對於社會未盡重大義務；對此問題，並不抑制自己的性向

（inclinations），而反加以鞭韃。而且，即使理性使他預先知道家庭帶來的困難，他也並不努力傾聽這些暗示，依舊決心冒險進行：他以爲：在實行自己的義務之時，是不會見棄於神的。

在像英國這樣的文明國家，對於生活，雅典而愉快的嗜好，已經普及於多數民間；即使積極的制度與通常的意見獎勵結婚，也不會因使自然與理性關於此點的光輝完全隱蔽；但是，有使比較微弱與曖昧的恐懼。所以，這一暗影如被掃除，貧民對其貧困的主要原因有所覺悟，他們知道自己的禍福主要是靠自己：至此，關於結婚的大問題，可以說應讓各人自由而且公平地選擇。

第六章　關於貧困主因的知識對於政治自由的影響

社會的下層階級，其大部分的苦難，完全諉過於其本身；這種學說，對於政府給以好機會（opportunity）；它可任意壓迫人民，使由自然法與貧民的輕率負其全部責任；這對自由的大義恐怕是不利的。但是，我們不是可以相信皮相之見的；我確相信：對此問題不怕深入研究的人們，定將承認：一般流傳關於貧困主因的充分知識，對於合理的、自由的進步，是最有貢獻的；而且，對此原因的無智與此無智的自然結果，在現在，是阻礙合理的、自由的發達之一大原因。

窮困對於下層人民的壓迫，乃與使此窮困歸罪於其政治當局的習慣，成為專制主義的防壁、城砦與守護的精神。這對暴君提供致命的與不可抗的必需口實。也就因此，任何自由政府，日就衰頹；又其所選任的守護者們，對於權力的侵害愈不關心。許多為了保守自由大義的高貴努力，終於失敗：又幾乎任何革命，在經長期慘痛的犧牲之後，終於成為武力的專制主義；原因亦在於此。有能的不平者，在能向下層人民說服其所有的貧困與苦難由於政府的不公平之前，即使其大部分的苦難恐與此原因並無關係，但顯然不絕地種下了不滿與革命的新種子。既成政府被推翻的時候，如果發現他們的貧困未能消除，那末，他們的怨恨自然落在新政府的身上；新政府沒有達到預期的目的又被推翻，此時則被要求別的犧牲；這將反覆繼續進行。在這種情形之下，大多數的良民，發現權力有限的政府不能對抗革命的精神，以防衛自己；他們倦於不知所終的不斷變化，而於絕望之餘不想鬥爭，乃以一身委諸最初的權力——這種權力可對他們提供保護，以對抗無政府的恐怖——，這無可驚奇。

凡是暴民，都爲過剩人口的產物；他們乃被對於眞實苦難的怨恨所煽動，而完全不知其苦難之所由來。他們對於自由，是最致命的怪物。這使現有的壓制擴大，使過去未有壓制存在的地方今亦發生；而且在其怨恨可怖地發作之時，往往看似吃盡其醜陋的子孫（and though in its dreadful fits of resentment it appears occasionally to devour its unsightly offspring）；但是，慘劇一旦告終，不論如何拒絕其出生，而立刻聽到產聲。

關於暴民產生專制的傾向，即在英國，恐怕我們也可在不久以前找到實例。我自認是自由之友（因此，是龐大常備軍之敵），但也不能不承認：如果國內沒有有組織的軍隊，則人民在最近①饑饉之時所受的苦痛，乃被多數上流人士的極度愚昧所煽動，使他們趨向於最可怕的暴動，終使國家捲入饑饉的各種恐怖之內；這是無上的遺憾。這樣的時期如果一再發生（由現在的國情推測，這種恐懼是大有可能的），那末我們的前途，是極可悲觀的。英國立憲政體的進步，如不爲民衆的暴動所阻害，則將向休謨預言的「極樂淨土」（*Euthanasia*）驀進；而且，如因這種暴動而受阻害，則將出現比想像更爲悽慘的光景。要是政治上的不滿與饑餓的呼聲相結合，高呼食物不足的暴民成爲革命勃發的導火線，則其結果，成爲彌久的變革與彌久的殺戮；而其血腥的進行，除了確立某種完全的專制主義以外，將無法予以阻止。

---

① 一八〇〇年及一八〇 年的饑饉。

被指定爲英國自由的守護者，他們忍受近年權力的逐漸侵害，一定因爲憂慮這些更加可怕的弊害。頹廢的影響固然很大，但如英國的鄉紳，未爲眞正的恐怖（他們的天賦自由權受到威脅，這威脅與其說來自當時國王，毋寧說來自人民）所刺戟，不會如此卑劣地放棄上述權利的一部分。他們似以「由暴民得到保護」的條件，屈服於政府。但是這樣的暴民，如果不論在現實或想像之中都未存在，那末，他們也不會有這種陰慘而且悲痛的屈服。對此問題的恐怖，不能否定：超過了正當的憂慮而被人爲地誇張與擴大。但是，徵諸頻頻責難不公平社會制度的誹謗之聲，與瀰漫於下層階級間之錯誤的平等論，如果假定允許發表「民聲」（*vox populi*），乃有正當理由可以想像這非「神聲」（*vox Dei*），而是誤謬與妄誕之聲；這也是不能否定的。

我們的行動，不應受周圍的事情所規制；這種說法，乃是自白：對於最堅固而不拔的道德原理，全屬無知。承認這種原理，對於動機最不純潔的改變議論（to changes of opinion），有時雖可提供藉口，但如承認反對的原理，則將產生無限的惡結果。所謂「既存的事情」（existing circumstances），這名詞在英國下院，雖曾受到再三的嘲笑；但此嘲笑，應對這一名詞的適用而發，不應對這一名詞的本身而發。這一名詞如果時常反覆，當然會帶來幾分疑惑的色彩；故其適用，常須予以嚴密的監視；但是，如謂「由於既存的事情；所以不得已而變更言行」，就不應輕率加以批評。鄉紳以爲：既存的事情會使他們放棄英國人最有價值的部分特權；他們雖有這種過於速斷的傾向，但是，只要他們眞正確認這種義務，他們的行動就會遵守最明白的道德原則。

對於文明政府，應該給予如何程度的權力？又對此，我們應有如何限度的服從？這須由一般的便利（general expediency）來決定；故在判斷這種便利的時候，任何事情（特別是輿論的情形與漫蔓於庶民之間的無知與妄想等程度），都須考慮。愛國者如果知道：人民是了解其自己的地位；且其要求一旦貫徹，則立即中止；那末，在人民爲了有成功希望的某特殊改革目的而蹶起之時，就可由愛國之心而竭力予以協助（the patriot who might be called upon by the love of his country to join with heart and hand in a rising of the people for some specific attainable object of reform, if he knew that they were enlightened respecting their own situation and would stop short when they had attained their demand）。但是，對於民眾的擾亂（這是由這樣的人們組成的，至少其大部分是這樣的人們；他們確信：一旦議會、市長及獨占者推翻，麵包就可便宜；一旦革命發生，誰都可以扶養家族），同樣出於愛國的動機，不但不助一臂之力，而更主張嚴厲的壓迫。此時，引起壓迫的，不是實行暴政的政府實際傾向，反是下層階級的無知與妄想。

話雖這樣說；任何權力常有侵害的傾向，這是不可爭的眞理；此事，不論如何諄諄教誨，都非過分（cannot be too strongly inculcated）。爲了確保臣民的自由，其所必需的限制，常是相當地妨礙行政機關的事務，而且使其延遲。這種政府的公務人員，即使在其自信爲國家盡瘁而且恐對人民毫無惡意之時，而感到這些不便，那自然要在所有的機會，要求中止或廢止這種限制。但是，爲政者的便利，一與人民的自由相背馳，我們如果不以最愼重的注意，調查兩者逐一的過功，而習慣於製造一似是而非的證言與依賴適當保證與個人人格（a habit of relying on fair assurances and personal character），則英國的自由就此結束。如果我們一經承認這一原則，即政府對其必要的權力量（quantity of power），比較我們以狹隘的知識所能知道的，更能知道，所以放棄私的判斷（private judgments），乃是我們的義務；那末，我們同時就要放棄全部的憲法。政府不是自由最受忠實保存的地方，也不能是這樣的地方。如果我們迂闊，對於與我們有重大利害關係的此點，並不關心，而希望政府爲了我們而予以注意，這是世上最愚而不合理的事情。如果英國的憲法終於墮落到如上所述的專制主義，則英國的鄉紳們對此應負的責任，當遠多於爲政者。

但是對於鄉紳，公平地說，他們之所以已經部分地放棄其爲英國自由守護者的地位，不是由於他們的腐敗，應當承認是被恐怖所襲。而且這種恐怖的主要原因，乃是庶民的無知妄想及在此精神狀態之下，他們想像某種革命運動成功時所將出現的恐怖狀態。

佩因（Paine）著《人權論》（Rights of Man），此書的流布，曾被想像：對於英國下流及中流階級，有過非常惡劣的影響。這恐爲事實。但是這不是因爲人類沒有權利，或不知道有這些權利；事實是因爲關於政府的原則，佩因先生陷入了某種根本的錯誤；又在若干重要點，他自己暴露對於社會的構成（以及由英美兩國間物質的不同可以預料之道德影響的差異）完全無知。與在歐洲以暴民聞名的群衆同樣性質的暴民，在美洲是不能存在的。在美洲沒有財產的人民，由於當地物質的環境，爲數較少；因此，可以保護財產的民權，也毋須像在歐洲同樣程度的強烈。不論叛亂的表面原因如何，佩因先生說其眞正的原因乃是幸福的缺乏，這是不錯的；但是他進而說：這是遺害福祉（這成爲社會的基礎）的某種缺陷存在政府組織之內的證據；他想以一切幸福的缺乏都歸罪於政府；他陷於這種一般的錯誤。固然，幸福，事實缺乏，這因無知而成爲暴動的主要原因，事或有之；但與政府的措置，也可能是幾乎全無關係的。舊國的許多人口，提供了在像美洲的國家所不知道的不幸材料。所以，如照佩因先生所提的計劃，想以租稅收入分配給貧民階級，藉以救濟這種不幸，則弊害的深刻將百倍於此；社會徵集所得的任何金額，對於提議的目的，將立不濟事。

由佩因先生的《人權論》所引起的誤謬，其中和的最好方法，是使普遍知道何爲眞正的人權？說明這些權利是什麼，雖非現在我的任務，但是有一權利，人儘管實際沒無、而且不能有，而一般以爲是有。不能以自己的勞動正當購買的生存權，即是。固然英國的法律，言明人有這種權利；對於在正規市場無法求得衣食的人們，乃使社會給與這些權利；但是這種行爲，是違背自然法的企圖；因此不僅不能達到這一目的，而且其所欲救濟的貧民，乃因這樣在他們身上所行非人道的詐欺（inhuman deceit），而一定受到最殘酷的苦痛。

修道院院長 Raynal 曾說：『在所有社會的法律成立之前，人已有生存權』（Avant

toutes les loix sociales L'homme avoit le droit de subsister）②。果然，則謂在社會的法律成立之前，任何人都已有保持百歲高齡的權利，也是同樣地正確。無疑的，人在其時，如不侵犯別人的生存權（*le droit de subsister*）而有生存至百歲（不，可能至千歲）的充分權利；即在今天也有此權利。但是在任何情況之下，問題主要是能力的問題，不是權利的問題。社會的法律，比較未有此法律的時候，乃使更多的人生存；因此乃使此能力大爲增進；而且在此範圍，使生存權大爲擴大；但是，不論在社會的法律成立以前或以後，不能有無限的人數生存。即不論在其以前或以後，已經喪失這種能力的人，也已喪失這種權利。

如果關於這些問題的大眞理，更加普及於一般；又如下層階級知道：由於（除了爲獲得大的生產物而絕對必要的財產大制度以外，與任何特殊制度都無關係的）自然法，只要誰都不能靠其自己的勞動而獲得生存權，則對社會，絲毫不能要求這種生存權；那末，責難社會不正制度的有害議論，大部分都將失其力量而倒地。貧民決不傾向於夢想的。他們的苦痛常是眞實的。只是這些苦痛不能歸於其眞實的原因而已。如果向他們適當地說明這種原因；告訴他們：現在苦痛的那些部分是政府的罪過，那些部分是與政府全無關係，那末，下層階級間的不滿與懊惱，就不會像現在這樣眾多；而且即使出現，也不會像現在這樣恐怖。如果

② Raynal著《印度史》第一〇卷第一〇節三二二頁。

貧民充分理解自己貧困的眞相；如果知道：依賴中流階級那些好亂者的革新計劃，對其自己決無好處，恐怕只是有利於別人的野心而已；那末，這種好亂人們的努力，也完全毋須擔心。英國的鄉紳與財主們，可能安然回復對於權力侵害的適當戒備（might securely return to a wholesome jealously of the encroachments of power）；而且，不以人民的自由，每天向公安的祭壇供獻，而絲毫不受民眾正當的疑懼，不僅可以恢復過去的地步，還能斷乎主張需要時間經過與政界波瀾（the lapse of time and the storms of the political world）的逐漸改革，而防止英國憲法的逐漸崩潰。

政治上的一切改善，必起源於有相當教育的人士；這些人士，不用說，可在有產階級之間發現。就其少數而言固屬如此，但不能想像：大部分的有產階級都眞歡喜濫用政治。他們所以這樣做，只因恐怕：否則將發生更大的弊害。如果我們能取去這種恐懼，則猶由街頭上取去障礙物（或鋪平街路，或照明街路），容易推動改良與進步。人生常須爲了避免大的弊害而忍受小的弊害；立即欣然從之，這是賢者的本分；但是，任何賢者，如果沒有危險而能除去某種弊害，都不致於忍受這種弊害的。所有由於民眾專制或愚昧的疑懼一經除去，則政府的專制，片刻都不能存在。在這時候，專制既無掩飾與藉口，也無後盾，而暴露其本來的醜態。因其自身本來是脆弱的，所以一旦剝除外衣，奪去所謂輿論的支持與必要的大藉口，則將不戰而敗。其少數熱心的守護者，亦將羞而掩面恥於支持：不論人類如何用盡智慧而終於不能找到似是而非的藉口之事。

專制的最有效支持者，無疑的，是以貧民的窮困與幾乎全部煩擾社會的弊害，歸諸人爲制度與政府不公的一般論者。這些議論的虛僞，與一般容忍並實行此虛僞時所生的可怕結果，無論如何，都絕對必須加以阻止。這是因爲：由在這種印象之下而行動的民眾運動，不但可以期待直接的革命恐怖（這常是極重大的問題），而且這種革命，最後可能變成暴戾的虐政；而其暴戾的程度，尤甚於其所破壞的虐政。由於這些理由，自由的眞正友人，對於眞正人權的熱烈擁護者，也許可在充分贊成專制的人們之間找到。即使其本身是不好的事情，只因與其相對的事情更壞，而且因爲現在絕對必須在此兩者之內選擇其一，所以會受到善良有德人士的支持。因此，一再攻擊政府的人們，不論其企圖如何，至其眞正的結果，無疑的，乃使現政府加強對才能與原理的重視（to add weight of tatents and principles to the prevailing power），這種才能與原理，如在普通是不會給與的。

我相信：由上所述已可充分證明；即使在根據至善、至純的原則所建立並由至高的人才所運用的政府之下，因爲忽視對於人口的戒愼障礙，所以最不堪的赤貧與窮困，乃普遍流布；這是事實。而且不幸，這種原因過去幾被無視；因此社會的努力，常是不使減少，而反有使其增加的傾向；所以，我們乃有最有力的理由，可以想像：在我們知道的所有政府之下，下層階級間的貧困，其大部分是由此原因發生的。

所以，佩因先生及其他，由民眾的不幸出發，攻擊政府，這顯然是偏頗的；在承認這種責難之前，公平地確定這種不幸幾許是由人口原則而發生的？幾許應爲政府的責任？這是我們對於眞理與正義的義務。對此區別予以適當處理；凡是曖昧、不確而且不實的責難，概予刪除；於是明白：對於其餘政府顯有責任；即此殘餘部分，似猶使其責任極大。政府對於貧困之直接與即時的救濟，雖然幾乎沒有力量，但是對其人民的繁榮，則有極大的間接勢力。這是因爲：政府在使一國的食物與無限制的人口增加同其步驟的努力上，雖屬比較無力，但其勢力，在對必以某種形態出現的障礙予以最善的指導上，是很大的。本書的前半已經充分證明：最虐政的與最惡政的國家（the most despotic and worst governed countries），其現實人口不論如何稀少，但比較生活資料一定是最稠密的；而且，這種狀態的必然結果，不用說是工資極低。在這樣的國家，對於人口的障礙，與其說是由於（抑壓早婚的頻發與普及的）戒愼與遠慮，毋寧說大多由於（貧困結果的）疾病與死亡。障礙是積極的多，預防的少。

戒愼習慣的增進，第一必要的大條件，是財產的完全與安定；其次恐怕是：依據平等的法律，對於下層階級，給與尊重與重視（respectability and importance）；再則，他們對於這種法律的制定，可有若干影響。所以，政府愈優秀，則使戒愼與情緒提高（這是在我們的現狀之下，可以迴避貧困的唯一方法）的傾向愈顯著。

過去，時常有人這樣主張；即謂：使人民略爲參加政治，何以有利？其唯一的理由，是因代議制度最適於制定善良而平等法律；但是如果同樣的目的，在專制主義之下也可達到，那不是可使社會帶來同樣的利益麼？但是，如果代議制度對於社會的下層階級，保證來自上流階級之較平等自由的處理方法，因對各人給與較大的自尊心與對一身墮落的較大恐怖，那末這與財產的安定，一致鼓吹勤勉的努力（the exertions of industry），而使發生戒愼的習慣；這樣，同樣的法律，比較其在專制主義之下，顯然更可有力地擴大社會下層階級的富裕與繁榮。

但是，自由政體與優良政治，有使貧困減少的傾向，這是不錯的；不過在此方面的這種效果，一定是間接而緩慢的；這與下層階級常所企望（他們習慣地企望，認此爲革命的結果）之直接而且即時的救濟，是大不相同的。這種期待過多的習慣與因失望而發生的憤怒，常對他們向自由前進的努力，給與錯誤的方向；這對有實現希望之逐漸的政治改善，與下層階級境遇的緩慢改良成就，乃有不絕予以妨礙的傾向。因此，明白知道政府所能爲的與不能爲的，這是最要緊的。如果有人問我，什麼是大大阻礙自由的進步（使有自由之心的人們大爲失望，其最有力的原因何在）？那末，我說；這是瀰漫於社會，關於不幸與不平的原因而已存在的混同（it was confusion that had existed respecting the causes of the unhappiness and discontents which prevail in society），與政府爲欲鞏固自己的權力而能利用這種混同；不，毋寧是非利用不可。所以我不能不這樣想；窮困及不幸的主要原因，只是間接地與政府有關；直接除去窮困及不幸，完全不是政府之力所能及的；這是看貧民本身的行動如何；這種知識如果普及，則因而除去由無知所生的危險；於是，不給政府以何種優越的地位，而對問題的民眾方面，給以較多的力量；這樣乃以一種非常有力的方式，促進合理的自由（and thus tend, in a very powerful manner, to promote the cause of rational freedom）。

第七章　同問題之續①

①　一八一七年追記。

前章的推論，由最近二、三年的事變，大大得到證明。社會的下層階級對於由政府的改良所能期待的結果，其所有錯誤的意見（erroneous views），恐怕是空前的（過去從無這樣的時代）；而且這些錯誤的意見，從無如此立腳於完全的誤解（founded on a total misapprehension）（直接關於貧困的主要原因的）；又這些錯誤的意見，對於自由，從無如此直接引發不利的結果的。

對於政府的不平，其主要原因之一，是有勞動能力與勞動意志的許多工人，完全得不到職業；因此，不能購買生活必需品。這種情形，是文明生活所能發生之一最可悲的事件，這是社會下層階級間的不滿之自然的而且可以原諒的一原因；此外，上流階級，一面適當地注意，不使此永久化，同時，不惜以任何努力使之減輕；這些人道之士，是絲毫不能懷疑的。但是這種情形，過去，即在最得法而且最經濟（in the best-conducted and most economical）的政府之下也可發生；這與一國的資源在自然停滯或減退的時候，政府無力使之有效增加，是同樣地確實。

在統治得法的國家，乃有繁榮期出現；在此期間，雖對該國的財富與人口，會有異常的刺戟；但此刺戟，在其性質上是不能永久的。如果，例如新的銷路被打開、新的殖民地被獲得、新的機械被發明，又在農業實行新的大改良，則內外市場都以有利的價格，即時吸收「增加生產物」；此時當然會有：急激的資本增加與對人口的異常刺戟。反之，如果後來這些銷路偶被閉鎖或因外國的競爭而被縮小，或如殖民地喪失，或如同樣的生產物已由其他方面供給，或如因爲生產過剩或競爭而致市場不能與新機械的擴大而平行擴大，或如由於某種原因而致農業的改良中斷，則對人口的刺戟，在表現最大效果的當時，則雇用並扶養此人口的資力，當然的結果（而且政府並無任何缺陷）將會缺乏；這也是不用說的。這種缺乏，在社會的勞動階級之間，一定引起大的窮困；但是不會產生這樣的推論：即謂因爲這種窮困，所以需要政府的根本改革；又如希望成就這種改革，則僅使弊害加甚而已，這是十分明白的。

在上述情形之下，雖可想像：政府的行動，在任何一點，都不會助長勞動階級的窮困；但是這種想像，在實際上可由事實證明者極少。因爲戰爭與課稅而引起的大窮困，無疑的是在政府的力量（in the power of a government）；辨別這種窮困（這些原因的自然結果）與如上述所引起的窮困，得有幾分技巧。在英國，無疑的，這兩種原因是互相結合的；不過，前者的作用遠大於後者。戰爭與課稅，只要是直接而且單獨發生作用，則有破壞資本、生產物及人口的增加，或使之緩慢的傾向。但在最近的戰爭之間，妨害繁榮的這些障礙，因與對生產曾有異常刺戟的各種事情相結合，乃致相抵而尚有餘。不過此多餘的利益，不能認爲全受政府之賜；這是極確實的。政府在過去二十五年間，不論對於和平或自由，都未嘗表示很大的愛情（has shown no very great love）；對於一國資源的用法，也未嘗表示特別的節約。政府只以莫大的國幣投於戰爭，依苛稅而徵收之。無疑的，這對國家資源的破產，有所貢獻，而公平的觀察者，不能不承認這樣的大事實：即在一八一四年戰爭終了之時，國家的資源未曾枯竭，又不論國家的財富與人口，不僅比開戰當時大爲增加，且在戰爭期間曾以空前的速度而增加。

這種事實，恐怕可說是歷史上之一最異常的事實。而且由此事實，確是產生如次的結論。即：和平恢復後國內的窮困，與其說是發生於由戰爭及課稅所能期待之普通的、最自然的結果，毋寧說是發生於因對生產的異常刺戟之急速消滅；而其結果的窮困，當然無疑的，曾因重稅而增加，但此並非實質地由重稅而發生，所以即使消除重稅，也不能予以直接而即時的救濟。

勞動階級未曾充分注意：他們窮困的主要原因，在某程度上，又在某時期內，是「不治之症」，這原是當然的；又他們歡喜而且容易聽信對其確約（confidently promise）即時救濟的人們，更甚於對其只能說不快眞理（unpalatable truths）的人們；這決無可驚奇的。但是通俗的辯者與著者（popular orators and writers），完全利用了對他們提供絕大力量的危機，這是不能不承認的。使勞動階級了解其地位的眞相，且鞭撻他們使忍受不可避免的窮困，一切對此有效的事情，一部分是由於無智，一部分是由於故意；或則努力隱蔽他們的眼睛，或則喧嚷排斥；另一方面，則欺騙他們，刺戟並獎勵他們的不平，努力強調一切具有效果的事情，使他們對於由改革所能希望的救濟抱持非理而且法外的期待。如果在這種事情之下，前所提議的改革獲得成功，則人民一定受到悽慘的失望；在實行普通選舉而每年召開議會的組織之下，人民一般的失望，恐使政府重複所有的實驗；畢竟，這種瞬息萬變的變革，將由武力的專制主義而閉最後之幕。苟是熱愛眞正自由的人，看到這種前景，定是慄然危懼的。對於根據這種主義所行且有帶來這種結果之懼的目的（to a cause conducted upon such principles, and likely to be attended with such results），他們當然不能給與任何援助（這是他們的義務）。而且，如果他們受到非常的困難，即欲違反多數請願者的意向，實行比較穩健而且較有實益的改革，那末最後，他們只有痛感：人民不可避免的失望被歸罪於過去的姑息手段，以及或則不得已不能不趨向更過激的變革；否則人民的窮困尚未救濟，人民的不平尚未鎮靜，他們在試驗許多希望所繫的萬應靈膏之先，不能不忽然中止改革而完全消失勢力與人望（influence and popularity）。

這些考慮，乃使熱愛自由者的努力自行萎縮；這樣，因使修復時代造成的破隙，改善英國憲法組織所必需的健全改革，更爲困難；馴至其實現的可能性更爲減少。

但是，虛僞的期待與法外的要求（民眾指導者所暗示的），不僅使政府容易克服所有的改革方案，不論是過激的或穩健的，而且提供對憲法本身最致命的攻擊工具。這自有引起若干驚駭並妨礙穩健改革的傾向。但是驚駭一經引起之後，通常是不知其所止的；且其原因特別易被誇張。對於自由不利的法令，沒有充分的必要而通過，乃有理由可以相信：係受已被誇張的陳述（statements）與由已被誇張的恐怖而從這種陳述所得推論的影響。但是，創造這些誇張的恐怖，而使這些法令通過的力量，無疑的，乃由民眾的法外期待所提供的。而且今天的時勢，不能不承認正是提供這種教訓的一大顯例；而此教訓，就是關於貧困主要原因的無知；這對政治自由的大義，特別不利，而其知識則特別有利（And it must be allowed that the present times furnish a very striking illustration of the doctrine that an ignorance of the principal cause of poverty is peculiarly unfavourable, and that a knowledge of it must be peculiarly favourable, to the cause of civil liberty）。

第八章　對救貧法的逐漸廢止所提的計劃

前面各章所述的各種原則，如果考驗合格（stand the test of examination），以致我們認有根據這些原則而努力行動的義務，那末下一研究，是我們實際上應向如何的方向前進？在英國出現（presents itself）的第一大障礙乃是救貧法；這正可說是弊害；以此比較，則帶有任何大恐怖的國債，都微不足道①。近年救貧稅的急激增加乃使我們推想：農工商繁榮；但社會上貧民之多，就其政治一般被認爲過去已經考驗合格的（最優秀的）國家來說，是難於置信的②。

對於如此的推想，我們不論如何寒心，不論如何希望予以克服，但是弊害既已根深蒂固，而且由救貧法所給的救濟，其範圍既頗廣泛，所以人道之士，都不敢提議立即廢止。不過，如果救貧法一直都照現在的計劃進行，則其膨脹之勢將不知所終。所以爲了和緩其影響，使其今後不再增加，世上也有人提議；應以現在的比率（或由某種方法決定的其他比率）確定徵收總額；而且設置法律，使在任何情況之下，都不超過此一數額。反對這種提議的論據是：因爲尚須徵收極多的金額，而且尚須扶養許多的人民，所以貧民畢竟不易識別所

---

① 《貧民境遇改善協會會報》Reports of the Society for bettering the Condition of the Poor）第三卷第二一頁。

② 如果救貧稅以與過去十年間平均的同樣速度，一直增加，則我們的未來預測，將是如何地暗淡！法國人批評救貧法制度，謂是「英國最痛烈的政治創傷」；這正是如此。

有的改善。個人以爲：如果窮困乃與其他任何人一樣，都有接受救恤的權利。而且，在所定金額已經徵收之後而不幸偶然陷於窮困的人們，認爲：如此許多的人們都得到這種便利，只對自己沒有分文的扶助，這是特別的虐待。又如貧民不論如何增加，而以徵收額分配給他們全部；這種計劃，對於在上述金額決定之後而成爲被救恤者的人們，也許並非太不公平，但是，對於過去拿慣更多金額而毫不自覺地被無端減少的人們，確是很大的困擾。所以無論如何，社會計劃救濟貧民，這確是不妥當的；何況，如其人數增加，乃對他們給與極少的補助，這一定非成爲饑餓與病魔的養料不可。

因我對救貧法的問題，已有慎重的考慮，所以敢於認爲：即使暗示關於其逐漸廢止的一種方案，也無甚不可。而且我相信：對此方案，今天並無任何根本的反對。實在，對此我近乎被說服（I feel nearly convinced）：如果我們充分了解救貧法所有廣泛的壓制、依賴（dependence）、怠惰及不幸等，而認眞努力於該法的撤廢，那末，我們即使並不採用我在下面所說的計劃，但其原理的採用，乃爲正義的觀念所要求。這樣，爲欲消除廣泛的扶助制度，而不違背人道，則須直接研究其中心原理，並須努力防遏「使一切這種設施急速擴大而常對其目的有欠充分」的根本原因。

對於現存制度加以相當程度的改革，以謀縮小或阻止應予援助的增加，其必要的預備手段，我認爲正是剝奪貧民的扶助要求權，這也是在正義與名譽上所必需的。

對於這種目的我想提議：由法律實施後一年一切結婚所生的孩子及由法律實施後二年

所生的私生子，以法令宣告完全沒有接受教區扶助的權利。而且爲使這種法律更加普遍知道，並使下層階級之心更加銘感起見，各教區的牧師在發出結婚預告之後，應有簡單的演說，說明：任何人都有養育自己子女的重大義務；如果沒有可以完成這種義務的把握而結婚，這是不適當的且是不道德的；想以公共的設施干涉完全應由父母負責的義務，這畢竟爲貧民本身的損害；而且因爲這些設施，產生與所期的結果完全相反的結果，所以結局，它的廢止是絕對必要的。

這有（任何人都不能錯誤的）公平、明瞭而且正確的告誡作用。所以，這毋須對任何個人加以壓迫，而一舉可由對政府及富者之悲慘而絕望的從屬（不論物質的或道德的，帶來不可想像的結果的），解放今後的國民。

我在提出上述公的告誡，即救貧法制度在今後的世代已不適用之後，如果有人仍不考慮一家的扶養而結婚，這應完全任其自由。此時的結婚，在我看來顯然是悖德的行爲；但是，社會不能進而加以阻止或處罰。這是因爲：自然法對此所準備的處罰，是直接而且最嚴厲地落在犯此行爲者的身上；社會只是經過他而較間接地予以微弱的影響而已。在自然代替我們支配並處罰的時候，想由自然的手裡奪取鞭子，自冒執行者的汙名，這是極可卑鄙的野心（very miserable ambition）。因此，他應使委諸自然的處罰，即窮困的處罰。因爲他是破壞最明確的警告而犯錯誤，故在感覺自己錯誤的結果之時，不能於自己之外，怨恨別人。一切教區的扶助都應對他拒絕；因此，只有依賴不可靠的個人慈善。他未服從神的法則即自然法則的再三訓誡，所以必須教以下述諸端，以事處罰；即⑴此自然法則使他及他一家跌入窮困的深淵；⑵超過自己的勞動可以正當購買的分量，即使是一片的食物，也沒有向社會要求的權利；⑶如果他及他一家，終未感覺其不謹慎的自然結果，而依賴某親切慈善家的哀憐，則他對此人應衷心感激。（按：以上數字爲譯者所加。）

這種制度如果實施也毋須擔心：極貧者的人數會超過慈善家供給的力量與意志。個人的慈善，其活動的範圍，當不會大於今天；而且主要的困難，是在抑制慈善之手（to restrain the hand of benevolence），使不爲過於無差別地救濟窮困者而於其他人們之間助長怠惰與輕率。

就私生子來說，在給與適當的告誡之後，應當完全禁止他們要求教區補助的權利，而悉委諸個人的慈善之手。如果父母放棄孩子，那末，他們對其犯罪應負責任。嬰兒，比較說來，對於社會無大價值。這因別的嬰兒，立刻補充它的地位。它的主要價值，因爲這在所謂父母之愛這一人性上，是一最愉快而熱情的對象。但是，如其價值被唯一能夠感覺這種價值的父母所忽視，則社會沒有代替這種父母的義務；除有扶養嬰兒義務的人們，就其所犯遺棄或故意虐待之罪加以處罰外，社會沒有保護嬰兒的責任。

現在，這些孩子雖然得到教區的保護③，但是至少，在倫敦，都於最初的一年以內死去。社會所受的損失，雖然是一樣的，但因關係者眾多，故罪被輕視，致不認爲死亡是父母行爲的必然結果，而一般被解釋爲神的意旨；但是其實，父母對於這種結果，非對神與社會負責不可。

但是，兩親的逃亡，不像一親的逃亡來得普通。僕役或工人有了私生子，他的逃走本來是當然的；又有了妻室與許多孩子的男人，向遠地逃走，而將妻兒留在教區，這也決不稀奇。事實我曾聽說：有一努力工作而性質善良的男子，認爲扶養妻室與六個孩子的最好方法，是向遠地逃走，而將他們留在教區④。如果這種頻頻逃亡的事實，傳到某些國家，那末對於英國人的性質，會有不好而奇怪的臆測；但是英國的公共機構，一經說明，這種驚奇也就停止（but the wonder would cease when our public institutions were explained）。

根據自然的法則，孩子乃被直接的、絕對的（directly and exclusively）委諸父母的保

③ F. M. Eden 爵士認爲：在歐洲兩最富裕的國家即法國與英國，棄嬰甚多，乃因棄嬰得到公共的扶助之故；對此，我完全同意。《貧民的狀態》（State of the Poor）第一卷三三九頁。

④『許多社會的貧困階級，乃乘法律的寬大，而以妻兒委諸教區；關於這種事實，讀者可在本書的後章看到豐富的例證』。Eden 著《貧民的狀態》第一卷三三九頁。

護。根據自然的法則，孩子的母親也被排他的（幾乎同樣地強烈），委諸爲其孩子父親的男子。如果這種羈絆仍如自然殘留下來的狀態，而且男子知道：妻室的扶養完全是其自己一身的義務，那末，像遺棄妻室這種殘忍的男子，現在恐怕沒有十人。但是英國的法律，乃與自然的法則相反；它明白表示：如果父母遺棄孩子，則可由別人擔當此養育；或如男子遺棄妻室，則仍可在某處得到保護。換句話說，我們一面繼續儘量努力使自然的羈絆薄弱而無力，而同時斷言：人類是不自然的。所以事實是：社會乃這樣蹂躪自然的法則，制定法律，對於人心的至善與至高的感情，獎勵冒瀆；這是社會本身，就其政治體（in its body politic）而言是不自然的。

在私生子的父親被捕的時候，一般的教區，普通都努力以「如不結婚則打入監牢」，恐嚇其結婚；但是這種措置，無論任何責難，都確不能算是太強的。先是，第一：這是教區人員極其淺薄的政策。這是因爲：他們如果成功，則由於現在制度的結果，都非扶養三、四孩子不可（不是一孩子）。而且，第二：對於宗教上的儀式，比此更爲粗野、冒瀆（gross and scandalous），這是難於想像的。婦女的品性，由於這種強制結婚而得救；又男子的道德價值，由於神前的虛誓而被提高；凡是這樣相信的人們，對於品性與道德，其所有的觀念，與我們過去被教而認爲正當的，一定是大不相同的。以結婚的約束，欺騙、戲弄婦女的男人，無疑地是犯了最殘忍的行爲；因此這是最值得嚴罰的罪惡。但是使他更發一虛僞誓言，使可與他結婚的婦女陷於窮困，使社會負擔貧困的一家，這是我最不能採取的。

不論公生或私生，任何男子，都有養育自己孩子的義務，這是極明白而強大的；因此，給與社會以某種強制力，使對此目的，勵行具有效果的手段，這是正當的。但我不能不信：無論發動如何嚴格的政治權力，孩子將來都應當完全由其父母養育；如被遺棄，只可委諸偶然的慈善之手——比較這種智識的普通傳播，恐其效果還不及一半（but I am inclined to believe that no exercise of the civil power, however rigorous, would be half so effectual as a knowledge generally circulated that children were in future to depend solely for support upon their parents, and would be left only to casual charity if they were deserted）。

自己未嘗特別犯罪的母親與其子女，因爲父親的非行而吃苦，這雖是十分殘酷的；但是這是普遍的自然法之一；而且知道了這一點，我們在有組織地（*systematically*）講究這種對策之先，必須重行考慮這一問題，而且據以充分確定我們應當前進的根據（and be very sure of the ground on which we go）。

神在十誡之中，宣言神以父之罪報子，世人雖然時常責難神的善意，但是這種反駁恐怕是輕率的。只要人性的全構成未有最完全而且根本的變化；又只要人非天使，或則至少與現在的人並無完全不同，那末這種法則的普遍實行，將是絕對必要的。父母的行爲，對其孩子之道德的及社會的狀態，使無影響，這不需要不斷的奇蹟麼？——這恐怕是明白的矛盾。被父母養育之人，現在不因父母之善而得到某種餘慶，又不因父母之惡而得到某種餘殃，這會有的麼？其道德的性格，不因父母的戒愼、正義、慈悲及節制而有某種程度的提高，或不因其相反的事情而降低，這會有的麼？其社會的地位，不因父母的名聲、先見、勤勉與順境而提高，或不因父母的劣等品格、輕率、怠惰及逆境而降低，這會有的麼？而且，知道恩惠是如此傳承的，這一事實對於刺戟並鼓舞道德的行為，將有如何偉大的貢獻呢？如果抱著這種確信前進，則父母的努力——努力對孩子給以良好的教育；並在未來的這一世界給以良好的地位——應如何熱心而百折不撓呢？如果男人可以毫無苦痛遺棄妻兒，則以不太歡喜妻室或已倦於夫婦生活的束縛這些理由，逃避家庭的苦惱與麻煩，而回復獨身者本來的自由自在生活；想這樣做的人恐怕很多罷。但是由於父母的過失，也許使孩子受苦；這種想法，乃強有力地制御著罪惡。而且即使那些人們，在關係於其自己的範圍之內，由其自己日常生活所生的結果，毫不在乎，但大多都十分注意：我的孩子不要因其自己的罪過而受苦。父母的因果報在子女；這在這一世界的道德構成上，顯然是必要的。而且，由於傲慢的自負（overweening vanity），我們夢想有組織地（systematically）挫折這種法則，藉能更好地支配個人的社會（private society），乃是非常的錯誤；這是必須注意的。

如果採用我的提案，則救貧稅在幾年之內極快地開始減少，不久當可完全消滅。而就我現在所想的，這不會欺侮或傷害任何人；因此，沒有人能有「鳴其不平」的正當權利。

但是救貧法的廢止，僅此還是不夠的；對於過分重視此制度的人們，明白的答覆是：希望他們觀察若干其他國家（並不實行這種法律）的貧民情形，而以此與英國的貧民情形加以比較。不過不用說，這種比較，有若干點是不正確的；因此，關於這種制度的功過問題，到底並未解決。英國擁有許多自然的與政治的利益，現在可與比較的國家，恐怕不多。因爲英國的土壤及風土是極好的，所以，像有些國家所發生的幾乎全國的歉收，是決不發生的。而其島國的位置與廣範圍的商業，特別有利於輸入。而其無數的製造業，幾乎雇用了全部的非農業人手；對於全部居民，提供著有規則地分配土地與勞動年生產物的手段。但是最要緊的，是經過人民的大多數階級，可以看到：對於生活的便利及安慰的非常趣味、對於自己境遇改善的強大希望（而此正是一般繁榮的主要發條）；因而可以看到：最可讚美的勤勉及先見精神的普及。與專制國家所有自暴自棄的懶惰不同的這些性向，乃因英國的政治組織與對各人確保其勤勉所產的優秀法律而產生。所以即使知道：英國的貧民境遇，比較別國有其優點，但此優越完全由於這些有利的事情，而非由於救貧法。在標緻的某處具有缺點的女人，有時比較在同一地方比較美麗的女人更美，但是因而認爲：前者的美，就因有此一缺點；這未免可笑。救貧法，過去常有抵消英國自然的及人爲的長處之傾向。幸而這些長處極大，縱被削弱不至全被消滅；而且，因爲這些長處與救貧法本身造成的結婚抑制，乃使英國得以如此長久忍受這種惡制度。恐怕除了革命前的荷蘭，如此長期而且如此完全地實施這種制度，但未招致破滅的國家，在世界上是再也沒有的了。

在愛爾蘭，也曾有人提議要實施救貧法。但是，由一般人民的窮狀推測，如果實施這種法律，或則全部的土地財產立被吸收無餘，或則該制度是在絕望裡被廢止；這幾乎是沒有懷疑餘地的。

在瑞典，因爲氣候不良，又因國家貧困而不可能有大量的輸入，所以一般貧乏；但是，如果因而實施像在英國的教區救貧制度（如其實行不因自然的不可能而立即放棄），那末，這是使王國的財產，由一端至另一端（from one end to the other）平均，使社會組織紊亂到：縱使恢復豐年也完全不可能回到舊時狀態。

法國的位置與氣候雖然很好，但因人口增加的趨勢極大，下層階級之間顯然極少先見；所以如果實施救貧法，則土地財產，不久就要沉沒於其重壓之下，同時，人民的窮狀將更激烈。救貧委員會（Committee *de Mendicité*）考慮這些事情，而於革命初期，否定了這種制度方案；這是非常適宜的措置。

荷蘭的例外，如果這可說是例外，那是由於十分特殊的事情——即按領土狹隘的比率，對外貿易盛大，而且前赴殖民地的移民眾多；同時，該國的一大部分，由於極不健康，致其平均死亡率遠高於別國的平均。我想：這些事情，是使荷蘭在貧民的處理上博得聲名的隱因——其主要的貢獻是對求救者完全給與職業與衣食。

德國因爲各處都不甚富裕，所以沒有繼續實行大規模的教區救貧制度。但我以爲：因爲沒有這種制度，所以下層階級在德國的部分地區，其境遇優於英國的同一階級。即在瑞士，也由於同樣的理由，貧民的境遇在最近的動亂以前，恐怕一般是良好的。又，我在旅行丹麥所屬的 Holstein 及 Sleswick 公國（duchies）時，認爲：下層階級的住宅比較英國的同一階級來得清潔而良好；又在他們之間大體沒有窮迫與貧困的徵候。

即使是在挪威，雖有氣候十分失調的不利，但我認爲：如由我在該國停留若干星期所目睹的少數事例，及由別人蒐集所得的報告推測，則貧民的生活概比英國來得豐富。他們的住宅與衣服，大多是很好的；即使不吃麵包，但其所攝取的肉、魚及牛乳，則遠多於英國的工人。又特別是我看到：農家的孩子，似乎比較英國（農家的孩子），遠爲健康。這許多的幸福，由土壤與氣候是不能想像的；這幾乎完全是對人口充分實行預防障礙的結果。破壞這種障礙的救貧法，它的實施，立刻使下層階級沉淪於窮迫與貧困的深淵；因使他們的勤勉心，馴致一國土地及勞動的所產減少；破壞克服窮乏時所需的資源，終使該國淪於不絕饑饉的一切恐怖之內。

像在愛爾蘭、西班牙及其他比較南方的許多國家，人民並不考慮將來的事情而增殖孩子；在如此劣等狀態的情形之下，對於他們，救貧法的有無幾乎沒有關係。所有各種形態的窮困，不能不成爲對其增殖的主要障礙。的確，救貧法有使一國一般的資源減退而常助長惡害的傾向；在如此的事情狀態（in such a state of things）之下，這雖只能存在極短的期間，但不論有無這種法律，人類儘管如何用其智慧、傾其努力，也無法由極度的窮迫與貧困拯救人民。

第九章　論修正關於人口通說的方法

一切獎勵人口增加的積極設施，只是加以廢止，這還不夠；同時，我們尙須努力修正與這種設施具有同樣或更有影響力的通說。這是一定需要很多歲月的工作；而且這種工作的成功，要靠口與筆的力量，對此問題，傳布比較正確的觀念；而且，只有儘量強烈地影響一般人心，使其知道：人的義務不僅是繁殖子孫，乃是繁殖道德與幸福；又如沒有充分希望可以完成這種義務，則毋須勉強留下子孫。

在上流社會之間，結婚的過度頻繁，也毋須過分擔心。固然，關於這一問題，比較正確的觀念，它的流布，即在社會的這一部分也有很大的效果，可以防止若干不幸的結婚；但是，不問我們爲了這一目的是否曾有特別的努力，而自尊心（幾乎常相結合於教育與某種身分的）與獨立心，乃以顯著的程度，對於結婚，保證「戒愼的障礙」這一作用；這是我們可以安心斷言的。社會對其成員可以正當要求的，只是各成員不能有無法扶養的家族。這也可作爲積極的義務，予以命令。超過這一程度的抑制，都是各自的願意；關於上流階級間流行的習慣，由我們所已知道的推察，如欲實現這種目的，對於獨身婦女，報以更多的尊敬與個人的自由，使她們更加接近既婚婦女的水準，大體已經足夠。這種變化，即使不說當前的特殊目的，只由正義的大原則來說，也是必要的。

如果在上流階級之間，對於結婚，能以充分的程度，保證「戒愼的障礙」這一目的（即：這種目的，如有希望可以比較容易達到），那末，這一問題的最重要處是在下流階級；其明瞭的處理方法，是知識階級努力向他們敘述：使此目的容易達到的知識與先見。

實現這種目的的絕好機會，恐怕依照 Adam Smith 所提議的計劃，設置教區教育制度，就可得到①。除了普通的課目及 Smith 所舉的課目之外，我以爲：反覆說明爲人口原則所影響的下層階級的眞相及其結果（即：他們大部分的禍福，是取決於其本身這一事實），是重要的。在這些說明的時候，對於結婚的願望，決無絲毫減低評價的必要，同時也不適當。時常應當說明：結婚是像現在一樣，特別適合於人類的性質，而且對於增進他的幸福及驅除向罪惡的誘惑，具有顯著的效果；但須表示：它的利益，乃與財產及其他可想望的目的物一樣，非在某一定的條件之下是無法達到的。而且，青年確信結婚是甚可想望的，同時，相信有了扶養一家的能力而始可眞正體味到結婚的幸福，這對結婚前的勤勉與嚴謹，是所能想像的最有效的動機；而且，大可促進儲蓄——獨身工人必然所有的剩餘收入，今天大部分的人們都浪費在懶惰與罪惡上，現可合理地爲實現他們所想望的目的而儲蓄。

經過適當的時期，如果在這些學校的課目之內，加上一些經濟學的最簡單原理，則對社會的利益幾乎是無法計算的②。我在最近歉收的時候③，在與工人的若干會話上，看到他

① 《富國論》第三卷第五篇第一章一八七頁。

② Adam Smith 雖然提議在這些教區學校，應當教以初步的幾何學及力學；但我以爲：規制市場的一般原則，如予充分說明，則將有很大的效果。這一問題，因與下層階級有很密切關係，所以一定容易引起他們的注

們對於穀物問題的堅強偏見，極其失望；而且痛感到：眞正自由的政治，與這種十分的無

意。同時，如果考慮到社會的知識階級對於這些原則也是如何地無知，則對此點，不能不說絲毫不許樂觀。但是，如果經濟學是不能教給一般人們的，那末，至少，必須以此爲大學教育的一分科。蘇格蘭在這一點上，曾向我們示範；我們得儘速學習。鄉紳及特別是教士（and particularly the clergy）。每在不幸而發生饑饉的時候，不因無知而使其災害擴大，這是最要緊的。在最近的歉收之時，王國的紳士與牧師，可說半數是充分犯了暴動教唆之罪，他們借演說與傳教的力量，煽動民眾對於農業者及穀物商人的反感，而後冷靜地說：貧民不論如何被壓迫或受欺騙，都當默從，這是他們的義務；對於已經流布的毒物，幾乎未有任何解毒作用。這與 Antong 的一再宣言：謀反者都是有名譽的人——這一宣言也說：謀反者的家與家人，無法防禦其被暴徒襲擊，——是五十步與百步。經濟學恐怕可說是：「如不知此，不僅損失利益，且生大而積極的禍害」之唯一科學。

（一八二五年記）以上註語，書於一八〇三年；但在一八二五年末，看到去今二十二年前我的熱望，現在正在逐漸實現，不勝欣快。在此二十二年間，對於經濟學的注意逐漸增加；在劍橋、倫敦及利物浦，都開有經濟學的課程；在牛津，最近開設經濟學講座；在倫敦，則有創辦大學的計劃，特別是機械學校的設立，這對英國上中流階級及勞動階級中最重要的部分，乃有充分的希望，不久可使經濟學的根本原理被了解到極有益的程度。

③ 一八〇〇年及一八〇一年。

知，幾乎是絕不相容的。這種謬見一旦實行，則無論如何，非靠權力鎮壓不可；而且如果爲了這種目的，常給政府以充分的權力，則此權力之被濫用，人們自由之受威脅——這種危險是極難避免的。

過去，我們雖對貧民浪費了莫大的金額，但這不能不認爲：常有使他們更加窮困的傾向。但是，眞正改善他們的地位，使他們成爲更幸福、更和平的人民，恐怕在我們對此所能做的唯一方法上（即在他們的教育及對他們具有最深關係的重要政治眞理的普及上），我們的設施是極欠充分的。英國下層階級的教育，儘靠少數的主日學（Sunday school），這正是大的國恥。這些主日學，是由個人的捐款支持的；這種捐款者，可將任意的偏見插入教授課目之內。而且，即使是主日學的改善（雖然說是改善，但由某點看來，是有反對餘地的；即使就全體來說，也不完全的；但首先不能不說改善），也是最近的事④。

過去對於人民教育的反對論，以我所見，不僅偏狹而且極度柔弱（not only illiberal, but to the last degree feeble）。所以，我們如有方法改善下層階級的境遇，而要我們撤回這種方法，那末，這種反對論，毋寧得有極強有力的，同時還得有爲最明白而顯著的必要所支持。對於這些反對論，由理論發出的一切答辯，即使不想傾聽的人們，對於經驗的證言恐

④ 一八〇三年記。

怕不能拒絕。試問：蘇格蘭下層階級所有優良教育的利益，可曾顯示：使在他們之間，發生騷擾與不幸精神的些須傾向麼？而蘇格蘭，由於地力與氣候之自然的惡劣，比較英格蘭，窮困的壓迫是較經常的；不僅饑饉比較頻繁，而且比較悽慘。在蘇格蘭，普及於民眾之間的知識，縱使還不足以根本改善他們的生活境遇（由充分增進其戒慎與先見的習慣）；但是可使他們知道：騷擾的愚劣與無效，乃有效果可使他們忍受其所受的弊害。如以有教養的蘇格蘭農民之平靜安謐的習慣，與無知的愛爾蘭人之騷擾惡習相比較，則任何公平的思想家，都不能不心有所悟。

對於英格蘭的國民教育制度所有主要的反對論，是謂：民眾獲得讀書（像佩因的著作）的能力，這在政治上恐將發生嚴重的結果。但是關於這一點，我與 Adam Smith 的意見完全相同；有教養、有知識的人民，比較無知的人民，遠少被煽動書籍誘惑的恐懼，遠易看透（自私而有野心的）煽動家的謊言。一教區內，如有一、二讀書人，就夠隨意流布不穩的言論與行動（sedition）；而且，這些如爲民眾方面所接受，那末，他們或則選擇聽眾最歡喜的詞句，或則選擇使其辯論可以收到最大效果的瞬間，因此，它有力量產生很大的弊害。反之，教區的所有人們，如果自己可以閱讀並判斷（read and judge）該書；而且，該書到了他們的手裡，恐怕同時也可閱讀並判斷反對論（the opposing arguments），因此，這樣的事情就不會發生。

但是，如果這些學校進而成爲對民眾傳授其地位眞相的機關，則 Adam Smith 的意見，無疑的將有加倍的價值；即會教以以下的各種眞理；(1)他們如不增進其本身的勤勉與戒愼，則任何政治的變革，都不能根本地提高他們的地位；(2)縱使可以免除某種特殊的苦惱，但在扶養一家的重大問題上，他們幾乎或恐怕完全沒有好處；(3)革命不會使勞動的供需比率及食物量與消費者數的比率變化，而適合於他們；(4)如果勞動的供給超過需要，而對食物的需要超過供給，那末，他們即使在人類的空想力所能想像之最自由、最完全、最運用得宜的政治之下，也會嘗到最激烈的窮困。（按：以上數字爲譯者所加。）

理解這些眞理，顯然是有這樣的傾向；即增進和平與穩靜、減殺煽動著作的效力，以及阻止對既成權威之一切無理而惡意的反對；因此，如果仍有反對民眾教育的人，那可能是：他們爲了製造專制的口實，同時爲了製造擴大行政政府權能的機會，所以助長民眾的愚昧。

除了說明「下層階級的禍福主要靠其本身」這一眞相以外，教區學校還靠早期教育與賢明的報賞分配（judicious distribution of rewards），使青少年養成嚴謹、勤勉、獨立及戒愼的習慣，抓住適當履行宗教義務的絕好機會；這樣，可由現在的墮落狀態提高他們，大概可使他們約略接近確有優良習慣的中流階級。

在大部分的國家，下層階級之間，可說有一貧窮的標準；在此標準以下，似乎不能結婚以繼續子孫的繁殖。這種標準乃因國家而異，係由地力、氣候、政治、知識程度、文明及其他各種當時的事情而形成。提高這種標準之有力而主要的事情，則爲自由、財產的安全、智識的普及及對於生活便利與安樂的趣味等。減低這種標準之有力而主要的事情，則爲壓制與無智。

在謀改善勞動階級的境遇之時，我們的目的，必須依靠養成對於獨立心，自尊心及清潔安適的趣味，以儘量提高這種標準。前面已經說過，善政有使下層階級的戒愼習慣與自尊心增進的效果。但是這種效果，如無優良的教育制度，常是不完全的；眞是可說：忽視人民教育的政治，決不能接近完成之境。教育帶來的利益是一例子，它的享受，可無人數的限制；而且，給與這些利益是政府所能做的；因此，這無疑的乃是政府的義務。

第十章　論我們對慈善的指導

如何指導使個人的慈善與當面的大目的——防止人口迫近生活資料的界限，藉以改善勞動階級的目的——不相齟齬？這是一重要而有趣味之還未研究的問題。

驅使我們救濟苦難同胞（fellow-creatures）的情緒，乃與我們其他一切的自然熱情一樣，是一般的；且在某程度，是無差別的、是盲目的。我們的同情心，其受演劇中巧妙的場面與小說中虛構的故事所感動，更甚於幾乎任何眞實生活的事變；如果我們沒有精細的調查而只憑感情的最初刺戟，那末，在十個乞丐之內，無疑的，我們將捨給其中最會裝腔的人。所以，慈悲的衝動，乃與愛、怒與野心衝動、飲食的欲望及其他我們一切自然的傾向一樣，如不依據經驗的制御而時常考慮其效果，則一定不能達到其所期的目的；這是顯然的。

兩性間的情慾，其明白的目的是使種族存續；又於兩人之間，最促進他們的幸福；同時，造成某種意見與興趣的密切結合；而此意見與興趣，就是對於幼童的無力與次代的國民教育，保證適度的注意。但是，如果誰都不考慮結果，而常聽從這種情慾滿足的自然衝動，那末，這些重要目的的主要部分，就無法達到；甚而至於種族的存續，也許由於亂交而不可能。

慈悲的衝動，其明白的目的，是以同胞愛結合全人類，特別是結合形成我們自己國民及血族部分的人類。而且，使人人關心其同胞的禍福，藉使他們盡力和緩由一般法則所生的部分弊害；這樣，使人類幸福的總量增加。但是，如果我們的慈悲是無差別的，又如外表的窮困程度是我們施與的唯一尺度，那末，慈善幾乎完全只施與普通的乞丐；反而，深思遠慮的謙遜人士（他們一面與不可避免的困難作戰，一面保持著一些上等潔癖的外貌）完全未被顧到；這是顯然的。我們以無價值者，提高至有價值者之上；獎勵懶惰，阻止勤勉，使人類幸福的總量最顯著地減少。

固然，根據我們的經驗，慈悲的衝動，沒有像兩性間的情慾強烈；又耽於前者，概比耽於後者，遠少招致危險的恐懼。但是，這種經驗及立腳於此經驗的道德律，如果不說，那末，我們一般無妨耽於兩性間的情慾，同樣的，我們也可無差別地順從所有慈善的衝動。這些都是被其固有目的所刺戟的自然情慾；我們乃因其所有的快感而促其滿足。就動物來說，或在我們知道這些結果之前，我們唯一的工作，是服從這些自然的指示。但是，就有理性的動物來說，我們對其結果，乃有應予注意的最強義務。而且，如其結果有害於我們自己或別人，那末當然，我們可以認爲：滿足這些情慾的這種方法，是不適於我們的狀態或不合於神意的指示。所以，作爲道德的行爲者（as moral agents），我們的明白義務是控制情慾，使不耽於這種特殊的方向；又，如此愼重地考慮我們自然情慾的結果，而且時常試驗其效用，藉以顯然增加人類幸福的總量而不帶來弊害；而且只靠符合創造主明白目的的方法，逐漸獲得使這些情慾滿足的習慣。

所以雖說：效用對於任何情慾的滿足，都不能成爲直接的刺戟；但是，這與已被啓示的神意是無關的（independently of the revealed will of God），乃是我們判定可否使其情慾滿足的唯一標準；因此，這是由自然的光所能集合之（which can be collected from the light of nature）道德律的最正確基準。告誡情慾服從理性的一切道德律，不論欲其發布者是否知道，確實是被建築在此基礎之上的。

我使讀者想起這些眞理，畢竟因爲想以這些應用在我們慈善的習慣指導上（to the habitual direction of our charity）；而且，如果時常想起效用的基準（the criterion of utility），那末，我們可不妨礙應當完成的大目的，而發現充分的餘地，以實行我們的慈悲。

慈善之一最有價值的部分，是對施與者本身的效果。「與」比「受」更爲幸福。即使承認：以我們的慈悲表現於慈善行爲，這非對於貧民都是眞正利益，但也不能承認任何根絕這種衝動的努力；因爲這種衝動的適當滿足，大有純化並高揚人心的明白傾向。但是，幸而，依照效用的標準被認爲對貧民最爲有利的慈善實行方法，正是對施與者的心給與最善與最良效果的方法（is precisely that which will have the best and most improving effect on the mind of the donor）。

慈善的道德，與憐憫的道德一樣。
不是勉強的；
這像是春天的微雨降自太空，
滋潤大地。

在英國，由教區法（parochial laws）分配給貧民的莫大金額，名爲慈善，是不正當的。這缺乏慈善最顯著的屬性；而且一旦不是自願，便失其本質，這似乎可從用強的企圖中預料得到（and, as might be expected from an attempt to force that which loses its essence the moment it ceases to be voluntary）；這對被徵集救貧稅者的影響，與受其分配者的影響，同樣是有害的。在得到這種似是而非的慈善者方面，我們看到：這不是眞正的救濟，乃是已被累積的窮困與更加擴大的貧窮（accumulated distress and more extended poverty）；而在給與者方面，我們看到：這不是愉快的情緒，乃是不斷的不滿與憤慨。

在由任意的捐款所維持的大慈善組織——其中有些確是帶有有害的傾向——其捐款的付出，往往是不願意的；故其捐款，與其說是由純慈悲的動機所促成，毋寧說是世人對於某種身分與某種財產期待其捐款的。而且，大部分的捐款者，對其基金的管理與被救人們的運命，都不關心；這種慈善，要在其大多數實行者的心上，產生某種顯著的有益影響，這是無法期待的。

即在救濟普通乞丐的時候，我們恐也時常注意到：被所謂「救濟不愉快的對象」這種快樂所促成，與被所謂「想驅逐此一對象」這種希望所促成，是同其程度的。我們以爲；與其是有救恤同胞的機會，其快樂毋寧沒有遇到這種機會。我們看到這樣表現於表面上的許多窮困，而感到苦惱，但是我們所給的些須恩惠，不能予以救濟。我們知道：這要產生任何根本的效果，完全是不充分的。我們更知道：在下一街角上還有同樣的求救；我們還知道：容易受到不愉快的欺騙（We know besides that we shall be addressed in the same manner at the corner of the next street; and we know that we are liable to the grossest impositions）。所以，我們時常急忙走過這種人的前面，對於他們的執拗要求充耳不聞。我們所給的，只是並不實際有害於我們的感情的。我們的慈善，乃被強制至某程度爲止。因此，在良心與愛情之上（on the heart and affections），不能有任何十分有益而進步的效果（very beneficial and improving effect）。

但是，任意的與自動的慈善，則與此大不相同。這是熟悉救濟的對象，感到聯結富者與貧者的紐帶，並以此爲光榮；而且，它進入貧者之家，不但知道他們的要求，還知道他們的習慣及性癖；它垂訓：「吵鬧無恥的貧民，他的要求，只欲得到襤褸而已」，而加以抑制；對於在不當的困難之下默默工作而態度溫和的受難者，則以充分的救恤，用資鼓舞。這種慈善的實行法，其所表現的光景，與其他任何方法，都大不相同；它與教區扶助的普通方法有何不同？這在值得讚賞的坦增德（Townsend）先生之救貧法論的結尾上，有如下的言詞，描寫得最爲妥當：『世上最不愉快的，是教區的付款處。到這地方來的貧民，其中很多是一身兼備煙臭、嘎聲（按：喝酒過多時發生的）、襤褸、虱、粗暴、說話粗魯。但是，世上最美麗的，是救濟勤勉而有德者的窮困，給無食者以食，予無衣者以衣，爲了安慰那淒涼寡婦及其纖弱孤兒的悲哀而替貧家著急之慈善家的祥和面孔。又在世上，最可愛的，是對意外的恩惠，張開眼睛、流下眼淚、舉起兩手，表示感謝——這種沒有裝作的表情。人，如有力量可以處理各自的財產，則此光景常可發現』。

我想：任何人如不每天提高道德，則不大可能參加這種光景（I conceive it to be

almost impossible that any person could be much engaged in such scenes without daily making advances in virtue）。我們的愛情，不論如何發揮，都不能有更明白地純化並高揚人心的傾向。與者（gives）之有幸福，幾乎完全以此種慈善爲限。而且從大體看來，受者（takes）之有幸福，也幾乎完全以此種慈善爲限。至少可以斷言：可以分配大量金額的慈善實行法（並不製造機會，使惡多於善），此外幾不再有。

對教區的人員與裁判官賦與相當的自由權（予以扶助或不予以扶助），與由任意的慈善所實行的差別待遇，其性質大不相同，又其效果也大不相同。英國，在一定事情之下的所有人們，乃由法律賦與接受教區扶助的資格。而且，只要不能證明他沒有資格，如果不予扶助，他有權利訴苦。此點以及決定給與扶助範圍所必需的調查，在請願人方面，動輒發生遁辭與謊言，而爲監督者帶來偏頗與壓迫的機會。給與所申請的扶助，則認爲當然；如予以拒絕，則他動輒以爲自己大受虐待，而對其待遇感到怨恨與憤懣。

任意的慈善，在其分配上，絲毫不能發生這種事情。受者發生愉快的謝意；沒有得到的人，也絲毫不以自己有所損傷。因爲任何人都有可以自由處分自己所有物的權利，所以給與一方而不給與別方，毋須特別說明其理由。這種專斷的權利（此爲任意的慈善之本質），在救濟的時候，最容易選擇有價值的對象而不會帶來任何惡結果；更因此專斷的權利，一定是有極大的不確實性，所以產生最有利的效果。不以慈善爲其可以安心依靠的基金，這對貧民的一般幸福是最重要的。這一定教訓他：⑴他自己的努力與他自己的勤勉及先見，是他可以信賴的唯一正當地盤；⑵萬一這些失敗，對其窮困的扶助，只能成爲合理的希望問題；⑶而且即使這種希望的根據，亦大大取決於他自己的優良操行及自覺——雖然淪於這種逆境，也非由於自己的怠惰或疏忽。（按；以上數字爲譯者所加。）

在區分我們的慈善之時，我們持有一種堅強的道德義務——即依適當的判別，對於貧民給與上述的教訓——，這是我不能懷疑的眞理。如果一切得到完全救濟，貧困被由國內消滅，那末，即使犧牲富者的財產四分之三，而救濟一切，且只以窮困的程度爲扶助金的尺度，我也絲毫不說不贊成。所以，經驗完全證明：貧困與窮困（poverty and misery）常按無差別的慈悲量，而比例地增加。如其果然，則我們不是毋須如此推察麼？即：如像一般而由自然法推論，這是暗示這種分配方法並非慈悲的適當任務。

自然法與聖保羅（St. Paul）都說：『不勞動者不得食』。他們又說：不能過分信賴上帝。的確，他們是向他告以他所應信賴的，這與告以：如無扶養一家的適當希望而結婚，則必陷於窮困；在其明日的目的上常是一樣不變的。這些暗示，是由人性的構成所絕對必要的；而且具有十分有益的傾向。在我們公私慈善的指導上，如果我們說，不勞動者也可食；而且說，不能扶養一家而結婚，他的一家也可被扶助；那末，我們不僅並不力圖減輕由一般法則所生部分的弊害，而且相反，乃是有規則地與有組織地（regularly and systematically），力圖減輕顯然對於這些一般法則本身有益的效果。而且我們不能容易認爲：爲了這種目的，上帝曾在人類的胸中植有某種感情。

在人生的大路上，往往有出乎最有根據的期待的；不但勤勉、戒愼及道德得不到其正當的報酬，而且還會遇到不當的危難。雖然爲了避免不幸而已盡最善的努力，但仍如此困苦的人們，乃是慈善的眞正對象。爲了救濟這些，我們行使慈悲本來的任務（即減輕由一般法則所生部分弊害的任務）；因此，在這種慈善的方向上，我們毋須憂慮任何惡結果。即使沒有救濟價值的人，如其窮困較甚，則像上述的人們，也應盡我們的資力，不惜予以充分的救濟。

其實對於我們的慈悲，這種最初的要求滿足以後，我們始可向怠惰而不謹愼的人們注意。但是人類幸福的利益，最明顯地要求我們給與他們的扶助不要豐富。恐怕，我們一面加以充分的注意，同時努力和緩自然煩擾他們的這種刑罰，這固未嘗不可；但是決不能完全免去這種刑罰。他們自己淪落於社會的深淵，如果我們提高其地位，這不但顯然有背於慈悲的目的，而對在他們上面的人們，犯了最明白的不公正。不論任何理由，都不能使他們獲得，與靠普通勞動的工資所能取得的同量生活必需品。

這些推論，對於緊急的不幸（它的發生，是由於與怠惰及不謹愼的習慣並無關係的災危）並不適用，這是顯然的。人斷了手或足，我們在給與助力之前，一概不問其道德的性格；但在此時，我們是完全言行一致的（but in this case we are perfectly consistent）；而且，效用的試金石也完全承認我們的行動。即使這樣給與最無差別的救濟，也決無獎勵人們折其手足之慮。如果依照效用的試金石：則善良的 Sameritan 人，爲了慈悲的即時刺戟，而救濟偶然陷於緊急窮困的別國人；基督對於這種行爲所給的激賞，與聖保羅之所謂「不勞動者不得食」毫無矛盾。

但是，我們在任何時候，都不能由「恐怕遭遇較有價值的對象」這種簡單的假設，而失去行善的目前機會。在一切可疑的時候，不妨說：依照慈悲之自然的衝動，這是我們的義務。但是，在完成我們（注意結果而有理性的動物）的義務時，我們由自己及別人的經驗而達到一種結論；即：如用某種方法實行我們的慈悲則結果有害，用某種方法實行則有利。我們（道德的人類）確有義務：養成習慣，實行抑制自然的傾向偏於一方，而使向別方推進。

第十一章　改善貧民境遇的各種計劃

在分配我們的慈善（distribution of our charity）之時，又在爲了改善下層階級的境遇而有所努力之時，關於本書的主張，我們還有一點應當特別注意。這就是：我們決不直接獎勵結婚，或絲毫沒有對於在獨身男子與有家族男子之間所常有的不同境遇，有規則的與有組織的（regular and systematic）予以消除的傾向。據我所見，即使是最能理解人口原則的先生們，在這一點上也都犯了極大的錯誤。

James Steuart 爵士，關於他之所謂有害的生殖（vicious procreation），又關於跟著過剩人口的窮困，雖有充分的理解，但是主張：普遍設立棄嬰收容所與以國家的費用養育由父母寄存的孩子們（有一定條件的）；而特別慨歎：既婚者與獨身者間的境況太不平等，與他們各自的欲望如此不成比例①。他忘記了：在這些情形下，如不獎勵增加棄嬰收容所或對部分既婚者孩子的公共扶助，又如在既婚者方面，雖有金錢上大爲不利的打擊而人口依然過剩（這可由貧民不能養育其全部孩子予以證明），那末，這即是清楚的證明，分派給養活勞工的基金不能適當的贍養一個更大的人口；同時也證明，假如對於棄嬰收容所的增加給以更進一步的鼓勵，假如金錢上不利的打擊取消，則其結果必然是有害的生殖在某些地方增加，而這正是他所正當責難的。

①《經濟學》第一卷第二篇第十三章。

坦增德先生在其《救貧法論》（Dissertation on the Poor Laws）上，曾極巧妙而明晰地講到這一問題；但是以我所見，其結論的提議，是破壞了爲其推理（十分成功的）基礎的各種原理。他想使今天許多教區所任意設置的相互救濟俱樂部或共濟組織（the benefit clubs, or friendly societies），改成強制的、普遍的；他提議：規定未婚男子應當捐助工資的四分之一，已有四個孩子的既婚男子應當捐助工資的三十分之一以下②。

首先，我不能不這樣說：這種捐款（subscriptions），如爲強制的，則其作用，一定是與直接稅對勞動的作用，完全一樣；但是這已爲 Adam Smith 所道破：是常由消費者所支付，而且消費者負擔較多。因此，土地所有者，由此計劃幾乎得不到扶助，而將支付與現在同樣的金額；他所支付的，只是上升的工資及物價，而非教區稅。這種強制的捐款，幾乎具有現在扶助制度的全部惡果；名稱雖變，但仍保持救貧法的根本精神。

Tucker 副主教（Dean）在敘述與 Pew 先生的提案相同的計劃時，曾謂：他自己對此問題經過大大的議論與考慮之後，得到這樣的結論；即結局應採任意的組織，而不應採強制的團體。任意的捐款，乃像奢侈稅一樣，未必定使工資上升。

更須注意的是：在小規模的任意組織（每一團員都可監理全般的），其最初的約束，大

---

②《救貧法論》第八九頁，第二版，一七八七年出版。

概都是嚴密執行；否則，各人至少可以自由退出俱樂部。但在普遍的強制的捐款（必然非成爲國家的事業不可的），其最初約束的執行，也無任何保證。而且如果不像現在，只由部分最勤勉而熟慮的人們組成，乃使懶惰而放縱的人們完全包括在內，則其基金定告不足，這是確實的；結果，恐怕要有更多的捐款（a larger subscription），而任何人都無拒絕的權利。這樣，弊害乃如今天的救貧稅，將日甚一日。如果所給的扶助，像在今天任意的組織，常是特定的（在任何情況之下，都不能增加），那末這確是非常便利的。但是與此同樣的便利，同樣分配由教區稅所蒐集的金額，也可完全實現。所以大體說來，如果共濟組織是普遍的、強制的，則此只是教區稅蒐集方法的變更，而且不論依據其任何制度，同樣可以採取任何分配方法。

對於獨身者，使其捐助每週收入的四分之一；對於有家族的既婚者，僅使捐助每週收入的三十分之一；就這種提案來說，它的作用，確是對於獨身者的嚴重罰金，對於孩子的大額補助金。因此，這與以坦增德先生的卓見爲基礎爲全般精神，全不相容。他在此提案以前，曾謂：任何救貧制度，凡不能由對於勞動的需要以調節人口者，在一般原則上，是都不好的③。但是，這種提案，顯然是有這樣的傾向；此即：使人口增殖而與對勞動的需要全

③ 八四頁。

無關係，而且，在因這種需要減少以致工資完全不夠扶養一家之時，對由戒慎之念而控制結婚的青年，予以處罰。對於貧民的任何強制制度，雖然我都不贊成，但是，如果爲了準備獨身者有了妻室以後所受的窮困而強制捐款，那末，他們本應按其支出期間的長短而接受扶助，一年間只是捐出收入四分之一的人，當然不應與十年間捐出同樣比例的人，處於同樣的地位。

亞搭爾・楊先生，在其著書的大部分上，都是明白地解釋人口原則；充分辯別：如果人口的增加超過對於勞動的需要及適宜的生活資料，則其必然發生的弊害。在其《法國紀行》（Tour through France）中，他特別強調此點；如實地表示：由於土地的過度細分，人口過剩的結果，在法國所生的窮困。他名這種增殖爲單純的窮困增加；這確是不錯的。『男女並非實際可以維持生計，而只以爲可以維持而結婚生子。他們的增加，超過都市與製造業的需要。而其結果乃是窮困，乃是由於營養不足的許多病死者』④。

在別的地方，他由《乞丐調查會報告》（the Report to the Committee of Mendicity）引用極感動的一節；這是講到過剩人口的弊害的；其結論如下：『最後，工資乃因工人的激烈競爭而必然非下跌不可；因此，找不到工作的人們，沉於赤貧如洗的深淵；找到工作的

④《法國紀行》第一卷第十一章四〇八頁。

人們也陷於不如意的生活』。而且，他說明該節謂：『法國本身提供確實的證據，證明這些意見並無錯誤。因爲由我在法蘭西王國各地的觀察，該國的人口遠高於其產業及勞動的比率；所以確信：如果人口少了五、六百萬，則其強大與興盛，遠非現在所能比擬。因爲人口過剩，法國國內到處顯現著悲慘的光景；這些光景，與即在舊政府下也可得到的國民幸福程度，亦不相似。對於這種事物，即使比我更遠不注意的旅行家，一定也在到處看到窮困的最明白象徵。對於這些的存在，那些想到工資及物價（又，小麥價格的些須上升，立即爲下層階級帶來窮困）的人們，是不以爲奇的』⑤。

他說：『如果你們想在與法國舊政府的政治組織相容的範圍，看看窮困最少的地方，那只有去到完全沒有小地主的地方，請諸位拜訪一下 Beauce、爲諾曼第（Normandy）一部分的皮喀第（Picardy）及 Artois 的大農場。如此，則在此地方可以發現全是被有規則地雇用而有規則地收受工資的人口。而且如果在這樣的地方，你們看到違反這種原則而有非常的窮困，則此十分之九是有共有地存在的教區；因爲共有地的存在，所以貧民想有家畜——想有財產——，而其結果陷於窮困。諸君如果繼續這種政治的旅行，則最後請觀光英國。這樣，我可給諸君看到農民們穿得好、吃得好，而且，因有餘裕，乃大有酒喝，住著良好的房

⑤《法國紀行》第一卷第十七章四六九頁。

子，過著安樂的生活。而在他們之間，擁有土地與家畜的人，千不及一』⑥，他在稍後，講到結婚獎勵，而就法國，所論如下：『法蘭西王國的主要弊害，是人口多到既不能雇用，也無法扶養。因此，爲什麼要獎勵結婚呢？既有無法處分的許多人口，而還想養更多的人民麼？在諸君的國內，食物的爭奪極爲猛烈；人民瀕於餓死，或淪於窮困。所以，諸君如再獎勵增殖，將使此爭奪更甚。毋寧應該採用相反的政策，努力防止沒有希望可以扶養將來出生孩子者的結婚。如果境遇許可則一定實行的結婚，這何以要獎勵呢？豐富而有規則的職業，一旦確立，則不以與此相比率的程度而實行結婚的事例，是不可能找到的。因此，上述政策，最好也是無益的，有時還是有害的』。

楊先生在極明瞭地理解人口原則而就此問題發表上述感想，及與此同樣正當與重要的感想之後，曾於題爲《饑饉問題概要與其救濟政策》（*The Question of Scarcity Plainly stated, and Remedies considered*，一八〇〇年出版）的小冊子中，有如下的議論，這是大可驚奇的。『現在這樣逐漸壓迫貧民的饑饉，今後可以使其威力減輕之最有力的手段，是對有三人以上孩子的國內所有農民，保證半英畝的馬鈴薯田與足夠飼育一、二頭牛的牧草⑦。

---

⑥ 前揭書四七一頁。

⑦ 七七頁。

……如果各人都有充分的馬鈴薯田與一頭牛，則恰如愛爾蘭的同胞一樣，他們也不會爲小麥價格的如何所苦惱』。

『雖然任何人都承認這種制度的優秀，但是，問題是其實行方法如何』。

我絲毫未嘗注意：這種制度是像一般所承認地如此優秀。我斷然反對：拿我包含在「任何人」的一般稱呼之內。因我以爲：這種制度的採用，對於英國下層階級的幸福，乃有空前殘忍而致命的打擊。

但是，楊先生更進而說：『因爲目的很大，所以，我們只講不易克服的困難，不能不放棄其他的困難。而且，如果採取如下的手段，這種不易克服的問題，當決不會發生。即

『一、在有共同牧場的地方，對於有×個孩子的工人，按其家族的多寡，根據教區職員及其他的決定，請求耕地的分派（allotment）……又給與購牛一頭的權利。這種工人，終生擁有此土地與牛，每年支付四十先令，至牛及其他價格還清止。在他死亡的時候，讓給家族最多的工人，後者對於前者的寡婦，終生支付每週×先令』。

『二、因有家族而如此要求分派的工人，至如此分派的面積達到共有地的面積×分之一時，得接受土地的分割並得購牛』。

『三、在沒有共有地而地力充分的教區，有×人以上孩子的茅屋居住者，在一定期間內，如果沒有分派到：按相當的平均地租計算而足夠養牛一頭的土地與半英畝的馬鈴薯田，那末，至這種土地被分派到止，可向教區委員請求：就每一孩子，有向教區要求每週×

先令的權利；至其實行手段，則由地主與借地人決定。牛，則按每年攤還，由教區支給』⑧。

『其主要目的，係靠牛乳與馬鈴薯，使鄉村的大部分貧民廢止小麥的消費；而牛乳與馬鈴薯的健全而富於營養並不差於小麥；這是由神的意志（Almighty will），給與最受保護的代用品，使免於自然的與人為的歉收』⑨。

但是這種計劃，就對結婚的獎勵及對兒童的補助金而言，是有最直接的作用；這不會使楊先生在法國旅行記上所正當指責的弊害再發生麼？而且，他認眞想使英國大部分的國民以牛乳與馬鈴薯生活，像愛爾蘭的同胞一樣，可使他們不受穀物價格及勞動需要的拘束麼？法國及愛爾蘭的下層階級，其貧窮的特殊原因是在：由於前者土地的極度細分，後者小屋及馬鈴薯的容易獲得，使超過資本量與國內工作量的過剩人口又再出現；故其必然的結果，是像前述《乞丐調查委員會報告》中所極適切的記載：因為過度的競爭乃使一般工資下降，馴致找不到工作的人們淪於赤貧的深淵，即使已有工作的人們也為生活所苦。

楊先生提案的明白傾向，是與穀價無關（當然，與對勞動的需要無關），獎勵結婚而且供給低廉的食物，正使下層階級沉淪於如此的境遇。

⑧ 七八頁。
⑨ 七九頁。

現在英國的救貧法，乃按家族的多寡分配補助；藉以有規則地獎勵結婚及生育以及所提用以代替的這種計劃，只是在責難較少的方法做著同樣的事情；這大體是確實的。但是不用說，在我們想一掃救貧法的弊害之時，不應留下其最有害的性質。因此楊先生與我一樣，一定知道：救貧法常是得不到救貧的實效，主要的理由是因救貧法具有一種傾向：即促進不能由對勞動的需要予以調節的人口增殖。事實，楊先生顯然注意英格蘭的這種結果；他說：『英格蘭的製造業，儘管無此繁榮，但由救貧稅的危險，在地方村落的增加，可以明白知道，人口往往過度增殖』⑩。

但是事實是：楊先生的提案，比較現在的救濟法，有使人口激增而致遠多於對勞動的需要之慮。不願接受教區扶助的可佩感情，它的發生，一部分是由於獨立精神的沒有消滅，一部分是由於給與方法的有欠愉快；但是這種感情，無疑的，乃使許多人迴避非向教區求濟不可的結婚。這樣，出生及婚姻對總人口的比率，如前所述，證明救貧法並不促進結婚（有如由理論所預期的）。但是，假使在勞動者憧憬於早婚之時，像授產所與教區職員的可怖形態（往往使其決心遲疑），爲像對土地與牝牛的蠱惑幻想所取代，則事情就大不相同，如果愛財產之心，像楊先生所再三說的，使人做許多的事情，那末，這不使人結婚，毋寧是不可思

---

⑩《法國紀行》第一卷第十七章四七〇頁。

議的。這是因爲：在經驗上他決不討厭結婚。

如此出現的人口，乃由馬鈴薯耕作的擴大所養活；而且當然，對於勞動的需要也可毫無頓挫地進行。在現狀之下，儘管英國的製造業極其繁榮，而且對於人口增加存有若干障礙，但是沒有實際問題像給貧民以職業這樣困難。不過這種困難，在此所假定的事情之下，顯將大爲加甚。

在愛爾蘭及其他各國，以馬鈴薯爲常食而且意欲結婚者，如果種植馬鈴薯就可獲得足以充分支持一家的地面；縱使以全部國庫懸賞徵求有關貧民雇用最善方案的論文，由現在的情形至自然發生的人口增加略爲停止時止，所期的目的，是完全沒有希望的[11]。

楊先生雖說：如果人民以牛乳與馬鈴薯爲常食，當不致如現在這樣爲饑饉所苦，但我到底不能明白它的理由。當然，以馬鈴薯爲常食的人們，在小麥缺乏時不致太爲所苦。但是，馬鈴薯的歉收，這不能想像麼？誰都知道：馬鈴薯在冬季，比較穀物易受損害。如以一定面積的土地栽培馬鈴薯，比較用以栽培其他作物，可以出產更多的食物。因此，如以

---

⑪ Crumpe 博士的懸賞論文（關於人民就業的最好方法的），是一優秀的論說，包含著極貴重的報導；但是，在國家的資本更與人口取得均衡時止，做夢也不能希望這種計劃成功。此外，我還確信：由於馬鈴薯制度，在他們能增殖遠多於對勞動之有規則的需要時，下層愛爾蘭人懶惰與不穩的習慣到底是無法矯正的。

馬鈴薯爲勞動階級的常食，則此後的短時期，乃有超過需要的多量收穫，工人當有優裕的生活。楊先生的《法國紀行》中說：『像在庇里牛斯山麓地方，包含許多肥沃的廣大荒蕪地，擁有這種土地的自治體，容易以此出賣；故在當地，被定住與結婚的目的所刺戟，節約勤勉之風甚盛。在這樣的地方，發生有似美洲的增殖；而且地價愈廉，則幾乎愈看不到窮困。但是，在這樣的情形之下，增殖如果迅速進行，則一旦食物略有缺乏，就會發生很大的窮困。例如，荒蕪地地價的上漲或最良地之已完全出賣，又如土地購買的困難；這些事情，我在這些山地都是看到過的。一旦發生某種故障，這種人民的窮困，將與過去促使人口增加的活力程度，同其比例』⑫。

以上所述，對於「在英國一般以極少的土地分給人民，且以馬鈴薯爲他們的常食時所生的狀態」，完全適用。這種變化，暫時之間看似有利；貧民由財產的觀念，最初當大爲歡迎。但是，如楊先生在別地方所說：『不論諸君如何耕作，土地立即到達早已不能養活更多人口的界限。而這種教唆結婚的單純風俗，依然存續。故其結果，定爲不能想像的最可怕的窮困』⑬。

---

⑫《法國紀行》第一卷第十七章四〇九頁。

⑬前揭書第一卷第十七章四〇九頁。

如果共有地全被分割而馬鈴薯田已經不易獲得，則已有的早婚風習，將引起最錯雜的苦難。又因人口增加而生活的源泉減少，馬鈴薯的平均收穫量如不超過平均消費量，則馬鈴薯的缺乏，由任何一點看來，都與現在的小麥缺乏一樣，定將發生；且在此時，將有無比的可怕慘狀。

如果一國的一般人民主要是以最高價的穀物爲常食（例如英國，一般人民乃以小麥爲常食），則在缺乏之時，應有很多的資源；大麥、燕麥、米、廉價的羹湯及馬鈴薯等，比過去的常食更爲廉價，而同時又爲健全的營養物，都將出現。但是，如果他們的常食是此順序中最低的，那末，他們像貧困的瑞典人一樣，除吃樹皮以外，完全找不到食物；故其多數一定不免餓死。

工資常是主要受勞動的需供比率所規制。而且，在馬鈴薯制度之下，供給立刻超過需要；這種供給，乃因勞動者食物的廉價，得以極廉的工資，使其繼續；所以不久，一般勞動價格不像現在是由小麥價格所規制，主要乃由馬鈴薯的價格所規制；當然，終於因而出現愛爾蘭的襤褸與陋屋。

在勞動的需要時常超過供給，而工資由最高價的穀物所規制時，工資大概除了簡單的食物以外，還可購買其他某些物品；一般人民也可追求適當的住宅與適當的衣服。如果楊先生所載英法工人狀況的比較，多少近乎眞實，則英國方面的有利，完全而且確實由於此兩事情。而且，如果因以牛乳與馬鈴薯爲一般人民的常食而致這些事情完全變化，並使勞動的供給不絕地大大超過其需要，更使工資被最廉價的食物價格所規制，那末這種有利也將立即消失，不論如何散布慈善都將不能防止最一般的赤貧。

由於同樣的理由，Rumford伯爵的廉價羹湯也決不能用為一般人民的常食。這種羹湯，在公共的設施上，又在偶然的非常用食物上，雖屬偉大的發明，但此如為貧民普遍採用，則工資難免受其規制；工人即使最初對於食物以外的其他物品可有支出的餘裕，但結局也不能有像過去這樣的餘裕。

由所謂一般人民的這一幸福見地看來，希望他們的常食是高價的，而其工資則由此所規制；而且，在歉收及其他不時的艱難之際，立刻歡喜採用廉價的食物⑭。為使此變更容易起見，同時，為使在仰賴教區扶助者與不仰賴教區扶助者之間，樹立有益的區別起見，我極力推獎楊先生提議的下述計畫。這是『在只關於食物，使通過法令，除了依賴馬鈴薯、米及羹湯以外，任何方法的扶助，概予禁止；而且，這不僅只是一時的手段，這還是永久的手段』⑮。我並不認為：這一提案一定以這種食物為下層階級的常食；而且，如果只在

⑭ 在英格蘭，任何小屋，都有蔬菜豐富的園地，這確是所希望的。食物之有若干變化，這由任何一點看來，都是大為有益的。馬鈴薯，無疑的是極貴重的補助物。固然，這如成為英國工人的主食物，是遺憾千萬的。

⑮ 《饑饉問題及其他》（Question of Scarcity, etc.）八〇頁。這至少可在貧民收容所實行。但是，在救恤住在自宅的貧民之時，則將發生若干實際上的困難。

窮迫時期，使容易改用這種食物，同時；如在寄食與自立之間（between dependence and independence），劃 比較現在更爲明瞭的境界線，這就可表現極有益的效果。

採用以牛乳、馬鈴薯及廉價的羹湯爲下層階級的常食，乃使工資低落；因爲明白了這一原因，所以部分冷酷的政治家，也許提議採用這種組織；它的目的，在由歐洲市場驅逐外國的競爭。我並不羨慕能有這種提案的感情。爲了略微多賣一點寬幅毛料與白洋布，故意欲使英國的工人沉淪於愛爾蘭的襤褸與陋屋；不能有比這樣的想法更可憎惡的⑯。國民的財富與

---

⑯ 在此觀察上，我絲毫不想講到楊先生。他熱望下層階級的改善，我是確實相信的；但我不認爲他的計劃可以達到所期的目的。他或則未嘗了解我深怕將來會要出現的各種結果，或則對於愛爾蘭一般人民的幸福比我具有更好的意見。在其《愛爾蘭旅行記》上，他十分驚奇：愛爾蘭人持有多量的馬鈴薯而完全沒有窮乏的憂慮。如果他在一八〇〇年及一八〇一年旅行，那末，他的印象一定大不相同。到現在爲止，在愛爾蘭獲得馬鈴薯田，一般不難；因此，饑饉確實不多，馬鈴薯主義的效果也未嘗感覺到。固然，感覺到這種效果的日子，本來絲毫並不希望其來臨。

此後，楊先生在題爲《在改善貧民的扶助與救恤上可否利用荒蕪地之研究》（*An Inquiry into the Propriety of applying Wastes to the better Maintenance and Support of the Poor*）的小冊子上，更詳細地敘述自己的思想。但是它對我的印象，依然一樣；畢竟想使愛爾蘭的工人境遇，同化於愛爾蘭下層階級的境遇。不知爲了什麼，楊先生對於這一問題，忘記了其一切的一般原理。他對於救貧問題的處理，也只作爲：如何可以最善而

力量，畢竟對於幸福有所貢獻，始可希望。由此見地，我決不輕視財富與力量。因爲這些大體都是達到所期目的之必不可缺的手段。但是，在這些發生彼此正面衝突的特殊時候，應當採取何者，我們對此，在理性上是絲毫不能遲疑的。

但是，幸而這種制度的採用，由任何偏狹的政治原理，都不被承認。主要靠自己的財產而活動的人，如爲他人雇用，變成極不努力，這是常事；如果因爲極低廉的食物爲一般所採用，而致一國人口大大超過對於勞動的需要，則將不免一定發生對製造業的繁榮狀態，特別最爲不利的怠惰與爭吵的風氣。在愛爾蘭勞動雖然廉價，但是，幾乎沒有可以生產像在英格蘭這樣廉價輸出品的製造業。而這是在大的程度上，由於勤勉風習的缺乏；至於這種勤勉的風習，只有靠有規則的雇用始可求得。

且最廉地扶養一定數人民的問題。但是，如果問題只是如此，則其解決，當無需如此長久的歲月。但是眞正的問題，是在扶養窮困的人們，以何方法可以使其人數不致繼續增加；對於他們給與土地與牝牛的計劃，在這一點上，不能約束許多的成功；這當立刻可以得到讀者首肯的。如果所有的共有地分割完畢以後，救貧法依然繼續有效，那末，用以購買土地與家畜的費用即使不說，也不能找到理由：救貧稅在幾年之內不達到與現在同樣的數額。

第十二章　同問題之續①

①一八一七年記。

近年，全部或部分寄食於教區扶助的社會部分乃告增加（the increasing portion of the society），同時，土地財產對於救貧稅的負擔也已增加；因此法律上對於貧民的救濟，其對勞動階級及社會一般的利益——與此有關的輿論逐漸變化。但是一八一四年和平以後的經濟蕭條與此對教區稅所加大而且急的壓力，十分顯著地促進了這種變化。關於這一問題，比較正當而賢明的見解，日益得勢；由法律對於貧民的扶助所生的困難，愈被理解，愈爲一般所承認；在今天，已有意見被印行或被議論——這些意見如在二十年前，幾被認爲對於國家的反叛。

這種輿論的變化，乃受時下苛酷的壓迫所刺戟；使以異常的注意，趨向於救貧法問題。而且，因認現在的制度已經根本失敗，所以提出了若干計劃，作爲代替案或改良案（substitutes or improvements）。過去已經發表的各種計劃，其提出的目的，可能實現至如何程度？對此加以簡單的研究，當非無益。一般以爲：由輿論的現狀已經產生某種重要的方策；不過，爲使這種方策永久成功起見，這絕對需要接觸困難的眞因至相當的程度。但是此點，即使以關於這一問題的現在進步知識，也很容易被忽視。

在各種計劃之內，已很引起公眾注意的，是奧文先生的計劃。我在有關平等制度的一章，已經講到奧文先生的若干見解；而且對於他的經驗，曾經表示適當的敬意。如果問題只是：如何可以最善地扶養、補助並訓練一千二百人的團體，那恐怕沒有人像奧文先生值得注意的了。但是，他對其所提的計劃，似乎完全忽視了所要解決的問題的性質（the nature of the problem to be solved）。而其問題乃是：防止窮困中人數的不斷增加及他們對全社會比率的增加，在此方法上，應如何扶助他們（How to provide for those who are in wart, in such a manner as to prevent a continual increase of their numbers, and of the proportion which they bear to the whole society）？而且奧文先生的計劃，不僅對於這一目的的達成，絲毫未嘗接近；毋寧欲使實現其正相反的目的；換句話說：似有顯著的傾向，欲使貧民的人數累增。

如果他所推獎的設施，可以依據他的表面意向而實際經營，那末，自然的秩序與神意的教訓，都全被推翻；懶惰遊逸的人，他們的地位，當然爲勤勉有德的人們所羨慕。今天爲了居陋屋、穿粗衣，養一家而必須每天工作十二小時的工人或職工，如果忽視勤勉而求教區的補助，也可獲得良好的住宅與良好的衣服，完全可以養育並教育孩子；又如毋須在不健康的工場從事十二小時艱苦的工作，而只須在愉快的田園從事四、五小時容易的農業工作，那末，維持像現在這樣力作的動機，就無法存在。在這種誘惑之下，每年乃有許多的人數，由勞動階級向此新的設施逃來：同時，由於繁殖而使團體本身急激擴大，所以最初購入的土地，不久，到底已無法扶助他們。於是，就非更買足土地、創造新的居住地不可。而且，如果上流階級隨此表面的精神與目的，而負起應予保護的義務，那末不久，國民全體成爲共有財產的貧民；這是沒有懷疑餘地的。

即使是這樣的結果，對於奧文先生，也許是沒有特別可驚的。事實，在他提議這一計劃的時候，早已想到這一結果；而且，這正是完成社會的道德與幸福所必需的，同時也正是和平展開他所相信的財產共有的最好方法。但是，關於由財產共有所能期待的結果，與他的意見完全不同的人們（他們相信：在無法訓練人，使生產超過其自己消費的今天，即使確爲「眞實的他的得意學說」，但如耕作一旦推進到超過由私人財產所已指定的界限，則立刻變爲不眞實的）則以爲：向此制度接近，就是向普遍的怠惰、貧困及窮乏接近。

這樣看來，奧文先生的計劃縱被巧妙地實行；各種貧民團體散在國內各地，最初雖能實現他的熱望，但不久乃因人口原則之自然的與必然的作用，而終於失敗。

但是對於任何共有財產制度，另一大故障，恐怕使奧文先生的實驗，在其出發點上已經混亂，已經破壞了他所期待的幸福。在 Lanerk Mills 的團體，勤勉與善行，雖然發生了兩種有力的刺戟作用；但是這種刺戟，在他所提議的社會，完全沒有。在 Lanerk，每天的所得全是他自己的；他的力量（使其自己及其妻子得到上等而快適的扶養），與他的勤勉、認眞及節約，是正比例的。又在 Lanerk，如有工人十分懶惰而放肆，或嗜酒而不做事，又或他在某些地方有根本錯誤的行爲，那末，他不僅由於所得的減少而當然受苦，他還隨時要被放逐；因此，團體可以免受已經墮落的危險分子的影響與模仿（influence and example of a profligate and dangerous member）。反之，在現在計劃中所提議的貧民設施，各人的勤勉、認眞及善行，與他的力量（使其自己與家族得到快適地扶養），關係甚爲薄弱；因此，即使是在十分懶惰而有過失的時候，也不能使用所謂「開除」這一簡單而有效的治療方法；必須依賴當局所決定實行之某種直接的處分制度；但是這種制度，常是苦痛而且大體無效。

我以爲：像 Larerk 的設施，雖有如何成功的經驗，但是這種設施，以雇傭工人的所有生產物移歸共同基金，而且由於制度的性質及目的，無法除名，所以並不提供任何根據，對社會改善有所貢獻。在這種不利的情況之下，這些設施的適當管理，縱屬可能，但是爲了這種目的，將需要如何地判斷、如何地堅定與如何地忍耐？不過，充分足以管理百萬或二百萬人民的這種資格，果向何處去找？

由此看來，大體可作如次的結論。即奧文先生的計劃，在其出發點，已有眞是難於克服的障礙物存在；即使這些障礙物，被某些可能手段所克服，而收到最安全的成功，但是，只要這種制度並不用最不自然或最不正當的某種法律防止人口增加，就將導向普遍的貧乏與窮困狀態；在這種狀態之內，縱使富者都變爲貧者，但沒有一位貧者變爲富者——甚而至於沒有像現在普通工人這樣地富裕。

Curwen 先生所發表的勞動階級改善方案，像他自己所說，只是一概略而已；但是，我們現在的考察對象，乃是原則，而非細目。而且因爲他說：他的方案，其大目的乃如下述；所以，他所遵行的原則是可充分明確地斷言。

一、改良下層人民的現在窮狀。

二、爲了貧民救濟而非徵集不可的現在救貧稅，乃由新稅而使其平等。

三、而且，對於自以爲適於置身在這種保護之下的所有人們，在有關救濟基金的地方管理及分配上，給與發言權。

第一命題，當然是一切提案的目的，或可能是目的。而後兩者可說是達到這種目的的方法。

但是此兩命題，即使由別的見地看來是都可想望的，然而不僅實際未曾觸到大問題，甚至還不想觸到大問題。我們爲對大部分的勞動階級給與較大的財富、幸福與獨立，因想阻止貧民的增加，而使其比率減少。但是救貧稅的平等化，即使簡單地想來，它有十分強大的傾向；這種傾向與其說使寄食貧民的人數減少，毋寧是使其增加。現在教區稅對於某特殊的財產，給與極重的負擔，因此，掌握教區稅分配的人們，都以使之減低爲大有利益。所以，如果這些對於各種財產，平等徵課（特別是這由大的區域或州徵集），則地方的分配者們，欲使教區稅減低的動機就比較甚少；因此，這些乃有很快增加的恐懼。

但是，土地對於救貧稅的特別負擔，根本是不公平的；這是可容易承認的。這在部分鄉村的教區，——由於不絕地向都市與工場移住，而致出生大大超過死亡的——成爲特重的負擔。因在任何事情之下，這些移住者，其一大部分，到了年老，失去能力或離開職業的時候，又將回到本來的教區。這種教區，對於在其境內出生的所有人們，將完全沒有力量給與工作與扶助。事實，如果未有這些移住發生，同數的人員將不會在這些教區出生。所以，被置於這種事情之下的教區，使其必須完全接受並扶養窮而歸來的所有人們；這確是殘酷的。而且在英國現狀之下，其最迫切的弊害，不是課於土地的重負，乃是貧民增加的比率。因爲課稅的平等化，確有使此比率擴大的傾向，故我以爲：如此平等化的課稅，其繼續的增加，只要同時沒有強大而決定的限制，那末這種手段，即使實行容易也以不用爲宜。

Curwen 先生的另一命題也同樣可以發現：並未提供任何防止貧困增加的保證。像目前所有共濟團體的基金，縱使由捐款者自己管理，也很少以必需的（爲獲得永久的效果所必需的）節約分配；這是我們所熟知的。而且，在所提議的國民團體，因爲基金的可觀部分取自救貧稅，所以凡由捐款者可以支配的問題；也由遠較任情與遠較非經濟的原則（on principles still more indulgent and less economical）所決定；這確有可以預料的理由。

由此理由可說：由賦課所得的任何公款，使與勞工階級的捐款混合，是否得策乃屬疑問。由此可以產生的結果，在這種團體基金由於誤算與過分寬大的給與而致稍有缺乏之時，其全部不足額將依賦課來塡補。而且，爲限制如此使用金額所設的任何規則，在防止立腳於由社會上流階級所提計劃的要求上，恐怕只是脆弱的障壁。

教區捐款與私人捐款，對於這種結合的另一大反對論，是謂：這種團體的會員，自始就不能正當地感覺到他們本身是獨立的。如果基金的半數或三分之一，出於教區的捐助，那末他們的立場，乃與目前相互救濟團體的會員大不相同。他們在疾病或老年時所能要求的份額，如其大部分事實來自救貧稅，那末，他們容易認爲：該計劃在許多點，事實正是如此——即：只是不同的課稅徵集方法（they would be apt to consider the plan as what, in many respests, it really would be——only a diferent mode of raising the rates）。如果這種制度成爲一般的，那末勞動階級的捐款，其結果與對勞動的課稅，幾乎相同；這種課稅，對於產業及生產，比較大部分其他的課稅，一般被認爲更屬不利。

Curwen 先生的計劃，其最好部分，是對各捐款者，按其捐額給與比率的信用；疾病時的津貼及老後的年金，也使與此額相比率；這種目的可以容易達成，而不會帶來可以責難的副產物。此外他說：『不許以工作缺乏爲理由而向社會要求扶助。這是因爲：如果這種口實可以容許，那恐一定產生最有害的結果』；這確是如此。但是他同時說：對於所有能夠勞動的人，非給以工作不可；這是很輕率的。又在別的地方，他說：在一時的失業發生時，可由這種團體給與適時的扶助，而不帶來墮落。

要之，如果想到：⑴巨額而且可能增加的救貧稅（a large and probably increasing amount of poor's rates），將被給與這種團體；⑵因此，它的團員不易離開教區的扶助而獨立；及⑶普通的救貧稅，仍舊沒有任何指定界限，像與今天同樣地課徵；那末 Curwen 先生的計劃，幾乎無法希望使救貧稅總額與寄食貧民的比率減少。（按：以上數字爲譯者所加。）

現在公眾對於貧民管理，乃有兩種易犯的錯誤。第一是：過分重視貧民本身捐款的效果，而對其分配方法，則有不甚注意的傾向。但是分配方法，比較捐款方法，遠爲重要；如果分配方法根本劣惡，則不論捐款出自貧民本身或其他方面，——不論徵集方法如何，幾乎都不成問題。如果勞動階級爲了在疾病、衰老、失業或其家族在有兩孩子以上時，開始扶養自己，那末，一般即使捐出其所得的可觀比率部分，其基金之不充分，完全是確定的。這種分配方法，是以在一定的地域，扶養急激而且無限的人口增加力量爲前提，所以結果一定是深刻化的貧困（and must therefore terminate in aggravated poverty）。英國現在的共濟團體或相互救濟團體（friendly societies or benefit-clubs），是只以可能計算的目的爲目標的，而且因爲基金的缺乏，許多已經失敗，更多不久就要失敗。任何團體，如果⑴想對會員給與比較更大的扶助，⑵努力模倣已由救貧法而部分實行的事項，或⑶努力達成 Condorcet 認爲可以充分計算的目的；那末，不論其基金最初如何之多，又不論想由任何方面募集，它的缺乏是絕對無法避免的。（按：以上數字爲譯者所加。）要之，向公眾說明下一事情（特別是在關於改善貧民境遇的某些問題正在囂然之時），即使一再反覆，又不論如何強調，都是不夠的。此即：不論如何應用關於這一問題的知識與智慧；又在捐款的形式上或在任何其他的方法上，不論貧民或富者如何努力（或兩者如何努力），要使勞動階級，在舊的人口稠密國家，像在新的國家一樣，完全可以安全而有利地結婚，或可於大略相同的年齡結婚，這到底是不可能的。

現在公眾易犯的另一錯誤，是過分重視貧民的雇用。英國現行制度失敗的主要原因之一，似乎因爲：在伊利薩伯第四十三條中，爲對貧民給與工作而命令購買原料的部分未嘗適當實施。本來，貧民的雇用如能實行，這由許多點是可想望的。但是，對於這種努力，沒有普通的，也就是最自然的動機的人們，要使其積極活動，這常是極困難的。而強制制度，每每終以大權給與其濫用者之手。但是，以對於貧民的習慣與道德有利而對其他無害的方法，比較過去，雇用更多的貧民，這也許是可能的。不過，如果我們想像：救貧法弊害的任何根本部分（又我們在現在勞動時所感困難的某根本部分），是因不雇用貧民而發生的；又或我們認為；欲對所有沒有職業的人們給與工作的一些可能計劃，多少已經觸到這些弊害的根源，而能防止其再發生；那末，我們將陷於最大的誤謬。在所能看到的任何情況，貧民的強制雇用，不論得到如何賢明的管理，絲毫沒有使勞動的供給，更正確地比例於其自然需要的直接傾向。而且，如不十分注意與謹慎，顯將發生正相反對的惡結果。例如：在因需要缺乏或資本缺乏而勞動價格具有低落的強烈傾向之時，如果我們依賴公眾的捐款與政府的貸款，製造人為的需要，藉以維持其普通的價格，那末，我們顯然妨礙一國的人口逐漸適應其已減少的資源；這種行為，恰似在荒年時妨礙穀價的上升，終於非使困難增加不可。

由此可知，貧民雇用的一切計劃，未必都須否認；有些計劃，在某時期如有適當的限制，作為一時的手段也許是有益的；但是，充分知道：我們所欲追求的某永久救濟，並不產自這一方面；這為防止無效的努力與不絕的失望，是很重要的。

誠然，可以毫無不安地斷言：即使是對於救濟的些須接近，但合理地可以期待的原因只有一種，而此原因乃由有使勞動階級的戒慎與先見增加傾向的一切事物所構成。而此還可為判斷以改善貧民境遇為目的的一切提案之試金石。如其提案，是與自然與神意的教訓相協調，是助長並促進戒慎與先見的習慣的，那末，根本的與永久的利益，雖然可以期待；但是，如其沒有這種傾向，那末，即使用為一時的手段（或從別的觀點看來，是還可以的），也不適用於我們努力所欲救濟之特殊的弊害源泉；這完全是確實的。

在以扶助勞動階級為目的的過去所提的一切計劃之內，儲蓄銀行是其最好的；如果加以普及，則為社會下層階級的境遇，帶來永久的改善，當是最有效的。儲蓄銀行，因對各人，給與其本身勤勉與戒慎的全副利益，有使自然與神意的教訓大為加強的效果。而且，為了在二十四、五歲（或比此更早）結婚而由十四、五歲開始繼續儲蓄的青年，如果因為(1)時期不利，或(2)穀價高，或(3)工資低，(4)或由經驗知道：他所積蓄的金額尚不能成為對於窮困的充分保證，那末，恐怕還可再等二、三年。（按：以上數字為譯者所加。）以現在部分的所得儲蓄，而備將來意外的事故，這種習慣，如無戒慎及先見的一般習慣，幾乎是無法存在的。而且，儲蓄銀行對於各人所提供的機會（享受儲蓄全利益的機會），如使其習慣成為一般的，那末，即使是在正在變動的國家資源之下；人口也不會帶來像過去這樣的苦痛與窮困，而可合理地期待；人口適應於勞動的現在需要。這樣救濟，在此範圍之內，似可觸及弊害的根源。

但是，儲蓄銀行的大目的，是使貧民自對意外的事故有所準備，藉以防止窮困與寄食。而且，在社會的自然狀態，這種制度，在指導得宜的個人慈善的協助之下，恐為產生最有實行可能效果（the best practicable effects）所必需的一切手段（all the means necessary）。但是在英國的現狀之下，事情根本不同。習慣地依賴公家基金的貧民，既然如此之多，故儲蓄銀行的制度，也無法作爲救貧稅的代替物。怎樣使貧民對全社會的比率並不繼續增加而能扶助他們呢？這一問題依然沒有解決。但是，如果採用逐漸廢止救貧稅額，或使救貧稅額逐漸縮少而且確定的某些計劃，那末，儲蓄銀行當可大大予以援助；同時，在其報答上（in return），儲蓄銀行也可得到最有力的援助。

在現在的情形之下，儲蓄銀行是在對其本身特別容易產生不利的時期——窮困甚爲普遍、教區扶助最爲擴大的時期——所設立的；但是即使是在這些不利之下，還是獲得成功；由此看來，如在經濟情況良好而且工資高昂的時期，加以教區扶助縮少的預想，則儲蓄銀行當可大大推廣，對於人民的一般習慣當有顯著的效果：這是顯然的。

現在通過一條例，目的在對儲蓄銀行給與較大的獎勵；即使某人在儲蓄銀行自有儲蓄，如不超過某一定金額，則由法官的裁量，可以接受教區扶助。但是，這恐怕是近視的政策。這是犧牲儲蓄銀行設立的主旨，而欲藉以獲得價值較少的利益。我們希望：眞正改善勞動階級境遇的唯一方法，是告訴他們：更當依賴他們自己的努力與資源。但是，我們使他們仍舊依賴我們希望他們避免的這種扶助，以酬勞他們的儲蓄（yet we reward their saving by making them still dependent upon that very species of assistance which it is our object that they should avoid）。在這種規定之下，儲蓄銀行的發達，只是善（good）的曖昧而不確實的徵候而已。反之，如果沒有這種規定，則每一步都在說明，每一筆新的存款都在證實，擺脫教區扶助的願望的增加；而隨他們建立的時日，以俱增的相互救濟團體的擴張與儲蓄銀行的成功，都在明白表示在有利的條件之下，這些機構預期可有很大的成功，而不必借助於「爲了手段而犧牲目的的方法」。

關於救貧稅的縮小及限定，就前此所述的計劃而言，雖然這些都確屬於適用弊害根源的種類，但是，如不預先正式取消貧民的被救恤權，則顯然有失公正。而且，比較我在前章提議的撤廢方案，無疑的，將有許多年在其實施中更爲苛酷。同時，如果認爲：英國不能完全廢止久已編入（interwoven）其組織之內的救貧制度，那末，限制救貧稅的數額，或限制其與全國財富及人口所成的比例（這是比較合理而且正當的），伴以十分充分而且明白地表示應行改革的性質，則也許可以產生重要的利益，並對改善貧民的習慣與幸福，大有貢獻。

第十三章　對此問題的各種一般原則，論其必要

休謨曾謂：在所有的科學之內，沒有像在政治學這樣容易爲其最初的外表所欺瞞的①。這話確是不錯的；其中，在政治學之內，關於社會下層階級境遇的改善方法部分，尤其如此。

我們時常聽到；那些長於以實際自負的人們（who pride themselves upon the distinction of being practical），對於理論與理論家所施的責難之聲。固然，壞的理論是很壞，又其提倡者是對社會無用而且常是有害的分子；這是事實。但是似乎沒有注意到：這種實踐辯護者（these advocates of practice），他們自己常是這種分子；而且他們的大部分，是當時最有毒理論家的同志。在人進入自己的觀察圈內而談論某些事實之時，不論其範圍如何狹窄，但是無疑的，他增加一般知識的總量，而於社會有益。不過，在他由此狹隘的經驗，由其本身小農場的管理，或由附近工場的詳情，而導出一般的推論之時（這是常有之事），忽然轉變爲理論家，更危險的理論家；這是因爲：經驗誠然是理論唯一的正確基礎，但人們時常僅注意到這個字的音響，而不去停下來就部分經驗與一般經驗加以區別，前者對這些主題來說，無論如何不是一個正當理論的基礎，而只有後者才能成爲一個正當理論的基礎（But when from this confned experience, from the management of his own little farm, or the details of the workhouse in his neighbourhood, he draws a general

①《十一論文集》（Essay xi）第一卷四三一頁。

inference, as is frequently the case, he then at once erects himself into a theorist; and is the more dangerous, because, experience being the only just foundation for theory, people are often caught merely by the sound of the word, and do not stop to make the distinction between that partial experience which, on such subjects. is no foundation whatever for a just theory, and that general experience on which alone a just theory can be founded）。

恐怕沒有問題，人類傾注才智，像欲努力改善貧民的境遇一樣；但同時也確實沒有問題，像它這樣完全失敗。在自稱爲實際的理論家與眞正的理論家之間，兩者的不同，或則是由此一角落至另一角落，調查救貧院，對教區職員浪費乾酪的切屑與蠟燭的燃屑（或多餘分配馬鈴薯與湯）而以處罰他們爲滿足；或則立刻向我們指示失敗的原因，而且講到一般的原則，證明這種制度自始即已根本錯誤。沒有問題像這樣極少適用一般原則的（There is no subject to which general principles have been so seldom applied）；然而，在人類知識的範圍之內，我懷疑有任何一個問題如失去一般原則的指引，會具有如此的危險性（and yet, in the whole compass of human knowledge, I doubt if there be one in which it is so dangerous to lose sight of them）。這是因爲：某一特殊方式的救助，其部分與直接的影響，時常與其一般及永久的影響完全相反。

在小農只有有限的土地而有飼養牝牛習慣的特殊地方，最近歉收的時候，知道他們的一部分，沒有教區的扶助也能生活；另一部分，所得的扶助也極有限②。

這一問題，要是依據過去所常考察的偏狹觀察，則由這些例子得出這樣的一般結論；即：如果我們能以所有的工人，置諸同樣的境遇，那末，他們都可同樣地快樂生活，都可脫離教區而獨立。但是這種推定，決不會來臨。現在飼養牝牛的小農，他們所享的利益，大部分是由於這樣的人不多；一旦普及將大減少。

假定：農民或紳士，在其自己的農場擁有一定數的小屋。如果他爲人寬大，希望其周圍的任何人都能安樂生活，那末，他也許對各小屋附以足夠飼養一、二頭牝牛的土地，而更付以高的工資。這樣，他的工人們當然易於生活，而可扶養大家族。但是他的農場，也許毋須很多的人手。果然，即使雇用者願意支付高的工資，但是，他大多不願使超過工作所必需的許多工人住在自己的土地上。因此，由於他不增加房屋，故其雇傭工人的孩子們，當然非向別處移住不可。在這種制度只在一定的國家或地方實行的時候，移住者可以容易在別處找到工作。而且，被這些農場雇用的各工人，乃有可以羡慕的地位；又這種地位，無疑的，就是我們當然希望的所有工人的境遇。但是這種制度，如果普及，則在事物的性質上，不能有同

② Robert Gourlay 著《關於林肯州及勒特蘭州小農境遇的研究》（an Inquiry into the State of Cottagers in the Countries of Lincoln and Rutland）。參照《農業年鑑》（Annals of Agriculture）第三十七卷五一四頁。

樣的利益；這是完全明白的。因在那一時候，孩子們如以同樣程度的就業希望，那就沒有地方可以移住。人口顯然增加至超過都市與工場的需要；勞動資格則將普遍低落。

更可注意的，現在飼養牝牛的工人，其能十分安樂地生活，理由之一是：可以大大利用自己並不使用的牛乳；但是，這種制度一旦普遍，則此利益顯將激減。而且，他們在最近歉收之時，因有這些年來發生缺乏的其他各種資源，所以，他們能當然如其預期，以較少於其鄰人們的扶助渡過難關；但是，這種制度一旦普遍，那就沒有理由可以指摘：普通工人不像今天苦於小麥的缺乏　樣，他們是爲牧草與牝牛的死亡所苦③。所以，我們必須大大注意：不要妄信這種外表，而由這種部分的經驗，引出一般的推論。

爲了增加貧民的快適，並改善其境遇，社會在表面所取的主要原則是很好的。勤勉的主要發條（即：改善我們境遇的願望是有效果的④），乃是改善下層階級境遇的眞正方法。Thomas Bernard 爵士，在其優秀的序文之一中，曾謂：在貧民之間，獎勵並促進勤勉、戒

---

③ 現在時常一定發生的牝牛損害，一般是靠請願與捐款（petition and subscription）補償。而且認爲：這種事故，對於工人，是最大的不幸；因此，這些請願，大抵受到傾聽（attended to）。但是，牝牛制度一旦普遍，則因損失過於屢屢發生，致其結果，到底不能以同一方法予以彌補；家族乃由相當的富裕而不絕地落入窮困的深淵。

④ 《會報》第二卷的序文。

愼、德行及清潔等的習慣，都是有益的；反之，除去或減少對於這些美德之一的刺戟，都是對於國家有害，對於個人有毒的⑤，我們可以安心予以同意。

的確，Thomas Bernard 爵士認爲：社會對於在完成其目的的途中所必須奮鬥的困難，本身都是十分注意的。但是儘管如此，仍有幾分冒著蹈於上述誤謬的危險，即由不充分的經驗引出一般推論的危險。部分人們所推獎的廉價食物與教區賣店的有益效果，那完全限於一定的家族或一定的教區；如果一旦普及，則此效果乃因工資的下跌而喪失；不過，對於這種計劃，暫且不說，我想只說：上記報告第二卷序文上之一敘述（帶有比較包括性質的）。在此敘述上，記載著：社會的經驗，可說證明這樣的結論；即：貧民救濟的最好方法，是在他們自己的家庭扶助他們，並儘速使他們的子女改事別的職業與徒弟。事實，我也相信：這最好是給與臨時而且差別的扶助，而且這確是最可歡迎的方法；不過在其實施上需要注意，又不能以此爲一般原則而作爲普遍實施的基礎；這是顯然的。因爲：這與即在前面所述的牝牛制度（以及伊利薩伯第四十三條中，對於監督者，命令應當雇用並資助貧民子女的部分），受到完全同樣的責難。所有的孩子如果到了適當的年齡，就使離開父母，而給以適當的職業；這樣的特殊教區，也許是很好生活的。但是，這種制度如果普及，貧民看到自己的

⑤《會報》第三卷的序文。

孩子們都被如此養育，則所有的職業立即「人滿爲患」，而其結果如何，當無再行敘述的必要。

沒有一件事比這更爲清楚了，即適當的救助一個別的家庭，一個別的教區，或甚至一個別的地區，是在金錢與富人承擔的力量之內，但同樣清楚的，假如我們對這一問題稍爲考慮一下，則要以同等的方式去救助全國，便完全在他們的力量之外；至少，在對於過多的移民沒有提供一個經常的出路，或在貧民之間沒有流行一種特殊的德性時是如此；而這種救助的分配，則顯然有打擊出路與德性的趨勢。

即使是勤勉，在這一點上也與金錢並無多大不同。某人，其所具的勤勉，只是某程度地多於其鄰人們普通所有的，在現在的事情之下，幾乎確實地可以過著安樂的生活。但是如果他的鄰人，一時都與他同樣地勤勉，那末，他過去所具勤勉的絕對部分，已不成爲對於窮困的保證。**Hume** 主張：『人生一切道德的及自然的弊害，生自怠惰』；而謂治療這些弊害，只要使全人類自然地具備許多的人們由習慣與反省所得的勤勉（同樣程度的），即已足夠；這是大的錯誤⑥。縱使全人類具備這種程度的天賦勤勉，如果沒有 **Hume** 未嘗注意的另一道德，要由缺乏與窮困拯救社會，那完全是不可能的；他所講到的所有這些道德的或自然

---

⑥《關於自然宗教的對話》（Dialogues on Natural Religion）第十一節二一二頁。

的弊害，顯然，甚至一個都是無法消除的。

對於這些推論的一般範圍所有的反對論（看來似乎很不錯的），我也注意。反對論者這樣說：如此所論，立可用於反對貧民扶助的一切方法。這是因爲：不使社會上人們的相對地位發生變化，又不與此同比率地壓迫別人，而要個別地扶助人們，這在事物的性質上，是不可能的；又持有家族的人，當然是最易陷於窮困的；而且，我們本來沒有義務扶助無需我們扶助的人們，所以，我們既然出而救濟，則畢竟救濟已有孩子的人們；因此，這將成爲獎勵結婚與人口。

但是我曾經這樣說，現在再說一遍；即：關於這些問題的一般原則，固然必須時常想到，但是不能過於極端地推進。又爲了救濟現在的窮困所生的善（good），可能除了抵消由遼遠的結果所憂慮的弊害而尚有餘的。

所有對於不是由於懶惰與疏忽習慣而產生的窮困的救助，顯然都屬於這一類；同時，一般的說，只是貧民不論其品行如何，都可信賴的那種有系統的確定的救助，會違反一般原則，因而使得一般的後果較之特殊的罪惡更爲惡劣一點，顯得十分清楚（and in general it may be observed, that it is only that kind of *systematic* and *certain* relief, on which the poor can confidently depend, whatever may be their conduct, that violates general principles in such a manner as to make it clear that the general cones quence is worse than the particular evil）。

我在前章雖已充分承認：差別的、偶然的扶助具有有益的效果；但是這種扶助，暫且不說，我也曾極力表示：由教育制度的改善及普及可以期待許多的結果。以此方法所做的一切事情，都有很特殊的價值。這是因爲：有些利益不僅大家可以互不妨礙的共享，而且還會使一人向上實際上助成別人向上，而教育便是具有這類利益者之一。例如：某人如由教育獲得「莫使社會負擔自己不能扶養的許多孩子」這種正派的自尊與比較正當的思考習慣（decent kind of pride and those juster habits of thinking），那末他的行動，在個人的事例所及的範圍（as far as an individual instance can go），顯然可有改善其工人同仁境遇的傾向；基於無知的相反行動，同樣顯然有使其惡化的傾向。

又我不能不認爲：由於貧民小屋的一般改善，而致他們的地位略有改良。當然此時還得注意：小屋之大，還不足住兩家族，而且，他們人數的增加也未迅速超過對於必需勞動的需要。在英國，防止早婚頻發之一最健全、最無害的障礙，是小屋獲得的困難與工人等待空屋——不以像在愛爾蘭所見那般簡陋的土造小屋爲滿足，而寧可延遲幾年結婚——這種值得讚賞的習慣⑦。

⑦ 但是，因爲任何地方的教區都怕貧民的增加，所以這種事情，恐怕往往是不能讓他們選擇的。英國的救貧法，乃有各種方法抵消人口增加（這是其自己第一明白的傾向），而此亦爲其一，我幾乎並不懷疑：我們對此制度，眞能如此長久地忍耐；又，貧民的境遇，未嘗如預期地受害之甚，幾乎完全爲了這種抵消的原因。

即使是牝牛制度（cow system），如果是有更限定的計劃（upon a more confined plan），也許沒有反對的餘地。如果以此爲救貧法的代替物，對於工人按其家族人數，給與要求土地與牝牛的權利（又如由一般的人們，取消小麥的消費，而使食牛乳與馬鈴薯），這不能不說完全是非常識的；但是如果它的目的，只對善良而勤勉的工人，給與快適的生活，同時，供給育嬰用的牛乳（這是一般貧民間極爲重大的缺乏），那末這是極度有益的；這可極有力地刺戟勤勉、節約及戒愼的習慣。但是如果是爲了這一目的，則各教區的工人，只有某一部分被包含在此計劃之內；爲欲獲得這種恩典，除了簡單的貧困之外，還必須以善行爲最明白的條件，而不能過於注意兒童的人數；又，其積蓄已經足以購買牝牛的人們，比較必須由教區提供牝牛的人們，必須給與優先權；這是顯然的⑧。

人們無疑的，那種對於勤勉及節約的周知刺戟，即對於財產的欲求與愛好，儘量不予利用；這是十分不願意的。但是不能忘記：這種刺戟的善良效果，主要是在這種財產由個人的努力而獲得、而保持時被發現，在其他事情之下決不如此普遍。如果懶怠的人有了家族，也

---

⑧ 伊利薩伯條例對於四英畝的土地而未附屬小屋者，雖曾禁止其建築，但像在英格蘭的工業地區，恐怕是不能實行的。固然，如果根據這一原則，則大部分的貧民，的確可以持有土地。因爲獲得這種小屋的困難，常是對於他們的增殖，發生有力的障礙作用。這種計劃的效果，與楊先生計劃的效果，大不相同。

可要求並取得一頭的牝牛與若干的土地，那末兩者都極易被忽視。

據說飼養牝牛的小農，比較不飼養牝牛的，來得勤勉，且有紀律。這恐怕是事實，而且當然可以想像的。但是由此推論：爲使任何人勤勉，都得給以牝牛；這一定是最不可靠的。現在飼養牝牛的人們，大部分是以其自己勤勉的果實購買來的。所以，與其說牝牛給他們以勤勉，不如說他們的勤勉給他們以牝牛，來得正確。固然，我絲毫沒有想到：急激的財產獲得，決不使發生勤勉的習慣。

小農由牝牛飼養所已經驗之實際的好結果，事實是由類似我在前述「已被限定的計劃」（confined plan）這一制度所產生的。在這種小農最多的地方，他們對於教區全體的人口，並不占很大的比率。大體，他們是由能夠自行購買牝牛的較好工人組織而成；至其境遇的特別安適，有些來自他們所有絕對的利益，有些來自其相對的利益。

所以，觀察他們的勤勉與安適，而輕易推論：「如對全部下層階級，給與同樣的所有物，也可對於他們，給與同樣的勤勉與安適」，這是不對的。相對與絕對、原因與結果的混淆，由此而引起的錯誤是最大的。

但是，一般地改善貧民的小屋，又使他們飼養較多的牝牛，這樣的計劃，都是顯然給與他們有養育較多孩子的力量；這樣也許可說：由於人口的增加，將破壞我想努力樹立的各種原則。但是，如果幸而讀者了解本書的眞髓，當可注意到：我認爲不能生育超過國家所能扶養的嬰兒，主要的理由，畢竟在想儘量多多扶養已經生下的兒童。在事物的本質上，我們不論用任何方法救助貧民，都是使他們較多的兒童，不致於未至成人即已夭折。但是此事，不論對於個人，或對於社會，都是最所希望的。由於貧困的兒童死亡，顯然一定是因個人的大窮困而先產生的，或跟著來的。且由公的見地看來，十歲以下兒童的死亡，是國民損失了至此時期止的扶養所投的總額。因此不論由任何見地看來，任何年齡死亡率的減少，非成為我們的目的不可。但是，我們為了實現這一目的，必須使較多的兒童成人，因而最初非使人口稠密到某一程度不可。不過，如果同時為向這些兒童，給與與其父母同樣的利益，使能記住這樣的觀念；即必須延緩其結婚至有能夠扶養一家的充分希望時止，則對上述一點，也不會有何害處。而且定可斷言：如果我們不能為此，則我們過去一切的努力，都將歸於泡影。貧民境遇的任何改善（永久的或一般的），它的實現，不使預防的障礙增加，這在事物的本質上，是不可能的。而且，此事如不發生，那末，我們不論是否努力，凡為貧民所做的一切事情，都只是一時的，且是部分的。現在死亡率的減少，乃因將來死亡率的增加而抵消；一地貧民境遇的改善，乃使別地貧民境遇相對地低落。這是極重要，但極難理解的眞理，所以，即使一再反覆說明亦不為過。

佩力在其所著《道德哲學》中關於人口糧食等章，曾謂：『對於一國人口，同時對其一般的幸福，最有利的狀態，是勤勉與節約的人民，對富裕而奢侈的國民，為其需要而服務』⑨。但是，這樣的社會形態，決非可以羨慕的。一千萬的人民，爲替其他一百萬人的過度奢侈服務，而繼續不斷的勞苦，這到底不是我們所能承服的（只要沒有絕對必要，對於一切非絕對必需的物品，運命注定都非斷念不可）。不過事實是：這種社會形態，決無必要。富者爲了支持一國的製造業者，而過度奢侈，這是毫無必要的；又爲充分增加貧民的人數，而由貧民奪去一切的奢侈，這也毫無必要的。在英國，所謂最好而且最有利的（由任何點看來）製品，是由大部分的人民所消費的製品。完全只爲富人消費的製品，不但因其數量較少，不足重視；且因流行的變化，使在爲其製造所雇的人們之間，產生許多一時的窮困；——它遠易蒙受這種大的不利。所以，對於國民的財富與國民的幸福雙方最有利的，乃是普及於多數人員的奢侈，不是少數人的過度奢侈。因此，佩力認爲奢侈的眞正弊害、奢侈的本來危險，我卻認爲奢侈的眞正優善、奢侈的特殊利益。事實，如果承認：在非新殖民地狀態的社會，對於人口的某有力障礙，一定是普及的；又如以爲：一旦結婚，對於生活快適

---

⑨第二卷第十一章三五九頁，由佩力著《自然的神學》（Natural Theology）中的一節推測，我以爲：他過去對於人口問題的思想，乃因後來的考察，而有部分的修改。他說：『人類在任何國家，都將增殖至窮困的一定點爲止』，此言誠是（第二十五章五三九頁）。如果承認此言，則在此點的貧困程度最少的國家，顯然是最幸福的；因此，如果奢侈的普及，因使較早發生障礙，而有減少這種貧困程度的傾向，那末，這確是可以想望的。

與便利的趣味一定會被剝奪，而人們不想結婚；則在對於結婚的所有障礙之內，幾乎無法找到像這種趣味的一般普及，對於社會的幸福與道德，爲害不多的障礙；因此這種意義的奢侈，它的擴大是特別可以想望的；而且必須承認，這是提高前章所述貧困標準之一最好的手段。

社會的中流部分，對於道德的與勤勉的習慣（to virtuous and industrious），又對於各種才能的發達，是最有利的；這是眾所周知的。但是，一切都在中流，這顯是不可能的。上流及下流的部分，在事物的本性上是絕對必要的；不僅是必要的而且是大有益的。如果任何人在社會上，都沒有上升的希望，也沒有下落的憂慮；又如勤勉無其報酬，懶惰無其刑罰，那就不會有活潑的向上努力——這是構成今天公共繁榮的主要發條。但是如果考察歐洲各國，我們知道：上流、中流及下流的相對比率，是極不相同的。而且，如果由此不同的結果推察，關於人類社會大部分的幸福增進，我們最有根據的期待，是建基在「中流部分的相對比率擴大」這一希望之內。而且，如果下層階級，不像現在，跟著窮困與死亡率的增加，而獲得使勞動的供給與停滯的（或毋寧是減退的）需要相比率的習慣，那末，我們甚至可以希望：最近大爲急迅的勞動短縮過程，將來得以比今天更少的個人努力，應付最富裕社會的一切要求。而且，這些縱使不能使個人的勞苦減少，但是，至少可使被雇從事勞役的人員減少。要是社會的最下層階級，如此減少，而中流階級增加，那末，各勞動者就可由於勤勉及努力，而升至較高的地位（就可有更合理的希望）；勤勉及道德的報酬，其數增加，人類社會的獎券，中獎者增加，不中獎者減少；於是，社會幸福的總量顯將累增。

不過，要嚮往於任何這類遙遠的看法，而不伴以通常附在對勞動的需要表示靜止狀態或遞減上面的罪惡，則我們必須要假定當勞力的實際價格，連同他們單身狀態所能有的儲蓄，都不足以贍養一妻及五或六個子女而無須救助時，足以阻止結婚的戒慎習慣會在這些貧民之中普遍盛行（to indulge, however, in any distant views of this kind, unaccompanied by the evils usually attendant on a stationary or decreasing demand for labour, we must suppose the general prevalence of such prudential habits among the poor as would prevent them from marrying when the actual price of labour, joined to what they might have saved in their single state, would not give them the prospect of being able to support a wife and five or six children without assistance）。而且無疑的，這種程度的戒慎抑制，將使下層階級的境遇，發生極顯著的改善。

也許有人說：一個人結婚之後，到底有幾個孩子是不知道的；因爲許多人有六個以上的孩子，所以這種程度的戒慎，也未必常是有效的。這確是如此；在此情形之下，我不以爲：即使對六個以上的孩子，都各給與一定的扶助金，會有特別弊害。當然這種扶助金，其目的不在對已有大家族者給與報酬，只是想由在道理上不能期待的逆境（當然可以預想的），對他加以挽救。而且這種目的的扶助，其程度止於置他與只有六個孩子時的同樣境遇。孟德斯鳩曾經指摘：對有十個與十二個孩子的人們給與一定年金的路易十四世勅令，是無益於人口的獎勵的⑩。由與他指摘上述勅令的同樣理由，我以爲：這些法律，不論在那一點，都沒有獎勵結婚的作用，而可沒有危險地採用；同時還可由極苛酷而不可預知的逆境，救出特定的個人。

關於結婚的戒愼習慣（這是貧民境遇有何永久而一般的改善之唯一的基礎），即使將來有一天在他們之間一般地普及，任何狹量的政治家，也毋須憂慮：因此提高勞動價格，使我們商業上的競爭者在外國市場壓倒我們。恐怕這會帶來四種事情，或則防止這些結果，或則使這些結果完全抵消；第一：因爲對食料的需要超過供給，這不如過去頻繁，故其價格比較平均而且下降；第二：救貧稅——這對農業加重負擔，而使現在的工資大爲提高——已無必要；第三：爲了扶養因貧困的結果而夭折的兒童，所投而無法收回的金額，其大部分成爲國民的儲蓄；而且，最後，節約與勤勉的習慣，特別普及於未婚者間，現在極常成爲高工資結果的懶惰、醉酒及勞動浪費，可被防止。

⑩ 《法意》第二十三篇第二十七章。

第十四章　論我們對社會未來改良的合理期待

關於和緩由人口原則所生的弊害，我們所期待之概括的與結論的見解（In taking a general and concluding view of our rational expectations respecting the mitigation of the evils arising from the principle of population），可以這樣說：即：幾何級數的人口增加是不可爭的；而且，其不受妨礙時的倍加期間，本書所記，比較實際，並不過高也許過低；而在社會及文明進步的自然結果之內，必然具有抑壓其全幅作用的。這些，特別是大都市與製造業，幾乎無法希望其內部將有何等根本的大變化，而事實無也不能如此期待。使都市及製造業，儘量無害於人類的壽命，無疑的這是我們的義務；而且在任何一點，都是極所希望的；但是不論我們如何努力，這些比較鄉村的地位與鄉村的職業，恐怕總是未免不健康的；因此，其積極障礙的作用，乃使預防障礙的必要，減少至某程度（and consequently, operating as positive checks, will diminish in some degree the necessity of the preventive check）。

在任何舊國，多數的成人都暫時沒有結婚。在此期間之內，實行普通而且周知的道德原則這一義務，縱使實際上是有任何反對的行動，但在理論上，未嘗有所反駁的。對於道德的抑制這一義務的部分，本書幾乎沒有講到。這是在與過去同樣的基礎上，既不特別強也不特別弱（It rests on the same foundation as before, neither stronger nor weaker）。而且這種義務的實行，過去既是如何地不完全，則希其將來完全地實行，這確是幻想。

所以，受本書的推論所影響的部分，不是關於獨身時代我們的行動，乃是關於延長獨身時代至有希望能夠養育自己子女時止的義務。而且在此點上，希望某種有利的變化，這決非幻想。這是因爲：這種戒愼的抑制它的普及，各國極不相同；卻在同一國家，也各時極不相同；這徵之經驗，已是顯然的。

自從好戰冒險的習慣普及以後（這已使許多的人民滅亡），全歐洲（特別是其北方各國），其戒愼的抑制，它的作用已有根本的變化，這是不能懷疑的。此後，在十七世紀及十八世紀初頭瀕臨歐洲的鼠疫逐漸減少而幾至絕跡；因此又發生了與上述同樣的變化。而且即在英國，都市的改良、流行病發生次數的減少及較愛清潔這一習慣養成以後，結婚率之已降低，這是無疑的。在最近的歉收期間，結婚數似已減少①；但是，在此時期，與阻止許多人結婚的同樣動機，如果將來由於種痘的開始而致平安成人的兒童人數增加，以致各種職業都充滿人手，工資下跌，一家的扶養更加困難，則將發生完全同樣的作用。

普遍地看來，關於結婚問題，人類的實際行爲一向遠優於理論。而且不論如何時常宣傳：結婚的義務與早婚防止罪惡的利益，但實際上，在各人敢於踏出這重大步驟之前，是有考慮一家扶養手段的必要。偉大的國家本身治癒力（*vis medicatrix reipublicæ*）；即欲改善我們境遇的願望及對其惡化的恐怖，不絕地發生作用；時常克服引導我們趨於邪道的各種

---

①一八〇〇年及一八〇一年。

議論，不絕地引導我們趨向正道。在所有的國家，這種健康而有力的源泉，畢竟不外爲由自然法的大道所派生而自然地強人注意的推論；但是因有這種源泉，故對結婚的戒愼障礙，已在歐洲增加；這在今後將更擴大；即作如此結論，也不能說是不合理的。如果此事的發生，而兩性間的不法關係並不特別顯著增加，則社會的幸福，顯然因此而被推進。而且，如就上述不法關係的增加危險來看，在歐洲結婚最晚，又其次數最少的各國，可說這種罪惡決不特別顯著；這誠是可喜的現象。挪威、瑞士、英格蘭及蘇格蘭，在預防的障礙上，似乎特別普及。而且，我雖毫不主張：這些國家的道德習慣特別發達，但我認爲：無人以爲這些國家是風俗最頹廢的。固然，我對大陸所知不多，但據我所知，我毋寧以爲：這些國家在上述相反的習慣上特別優良；在婦女的貞操上，又在男子的道德習慣上，都是勝於鄰國而不劣於鄰國。所以經驗告訴我們，道德的及物質的各種原因，似可抵消看來是由對於結婚障礙增加所發生的各種結果。但是，縱使如何重視這些結果（多少有發生可能性的），我們也可安心斷言：由貧困發生的罪惡，它的減少可以充分抵消這種結果；又，死亡率的低落（由預防障礙的增加而必然產生的）與快適的增進，其一切的利益，都可視爲幸福與道德大義的收益。

本書的目的，不在提議社會改善的新計劃，毋寧是滿足於由自然過程所啓示，且已部分實行的改善方法；並說明放任而不妨害以這種方法所推行的進步之所以重要。

我們一切積極的設施，與我們對貧民的行爲方針，如與戒愼的教訓（由人事的普通經過所啓示的），能動地協力，無疑的是極有利的；而且，如果我們不時想以自己之手，減輕對於不謹愼的自然刑罰，那末，我們可藉增加反對行爲（謹愼）的報酬，而使其均衡；這無疑的，也是極有利的。但是，僅僅逐漸改變直接具有獎勵結婚傾向的各種制度，阻止那種學說——宣傳積極妨礙自然教訓的意見——，也有顯著的效果。

即使是由我們的力量時時可以實現之「已被限制的善」（the limitel good），如果試行過度，或如採取某特殊計劃以求部分的成功（and by making the adoption of some particular plan essentially necessary even to a partial degree of success），常是失敗。我在以本書的推論適用於實際之時，曾想避免這種錯誤。我不想使那高尙而愉快的希望落空；對於舊的事實，加以某種新的解釋；而且，對於可能的改良（possible improvement），曾有不少的想像，也未可知；但是對於蓋然的改良（probable improvement），我的期待，以及對其成就的手段，我的暗示，都是極愼重的；這希望讀者特別了解。知道了由救貧法所產生的實際弊害，只因救貧法對於王國的土地財產有成爲絕對不能負擔的危險，故曾一再提議逐漸廢止救貧法。勸告設立國民教育之較廣泛的制度，這對部分人們既非所謂新的利益，對於其他人們也無其不利。教育的實際善果，在蘇格蘭曾有長期的經驗；幾乎全部有此判斷地位的人們，無不證言：教育大有防止犯罪②，並促進勤勉、

② 豪厄德（Howard）先生發現：在瑞士及蘇格蘭，不像其他國家，是有囚人存在；他以此歸功於：在瑞士及蘇

道德心及正規行爲的效果。所以我的提議，也只如此的計劃而已：如果採用上所暗示的方法，則對實行本書的目的及改善貧民的境遇，將有有力而且強烈的貢獻。但是，縱使絲毫不朝這樣的方向進行，但我對於由此推論的一般效果而產生某種部分的利益，絕不失望。

如果我曾努力建立的各種原則是錯誤的，我竭誠希望這些受到完全地反駁。但是如果這是眞實的，則因此問題十分重要，且與人類的幸福問題極有關係，所以，即使不爲這種目的而是否有何特別的努力，但是這些原則，今後應被比較完全地了解，且有比較普遍地推廣。

在社會的上流及中流階級之間，這種知識，當可知道：指導他們不致弛緩對於貧民改善的努力，使他們知道「什麼是其能做的、什麼是不能做的」，再則，由於忠告與教訓、由於戒愼與清潔習慣的獎勵，並由於改善貧民境遇（同時使預防的障礙增加）的某些方法，縱使可以得到許多的效果，但是，如無此最後的努力（預防的障礙），則此外的任何努力都是無效；又在人口稠密的舊國，要使貧民隨其所欲地早婚，而且給與使能養育大家族的扶助，這是完全不可能的。這種知識，防止富人破壞其自己努力的善良效果，或在難望成功的方向浪

格蘭的下層階級之間，乃有較有規則的教育。所以，在菲爾丁（Fielding）先生統治 Bow-street 的數年間，只有六位蘇格蘭人被拉到他的面前。他說：平常被處死刑的人們，其中大部分是愛爾蘭人。《貧民生活改善會會報》（Reports of the Society for bettering the Condition of the Poor）第三卷序文。三二頁。

費他們的努力，藉使他們的注意集中於適當的目的，這樣可使他們做較多的善事。

在貧民本身之間，其效果當更重要。貧困的主要而最永久的原因，是與政治的形態或財產的不平等分配幾乎或完全沒有直接關係（又因富者實際無力對貧民給與職業或給與扶養，故貧民在事物的本質上，不能有要求職業或扶養的權利），這些是由人口原則所生的重要眞理；這種眞理如予適當說明，則任何平凡的頭腦也可了解。而且，社會下層階級的人，他知道了這些眞理，則他更會忍耐可能遭遇到的一切艱難。他因貧困而對政府與上流階級的不滿與憤恨，也將減少。在任何情形之下，反抗騷擾之事也將減少。而且，如果他由某種公共的設施或個人的慈善而得到扶助，他將更加感激，他更可正確地承認其價值。

這種眞理，如果逐漸更被普遍地了解（這由意見交換的自然結果推察，總有一天可以實現的），全體的下層階級，將成爲更和平的、更有秩序的；即使在是荒年的時候，也少出於暴動行爲的傾向；而且因爲知道：勞動價格及一家扶養之資與革命的關係如何薄弱，就常少爲煽動的出版物所迷惑。縱使這種眞理，在貧民關於結婚的戒愼習慣上，沒有充分的作用，可以使其產生某些顯著的變化，但是僅是知道這種眞理，由政治的見地看來，對於他們的行爲，猶可發生最有利的效果。而且無疑的，在這些效果之內，其一最貴重的，是社會的上中流，不爲革命的矯激所威脅，而得逐漸致力於改善其政治③。這是因爲：這種革命的矯激，它的恐怖，竟使曾在歐洲知道其有實行可能的自由與久已享受其健全的效果，現在將由歐洲奪去。

以過去的社會狀態比較現在的社會狀態，由此觀察我不能不說：由人口原則所生的弊害，即使是在不利的情形（對其眞因，幾乎完全無知）之下，並不增加，毋寧減少。而且，如果我們可以希望這種無知逐漸消滅，那末，期待上述弊害的更加減少，也不是不合理的。所謂絕對人口的增加，固然是可發生的，但是，削弱這種期待的恐懼，本來是極少的。這是因爲：一切決定於人口與食物的相對比率如何，而不決定於人民的絕對數如何。在本書的前半已經知道：人口最少的國家，往往是因人口原則的結果而最受苦惱的。而且概觀全歐洲，由缺乏而發生的饑饉與疾病，在前世紀，已比其以前的世紀減少；這是沒有懷疑餘地的。

故就全體而言，由人口原則所生的弊害，關於它的減輕，即使我們將來的預想，不能有

---

③ 我不能相信：對於既成權威的不滿，除去其一切不當的基礎，乃使人民對於實際可以獲得的利益，無感覺、無關心。因爲政治的自由，其福祉極大的，所以爲了希望這種福祉，絲毫沒有假借虛僞粉飾的必要。遺憾的是我不能不以爲：下層階級不靠幻想的約束（使抵抗療法，比其所欲治療的疾病，一般尤爲惡毒），則不會進而主張自己的權利。

使我們滿足的光輝，但也決不會使人完全喪氣；又在最近荒唐無稽的思辯（關於這一問題的）流行以前，決不阻止那人類社會之逐漸的、進步的改善（這是合理期待的對象）。人智最高尚的一切努力及由野蠻狀態區別文明狀態的一切事物，畢竟是看似偏狹之利己原則的恩賜；這一原則，乃使有關財產與結婚的法律以及各人努力於自己境遇的改善。如果嚴密考慮人口原則，則必然的結論是：我們決不能放棄引導我們至此高處的階梯；但是這決非證明：我們無法用同樣的手段，更加高升。社會構成在其本質上，恐是永久沒有變化的。我們乃有各種理由可以相信：社會常由有產階級與勞動階級所構成。但其彼此的境遇與其相互的比率，則將變化，而使全體的調和與優美（harmony and beauty of the whole），大有改善。的確，自然科學的視野日益擴大，其界限的遙遠，幾不可知；因此，道德及政治哲學的科學（the science of moral and political philosophy）乃被限制於極狹的範圍之內；又其勢力極爲薄弱；因此，甚至僅由一原因所生的人類幸福障礙物，都未能清除；這種想法確是憂鬱的。但是這些障礙物，在本書的某一部分，雖然看來是如何地可怕，但其研究的一般結果，希望不要使人類社會的改善放棄於絕望之內。部分有到達希望的善（the partial good which seems to be attainable），也值得我們盡其努力；它指導我們的活動，它鼓舞我們的期待。而且，即使人類的道德與幸福，與物理發現的光榮經歷（the brilliant career of physical discovery），難望並進，但如我們沒有怠忽，也可安心希望：人類的道德與幸福，將爲物理發現的進步所影響，而參與其成功。

附錄一

在本書第二版的序文中，我曾說過：我提出問題，把它推進到底；我的詳細方法，即使遭受了許多的反駁，使我得到了許多的酷評，但是因此，使與社會的幸福密切相關的問題，引起較一般的注意；我能達到這樣的重要目的，引以爲幸。根據與此同樣的見解，凡是對我的原則或結論所加一切認眞的反駁，我常進而予以檢討；檢討的結果，認爲錯的，則予以改正；儘可能地，使更近於眞實。不過，本書雖然出於意外地引起了世人的注意，可是執筆加以反駁者極少；且其大部分，似只聯結下流的語句，完全缺乏論旨，到底沒有成爲問題的價値。因此，我現在不能不說的，主要是對口頭所述的反駁，非對表現於印刷的反駁。我的目的，是在訂正關於本書最重要二、三點上一般的若干誤解；沒有時間通讀本書全部的人們，如能看一下其次的一頁（只此一頁），則幸甚矣。這是因爲：僅由片斷的與不正確的辭句加以判斷，這可能誤解我的某些要點，將以我不自覺的意見使我負責。

對於我的原則，第一的大反對，是說：這種原則乃與神的最初命令相抵觸；神的命令是『生呀！繁殖呀！盈滿於大地呀！』但是，提倡這種反對的人們，確實，或則未嘗讀過本書，或則只拘泥於若干片斷的文句，而未抓住全體的論旨及精神。遵從創造主的這一命令，這是人類的義務；此事我完全確實相信。而且，據我記憶所及，本書中的任何文句，如與其前後的關係聯起來讀，則應無意義可以暗示賢明的讀者以與上述相反的推論。

由創造主給與人類的一切明白命令，是附隨於其預先建立的偉大而且普遍的自然法則的；這種法則，如果希望爲使我們比較容易實行某特殊的戒律而有所變更，則不論理性與宗教，都是禁止的。不用說，如果人類奇蹟地可以毋須食物而生活，則大地將極迅速地盈滿。但是爲了這種目的，到底無法希望出現這種奇蹟；因此，究明創造主就人類的增殖所下的法則，乃是我們（有理性的被創造物）的義務；又由執行創造主的命令這一目的而言，也是如此。而且，我們不僅由這些法則的思辨考察，還由我們感覺之更強大、更緊急的暗示，如果知道所謂「人類沒有食物是不能生活的」，那末，爲了服從創造主的意志而甚至輕視生活資料以增殖人口，這與爲了獲得豐富的收穫而在缺乏適當養分的路邊或籬邊播種，是完全同樣的愚舉。試問：以下兩人誰是比較符合創造主的意圖？——慈悲的創造主，是想以食用植物滿覆大地。甲是愼重而賢明地耕耘一片土地，只有認爲可以平安成熟者而始播種；乙是對於地力如何、施肥與耕耘的有無，都毫不關心，但只濫施種子。

以我爲人口的敵人，這完全是對我論旨的誤解。我只是罪惡與窮困的敵人，擴大點說，我只是使於人口與食物之間發生這些惡害（按：指罪惡與窮困）之不利比率的敵人。但是，這種不利的比率，與一國所能包含的絕對人口量，並無任何必然的關係。相反的，這與其說是在人口稠密的國家，不如說是在人口極爲稀薄的國家，遠多發現。

關於人口問題，我的論旨，可以牧場爲例加以說明。假使有人教訓年輕的牧人：可在你的所有地，飼育充分的家畜。因爲他的利潤及其業務的最後成功，都寄存在他的家畜之上，所以，此人所說畢竟是不錯的。因此，如果他在實行這種教訓的時候，使其家畜的繁殖，陷於瘦而半餓死的狀態，那他應當抱怨自己，不當抱怨他的教訓者。他的教訓者教以家畜有多大利益時的家畜，無疑的，是指適當狀態的家畜而言，並非數量多而價值極差的家畜。所謂在農場飼養充分的家畜，非指特定的數量，只是指此農場最適當的比例——視其農場的肥瘦，能夠飼育五十或一百頭——而言。這一農場能夠飼養較多的家畜，無疑的是極所希望的；爲欲實現這一目的，且不惜任何努力；但是，在土地未曾改良至適當狀態之前，而欲飼養許多的家畜——極言這種嘗試之爲無謀而且無效的農業者，本不應視爲大量家畜的敵人。

關於人口增加，我所用的論法，與以上所記，完全同其性質。「充滿於大地」！我相信這是創造主的意志①；但是，這不是用不健全、惡德而悲慘的人口，這應當用健全、有德而幸福的人口。而且，如果熱中於服從「生呀！繁殖呀！」的命令，而我們只使繁殖像如前述的人類，因而懊惱，則罪惡不在命令本身，乃在我們實行這種命令的不合理方法。

在希望強大人口的一點，我與如何熱心高呼增加人口的論者，沒有不同。過去的論者，謂指示國家富強的，不是領土的廣狹乃是人口的多寡；對此主張我完全贊成。我與他們所不同的，只在如何可求強大的人口。而且見解雖然如此不同，但我所說的正確，是由經驗（最好檢證人類所有思辨的經驗）可以完全肯定的。

① 這一意見，我在第四篇第一章已經講過。

根據登記簿無可懷疑的證據，高婚姻率與出生率，未必與急激的人口增加有關；這由常有人口是在停滯或極緩慢增加的國家，可以知道。這種國家的人口，不但因爲住民一般的窮困而比較的無能，而其年齡對於國家的資力或防衛毫無用處的人們，比率亦必很大。

此事我在〈瑞士〉章，由 Muret 先生所引用的一例中，可以得到最顯著的例證。即在上述例子，對於同一人口的出生，Lyonios 附近爲十六，Pays de Vand 爲十一，而阿爾卑斯山中某一教區則僅爲八；至二十歲止，此三種大不相同的數字，都減少至同數②。在 Lyonios 附近，人口的約半數是在青春期以下；在 Pays de Vand，爲三分之一；在阿爾卑斯山中的教區僅爲四分之一。由此事實的類推，對於社會一定具有至高的意義。

一國增加其資力，又防衛其國土的力量，主要不能不依賴其有能的人口——即在可以有效使用於農商業或戰爭年齡的人口。但是，在國內的資源不能提高自然出生率的國家，這種增加，不但不使此有能的人口增加，而反有大使減少的傾向，這幾乎毋待證明就可明白的。這無疑的，最初是使人口按照生活資料的比率而增加，終於殘酷地使窮乏的壓迫增加。但是，每年到達青春期的人數不如以前之多；因此，生產物的比率（只是分配給不能生存至成年的兒童而不再回頭的）則將增加。而且已經增加的人口，不但不使國力增進，而反

② 參照第二篇第五章。

根本地使此力量削弱，對於新資源的開發，發生不斷妨礙的作用。

我們對於現在法國的人口及國力，稍感迷惑；該國常是表示著高出生率；這是人所周知的。但是，被認為關於這一問題的最善典據，如果多少足以置信，則該國所享的利益，並非生自其人口構造中的某些特徵，而只生自該國廣大而肥沃領域的大絕對量；這完全是確實的。

芮克在論法國人口時，曾謂：由人口的構成看來，其百萬人的戰鬥力與勞動力，不及人口的壓力較弱而嬰兒死亡率較低國家的同樣人數。又，A.楊恰在革命勃發當時訪問法國，視察其下層階級的情形；他的視察，結論也與上述完全相同。據最近發表的《法國一般及個別統計》（*Statistique générale et Particulière de la France*），二十歲未滿的人口，幾為二十分之九。在英國，即使不比法國急速增加，但恐不出二十分之七③。因此，在千萬的人

---

③ 我在此所舉的數字，絲毫不想證明其正確性，而只作為問題的例證。在*Statistique générale*中所記的比率，恐怕非由實地調查所得；又本文英格蘭的數字，乃屬推定，大體低些。但是，兩國由其出生對死亡的比率或以同率增加之時，在出生及死亡對總人口的比率高的國家，青春期以上的人口不多；這由上列數字可以證明。在英格蘭及蘇格蘭，人口百萬中適於勞動者的比率，大於法國；這由我們所有的資料完全證明。但是這種不同，其程度如何呢？我們非待有比較現在更為正確的報導，無法斷言。革命前英、法兩國的人口增加，前者遠為迅速；因此，如果其他事情一樣，則英國的出生率應更高於法國，但是事實，在法國為二十五或二十六分之一，而在英國則只為三十分之一。

口之內，英國比較法國，應多百萬二十歲以上的人口；由此假定推算，至少多出四十萬的兵役年齡男子。如果英國的人口與法國的人口是同種類的，那末，欲由英格蘭及威爾斯求得與現在同樣的二十歲以上人口，則英國的人口，在數字上非更增加一百五十萬以上不可。如果僅只增加一百萬，則英國在農商業及戰爭上的有效能力，一定減少；同時，下層階級的窮困恐將增加。有理性的人能說：這種人口增加，由道德的或政治的見地是可想望的麼？而且，對於結婚的直接獎勵，又由自尊心的缺乏（這是無智暴政的產物）而必然產生的人口，常是屬於這一種的。

謂法國遠比英國容易補充其軍隊，而且並不妨礙居民的普通勞動，這恐爲事實。而且必須承認：貧困與工作的不足，乃使募兵大爲容易。但是因爲實行廉價徵兵，常使人民沉湎於貧困；這不能說是十分富於同情的計劃。又由經濟的見地看來，這使我們的財富與力量減退，所以同樣不能說是十分賢明的計劃。兩者是不可兼得的。如果我們保持幾乎全部的人民

兵役能力者的比率，有時計算爲一國總人口的四分之一，有時計算爲五分之一。如果假定：此兩計算可以適用於不同的兩個國家，則讀者當可注意到：在此兩計算之間，存有可驚的差異。即一是二千萬人口而有五百萬的有效男子，另一是同數的人口只有四百萬的有效男子。此兩種人口，由現在國力的見地看來（又由新資源創造的見地看來），何者較優這毋待贅言。但是就歐洲任何兩國來說，此點的差異，恐怕沒有多過四分之一與五分之一的。

使常能從事農業或商業的長處，那末，我們就無法保持與此相反的長處，即他們常有閒暇願爲有限的金額而應徵兵的長處④。但是，我們只要具有有效的人口，如果給與充分的動機，則可斷言：可以補充軍隊的人員，完全沒有不足之慮。

我在本書許多的地方，講到由最少出生數育成一國必要人口的利益所在。我曾說明：任何年齡死亡率的減少都應爲我們的主要目的；我還提議：不用高出生率（這是普通所用的尺度），而用青春期以下的低死亡率，爲幸福及善政的標準。我並不想故意破壞這種原則；因此，我聽到部分人們視我爲反對種痘者，寧毋啞然。這因：種痘是我常所衷心希望達到的目的。固然我曾說過：如果一國的資源，永久不許有極高的人口增加率（不論是否允許，高增加率是由於因種痘而獲救人數以外的原因；這是不用說的）⑤，則一定是某些其他疾病死亡率的提高或出生率的減少；我迄今仍如此堅信。但我曾披瀝確信，即後者的結果將要

---

④這一問題，在 Selkirk 爵士所著《高原地方的現狀及移民的原因與其今後的結果》（On the Present State of Highland, and on the Causes and Probable Consequences of Emigration）這一透澈而優秀的觀察中，曾有顯著的例證；讀者可以參照。

⑤但是，應當注意的是：得免死亡的一年輕人，其對新資源的創造，比較出生一人，乃有更多貢獻的傾向。自始即當改正的，乃是勞動與食物的大損失。而且，在同一事情之下，失敗較少的物品，其能廉價出現於市場，這是普遍的眞理。

發生。因此，我常根據自己的意見，對於種痘的採用，自然成爲最熱心的擁護者；事實確是如此。我繼續一切的努力——認爲可以促進貧民間的慰安而有使其死亡率減少的效果的——，採用與我的主張正相一致的行動。這些，對於那些一面聲言懷抱同樣的目的而同時乃以高婚姻率與高出生率測定國民幸福的人們，是否同樣妥當，是他們應該充分考慮的。

部分的人們認爲．對於人口，自然的障礙常可充分地控制人口於適當的界限之內，而不靠任何援助；又一聰明的論者指摘：我未曾由實際的觀察引出一根本的事實——用以證明已有障礙的無效⑥。這些意見，都是正當而且眞確的；這是明白的道理，其性質與「人無食物則無法生存」的主張，完全相同。因爲：只要這仍是自然的法則，則此所謂自然的障礙，本來是不能不有效的。這些主張都是「自明之理」，但在這種「自明之理」以外，還包含著一種不可思議的想像；即：他們根據奇妙的想像，推進議論；他們以爲：我寫本書的最後目的是在限制人口：但我主張：人口不妨儘速增加，只要它並不帶來罪惡與窮困。當然，我的最後目的是使罪惡及窮困減少；上述對於人口的障礙，都只爲達成這一目的的手段而已。對於人口，戒愼的障礙，這在有理性的人，應與由於窮困及夭折的障礙（爲這些紳士認爲完全充

---

⑥這一紳士，在說這話的時候，他想的是何種事實？這是我很想知道的：如果我能發現此處應當講到的一種，這一定是眞正根本的。

分而且滿足的），同樣地自然，而且，一組的障礙並不使一國的人口激減，不，有時即在人口正在增加的時候，也可爲另外一組的障礙所代替；這是賢明的讀者當可容易了解的⑦。

對於使英國有效人口大爲激增的可能性，我常在本書披瀝樂觀的看法——恐怕比我經驗所肯定的，尤爲樂觀。我曾謂：英國的人口在數世紀間，雖然達到現在的二倍至三倍，但是各人的生活程度，則將比現在還要提高（參照第四篇第四章）。而且，在本書開頭比較人口與食物的增加之時，我曾假定土地的生產物是無限制的（爲使議論看來不像由於與有關事實的意見不同），這本來是不可能的。因此，謂英國還可有比現在大二倍至三倍的居民，而依然反對我，這是很奇怪的；還有部分人士，他們承認我所有主要結論的根據（即謂人口與食物的增加率不同），現在因而主張；直至土地生產物絕對停止增加時止，不可能因人口增加而發生任何困難與窮乏，這不能不說是：更爲奇怪的。這樣，一方面對我的言論讓步，而同時又發表如此的意見，這不是世上最稀奇而無理的麼？這種議論，比較這樣的說法，尤爲胡鬧；即謂：某一農場由於適當的管理，所以每年可以繁殖四頭家畜，因此在這農場，即使每年繁殖四十頭，也不會發生任何困難與不便。

⑦ 在預防的障礙最盛的挪威及瑞士兩國，人口增加的趨勢頗爲汎速；比較生活資料，兵役年齡男子的比率之高，乃在歐洲其他任何國家之上。

土地所有的食物生產力，確非無限制的，但是嚴格說來，這是不確定的。換句話說，它的界限是不確定的；所謂「人類即使加上更多的勞動或知識，也早已不能使其增加」，這樣的時期，恐怕是永久不會有的。但是用適當的方法，且在一定的期內，可由土地獲得食物的增加量，得與無限制的人口增加同其步驟；這完全是另一件事。使新荷蘭的人民，最善地利用其國王的自然資源，這種知識與產業，只要不是眞正奇蹟的出現，那只有緩緩而來；而且在其到來之日，諸如前述，對此大目的，將全無效。但是促使人口增加的情慾，常是活氣橫溢；即任在如何無智與野蠻的情況之下，都常欲發揮其全幅的作用。新荷蘭在其自然力的比率上，人口不如中國稠密，這不用說，是因爲缺乏保護財產、促進產業的人爲制度；但是，由人口的趨勢（增加至生活資料以上）而在兩國幾乎發生同樣作用的窮困與罪惡，乃是另一問題；這是由別的原因而發生的。他們是由情慾的不完全訓練而發生的；凡是對於人類稍有理解者，無人敢於主張：人爲的制度可以完全訓練人類的一切情慾。但是關於此事，因在本書已有充分的敘述，現在毋須再添蛇足。

對我的第二大反對，是說我否定了貧民的生存權。

凡欲多少合理地支持這種反對論的人們，必須證明：我在本書開頭所欲樹立人口及食物不同的增加率，是根本錯誤的。因爲：如果這是事實，則此結論是無可避免的。如果任何人都聽憑愛情的引導而毫不考慮地結婚，那末，人類不論如何努力，要由有限的領域，對於所有的出生者，給與充分的食物，這是不可能的；——如果承認上述比率，則不能不作爲如此想——；故其必然的結果，不能任何人都有生存權。我們姑且假定：在某國，實行財產的均分。如果在這些情形之下，社會的半數，由於戒愼的習慣，控制增殖，而能與農耕的進步與完全同其步驟；那末，社會這一部分的各個人，顯常保持與開始同樣程度的富裕。如果其他半數，在同期間內，於青春年齡（即最適於結婚的年歲）結婚，那末，他們不久就將沉淪於貧困的深淵；這也是顯然的。但是，此後半數，可以何種正義或公平爲藉口，而以自己的貧困爲理由，要求其前半數所有的任何所有物麼？這種貧困的發生，完全由於他們本身的無知或輕率。而且，如果看一下這如何落在他們的身上，那末，要是聽憑他們的願意而不使痛感由其自己的行爲所生的每一罪惡，則社會全體，不久就被捲入於同樣程度的貧困；這完全是顯然的。富裕階級正在學習進一步利用自然的教訓之時，雖可給與隨意的、一時的援助（以爲慈善的手段）；但是這些都完全是另一問題；無疑的都是最可適當應用的。但是，像生存權的要求，至我們否定前提時止；換句話說，在我們如此斷言之前：即謂美國的人口增加是奇蹟，它的發生不是由於生活資料的較易獲得；這本來是不應受到支持的⑧。

⑧ 有人說我著四開本的書，目的是欲證明人口是以幾何級數增加，食物是以算術級數增加；但其實決非如此。此兩增加率的第一增加率，我是在講到美國人的增殖所引證的；第二增加率，也是引證記載當時的情形。本書的主要目的是在研究：第一篇第一章所樹立的這些法則，對於社會的結果如何。又其將有如何的結果？這

事實上，我們雖然就此問題發表各種議論，但是我們的行爲幾乎完全沒有這種權利。如果貧民事實有此權利，則任何人都不會穿著上等的衣服而又吃得飽飽的。即在一方則肯定這種權利，而在他方則坐著馬車、過著奢侈的日子，而以同胞所缺食物飼養自己的馬匹；如果是有這樣的人，這不能不說是世上最矛盾的行爲。如果忽視結果而舉一例，則葛德文先生的議論，恐怕是不可抗的。即我今天所吃的部分羊肉，如果給與一星期以來未知肉味的筋肉工人（或給與充滿饑餓的渴望而得不到任何充分食物的貧困家族），則不能發揮更大的效果；能作如此主張麼？如果這些例子，它的性質是不因這種欲望的普遍滿足而逐漸增加，那末這種欲望的滿足（因爲可以實行），將極有益。且在此時，我毫不躊躇，將最充分地承認這種權利。但是，如果這種權利一經承認，而即實際計劃，使其增加超過可使滿足的可能性（並欲予以實行），則將使全人類沉湎於貧困的深淵；這在理論上及經驗上都是顯然可知的；因此，我們否認這種權利的行爲，比較承認這種權利的議論，不能不說：對於人類的現狀，較爲妥善。

決不是容易盡述的問題。我所詳述的最大缺點，是這些詳述有欠充分確實；但是，這是限於我的能力，無法避免的。由現在的各種障礙所阻止的增殖力，如果發揮全幅的作用，則果有如何的結果呢？知道這一事情，是最有興趣的；而且，這是最有賴於哲學精神的問題；但是，不幸目前沒有這種方法。

誠然，自然偉大的創造主，以其表現於全業蹟的睿智，即在此時，對其結論，也不委諸冷漠的考察。它創造強大的利己心（非慈悲心所能比較的），並即以此驅使我們趨向爲保存人類所必需的行爲。如果對於出生者可以全部給與充分的衣食，則神必使慈悲心與利己心同其程度地強大。但是在現在的情況之下，因爲沒有這樣的事情，所以，神向各人，命令追求各自的安全與幸福，以及與各自密切接近者的安全與幸福（以此爲第一義）。而且，由於範圍的縮少與給與有效助力的力量增加，乃使上述願望的增加，具有極深的意義。試看有向父母要求扶助與保護權利的兒童，一般是父母的愛情乃與自愛心，幾乎同樣地強大；除了若干變態的事例，即使是食物最後的一片，也是平等分給的。

由此賢明的神意，任何愚者，也可爲促進一般的幸福之一助；如果他們行爲的原動力乃爲慈悲心，則他們就完全不能獲得上述的目的⑨。固然，成爲行爲的偉大而且不斷源泉的慈悲心，對於這種原因與結果，需要最完全的知識，所以，畢竟只可成爲神的屬性。如果人類沒有「先見之明」，這是最導向十分錯誤的，這使文明社會已經美麗耕耘的土地，不久一變而爲窮困混亂的陰慘舞臺。

---

⑨ 雖然這樣說，我絲毫沒有承認：《蜜蜂寓言》中所說的道德體系。這種體系是絕對虛僞的，是與道德的正義完全背馳的。孟第維爾（Mandeville）博士的大手腕，用在名稱的誤用上了。

但是，慈悲心在人類的現狀之下，雖說不能成爲人類行爲之偉大的原動的原則，然在阻撓由其他較強大的熱情所生的惡害而言，是人類幸福不可缺少的仁慈的矯正者。這是人類生活的鎮痛劑，這是安慰，這是優雅，這是我們爲德義而努力的最高尙源泉，這是我們最純粹而且最洗練的快樂源泉。神在其行動的時候，幾無例外，依從其所遵據的一般原則體系；像自愛心的強烈普遍熱情，在其普遍實行的時候，一定釀成許多局部的惡害。而且，⑴這種熱情，防止墮落於可怕的私慾⑩。⑵使我們同情於同人的苦痛與快樂；雖然程度較差，但使我們對於他們的幸與不幸，像對自己的幸與不幸，感到同樣的利害。⑶時常驅使我們設身處地，了解他們的欲望，承認他們的權利；一有機會就爲他們盡力。⑷時常驅使我們，即使計算我們富裕的熱情，也非專爲自己的利益打算；實使想起：都是獲得最大富裕的手段。這些可說是慈悲心的目的，慈悲心的職責。人生的任何地位，都有實行這種道德的充分餘地；任何人，跟著社會地位的上升，跟著知識美德的增進，跟著爲善他人的力量增加而對自己欲望所需注意的減少，自使這種道德，在其行爲的不斷動機中，所占的地位愈大。在有高的信用與名望的人們之間，這種道德應占極大的地位；在一切公共設施之間，這應爲大的原動的

⑩ 在自愛心與私慾之間，須有截然的區別。即：如加適宜的制御，則成一切有名譽的事業及一切生活必需品與便利品的源泉——這種熱情，與這種熱情如果過度則成無益不快，終致有害，得有嚴別。

原則。固然我們的慈悲心，時常不能採取最有效的方向，但是，我們毋須擔心：慈悲心在社會過多。我們據以存續的自愛心，它的基礎，是根深蒂固地存在我們的本性之內，因此，不論如何向著感情說理，都不能根本地使其紊亂。所以，一切積極的戒律，應該左袒弱方的刺激，這是當然的，這是適當的；我們如果同時爲了防止由其誤用所生的惡害，而予以不斷的注意，那末，可以安心儘量努力於其效果的增加與擴大。

在英國，對貧民給與「被救恤權」法律，與自然權的完全承認，無疑地是不同的；這種不同，及由其實行方法所生若干背馳的原因，既然存在，則上述法律，當然不能產生與自然同樣的結果。而此猶爲對於完全承認的接近，因此，這不論對於貧民的習慣及氣質，似都有若干惡害。這樣，我雖然主張予以逐漸地廢止，但正如預期，未能獲得一般的贊成。上述權利，其在我國，一經承認，如予撤回可能激成不平，——這種反對論，確是不錯的；因此，我完全同意：它的實行，需要極度的戒心，而且，必須儘量設法，莫對貧民的意見，給與急激的衝動。反之，上述反對論乃更進一步，而謂；如果說明貧民沒有「救恤要求權」，那末，他們都更傾於不平不穩；這種論調是我常聽到的；但我不能理解它的根據。對於這些情形，我唯一的判定方法，是假定自己置身於貧民地位，試想我在此時的感想如何。如果我聽說：富人由於自然的法則及地上的法律，有對我援助的義務，首先，我對這種援助，將無法感到大的感謝。而且，如果沒有不得已的理由而給與一些粗劣的食物——這常是難免的——則我對此將有充分的理由，鳴其不平；我將一定申訴：非法受害，我的權利被不當地剝奪。在這種情形之下，即使是有某些明白的抵抗行爲，因懼武力而予以控制，但如沒有這種恐懼，而予以實行，也是絲毫沒有錯的；而且，相信我所受損害，這種我對上流階級的一般態度，是有最不利的影響。眞的，儘管是有各種救貧法及慈善，但在英國仍常痛感十分的窮困；而且，這些苦痛的產生，既非由於自己的錯誤，也非由於一般法則的作用（例如暴風雨、害蟲或惡疫，大部分的人們完全得免而只不絕地落在特定人們的身上）；如果相信：這只是上流階級的貪慾與不義，則世上之激怒人心者，將無過於此。

反之，如我確信：依據自然法（神的法則），自己並無任何救恤要求權，那末，我首先更加痛感應有過那勤勉節約生活的義務。但是不僅如此，萬一窮困降臨，那我想到疾病之類，這畢竟是比自己的現狀更壞的惡害；自己無法避免，就得勇敢忍受；這是自己的義務。我按過去的經驗，不能不覺悟：我對於慈善的扶助所能保持的最善理由，並非由於自已的怠惰或奢侈而自陷於困窮的深淵。我所受的，在我對於上流階級的感情上，乃有最好的影響。即使這比我過去所習慣的，差得許多，但仍舊不是損害乃是恩惠；如果知道自己不能要求任何權利，則除絕對饑饉（這壓倒其他一切的考慮）的恐怖以外，將無可辯解抵抗之罪。

英國的貧民，他們知道沒有任何救恤要求權，而在饑饉及其他一切危機的時候，如果接受大量的救濟（我認爲這是可能的），則聯繫貧富之間的帶子，比較現在尤爲拉緊；因爲下層階級少有對於憤怒不滿的眞正理由，因此，懷抱這種不穩情感的恐懼，也必大爲減少。

我斷定貧民並無任何救恤要求權，在對此而唱反調的人們之間，有一楊先生。他以不愉快的態度（完全不像公平的眞理追求者），名我的「救貧法漸廢案」爲可怕的計劃；認爲它的實行，不該之極。但是，試以此與他自己及其他人們所提的計劃（即確定救貧稅額，雖有任何理由，不許其增加的計劃），試予比較。在這種法律之下，貧民的窮狀，即使因爲人口的增加或歉收的頻發，加甚十倍，仍只以同額被分配於他們的救恤。如果對貧民給與救恤要求權的法令仍未刪除，那末，我們一面要殘忍地讓他們餓死，而同時現在還大言救恤他們（我們要犯這種不正義）。如果這種法令予以削除或變更，那末，我們事實上是否定了貧民對於救恤的權利；餘下來的，只是他們對於某種數額具有權利這一騙局；這種騙局，楊先生自己在法國的事例上，是曾經痛加責難的[11]。無論如何，貧民所受的苦難，比較本書中的提

---

[11] 法國的國民議會，對於英國的救貧法雖不贊成，但仍採用其原則；它宣言說：貧民應有要求金錢扶助的權利，議會視此爲最初而且最神聖的義務之一；而且由於這種見解，每年可以支出至五千萬止的金額。但是，以五千萬的支出爲神聖的義務；而此五千萬（如屬必要），何以不再增加爲一億，再由一億增加爲二億，再由二億增加爲三億（再如此增加）？（以與英國所有同樣可悲的遞增率）；這果有可能麼？楊先生已以此爲疑問。（Travels in France, c. xv. p. 439）。

如果我想放棄楊先生的錯誤道路，而採取眞理的道理，那末，爲了反駁楊先生，到底不忍引用他自己的話。因爲如此前後矛盾，是我十分讚美的。但是，反之他既放棄眞理，而有採取誤謬的形跡，則使想起以前的所

案，遠爲苛酷而且遠爲頻繁（遠爲意外地降臨）。

如照我的計劃，所有的既婚者，甚而至於所有約定在今後一年結婚者及其所有的孩子，都如平常接受扶助；只有此後結婚的人（即只有當然可以想像其更有萬一準備的人），被置於扶助的範圍之外。

撤廢救貧法的一切計劃，必須以一般的承認——即承認這些全是錯誤，因此，一切都須回頭到出發點——爲前提。有了這種承認，那末對於我的計劃，即使動輒由過分近視的政策見解，發出任何反對我也不怕：以此與過去由正義人道的見地所提議的其他任何計劃相比較。而且，邪惡而可怕的言詞，當然「只是徒然在我的旁邊漂過而已」。

楊先生現在似已放棄這種計劃。他辯護前後矛盾的特權，對此敘述了充分的理由；因此，如果他只就不同的著作行使此特權，那我本來打算予以默認。這是因爲：在發表幾種著作的期間，可以蒐集新的事實。但我仍以爲：完全不能在同一著作中行使這種特權。而且，在他如此極烈攻擊我的計劃的論文之內，他用以責難的議論，乃與打破（像此處所說的）他自己所提議的，具有同樣的效力。

說，亦屬無妨。使有德之士，想起他已放棄的罪惡，這固然是無益而且無禮，但是對於不禮貌的人，使他想起過去的德行，決非無益的。

他的計劃，只對一定數的家族可以適用；其與家族的增加毫無關係。（Annals of Agriculture, No. 239. p. 249）但是這乃承認：並不遭遇由於「貧民給與」的大困難。在此最本質的一點，他責難我說貧民沒有救恤要求權之後，結局採取同樣的結論；不能不承認：在都市及製造業，『如果對於增加的人口沒有充分的需要，則以他們可能遭遇的窮困，視為完全不可避免的弊害，這是愼重的措置』。我說貧民沒有救恤要求權，唯一的理由，是在這種增加的人口，絕不可能扶助的。楊先生明白承認此絕不可能，乃猶奇怪地而有責難我所說的矛盾。

社會能有救恤某部分貧民的力量，這與一般的問題不同，這完全是另一問題；我毫不以爲：實行一切可以實行的善事，並非我們的義務。但是，只有這種扶助個人的力量，本來是無法建立一般的權利的。如果貧民眞有自然的被救恤權，而且如果我們現在的法律只是確認這種權利而已，那末這種權利，當然就得同樣普及於：不僅是一切的窮困者（即茅屋居住者的本身），還得普及於：他們此後增殖的人們；因此，社會採用楊先生的提案，像由現在的世代，購買後來者的特權剝奪，這顯然是不對的。

我在本書（參照第四篇第三章）曾謂：由於毫無希望扶養一家的結婚而自投入於貧困與從屬的人，除了係受可以教訓他的人們所騙，在怨恨勞動價格、教區、富者的貪慾，社會的制度及神的安排之前，應當先怨恨自己；楊先生，對此大爲反對。在對此的反駁上，他說：除了對於神的安排的不平之外，其他的不平，都是貧民所當然的；又他看到這樣的社會制度，即其他的茅屋居住者有了三、四英畝的土地就可安樂生活，而富者不肯割愛（這在富者是無關痛癢的，至在貧者則可藉以獲得所有的需要），那一定是會反對的（Annals of Agriculture, No. 239. p. 226）。但是我希望他稍微想想：如果他自己的計劃完全實行，則將發生如何的情形？照他的提案，在所有的公有地被分割以後，如果工人有了一個以上的孩子，則其第二或第三個孩子，與我所假定的孩子，在境遇上會有如何的不同。當然，楊先生也不以爲：他即使有在二十歲結婚的自然欲望，但有權利發洩不平——說社會對他不肯給與三、四英畝的土地與房屋。事實，他是顯然否定這種不合理的結果；雖然，因此，乃使上述議論根本推翻（Id, No. 239. p. 214）。他說：根據他的體系，增加人口，乃脫離救貧法的影響；而且對於結婚的獎勵，恰在其比率上，乃比今天尤爲減少。在如此情形之下，如果沒有土地、沒有教區扶助的希望，而勞動價格只夠養活二個孩子，那末，楊先生果能如此認眞考慮麼？——即：要是貧民眞正自覺到自己的地位：結婚是沒有錯的，因此，在服從楊先生之所謂神的自然啓示的命令上，是不當責怪自己的。楊先生對在此情形下結婚所生的必然困苦，非不注意。他的計劃，也毫無準備：使這些事情有所變化。由此可知：他一定完全忽視由過度的貧困所生的一切窮困。果然（如果他承認：這些過剩人口，當然必須等待至：或則鄉間已有附帶土地的小屋，或則可以移居都市而求一家的扶養之資），他對我的體系上的結婚延期論，如何囂張的駁論，對他自己的體系同樣可以適用。事實是，如果楊先生提案所稱的目的（即貧民境遇改善的目的）達到，而且不因過度急速的增殖獎勵（於是，不因勞動價格低廉）而使其計劃成爲畫餅，則不僅是上述過剩人口，甚至從事勞動的一切貧民，爲了結婚，顯然非比現在等待更長的時日不可。

次一命題，是可以數學證明的。在資源不能使人口比較現在的速度更快地永久增加的國家，如果實行某種貧民情況的改善（有使死亡率減少傾向的），一定帶來出生率的減少。固然，此時，如果盛行移民則當別論⑫。對於已經考慮這一問題的人，沒有比在歐幾里得（Euclid）的命題中，更爲確實的；又這是由過去所蒐集的出生、死亡及婚姻的一切登記簿，最可普遍確認的眞理。在英國，據一八〇一年的人口條例報告，出生對死亡的比率，約爲四對三。如果死亡率爲四十對一，則據此比率，人口將爲八十三年半增加一倍（參照第二篇第十一章第二表）。而且，在此後的一百六十六年間，不能想像：英國可有四倍的人口，所以我們可以放心地說：英國的資源，不許有更快（比較當時的增加率）的永久增

---

⑫關於移民的來源，請參照本書中討論該問題的一章。凡人可以居住的地球的四分之三，是在無人居住狀態。這話說來是最容易，但是，要以繁榮的殖民充滿這些部分，那就決非易事。高原地方的移住精神，在前載Selkiek 爵士的名著中，已有充分說明；但是，引起這種精神的特殊事情，並非不斷會有的，又決不應如此希望的。如果沒有這樣的事情，人是決非容易離開故鄉的；與其在這樣遠的異鄉去碰運氣，不如在故鄉忍受激烈的艱難，以我的見解，使移民容易，這是政府的義務也是利益，不過，使人民不得已而捨棄其祖國的血緣，這本來是不能採取的。

加率。但是，如果這是可以承認的，則其直接的結論是：要是楊先生的計劃（以及其他計劃），眞的可以改善貧民的境遇，使他們能夠養育較多的孩子，那末，小屋的空隙比率，比諸希望者的數量，將較現在尤爲緩慢，結婚年齡一定延遲。

關於晚婚一語，常應記起的是：此語非指某一定的年齡，這完全是相對的。英格蘭的結婚，晚於法國。這是戒愼與自尊心的必然結果（這種戒愼與自尊心，是政治優於法國所促成的）；誰能懷疑：這會產生優良的結果呢？法國的結婚，今天已比革命前晚。而且我確實相信：近年所見的健康增進，如果無此隨伴的事情，到底是無法發生的⑬。結婚平均年齡，如果延遲二、三年，則各世代也就長些；而且，不論生殖力或嬰兒活到結婚者的人數，都將略爲減少，因此，增殖率自將大不相同；又因此，死亡率也可大爲減少。但是，我決不想對任何事情都說「絕對」的話。關於結婚，唯一明白而可首肯的標準，是有可以扶養一家的充分希望。如果工人因爲有了楊先生的一間小屋，就算有此希望，那末他自可結婚。但是，如果不然，或者，如果他只能獲得沒有附帶土地的出租房屋，而且工資只夠養活二個孩子，那

---

⑬ 如由一八〇一、一八一一及一八二一年人口條例的三報告推測，則人口增加率雖然增加，但結婚率則隨國內的健康增進而減少（一八一五年）。

末，使他放棄救貧法恩惠的楊先生，還可承認他的結婚麼⑭？

楊先生說我主張獨身時代的完全純潔，乃以我的計劃成功為絕對的必要條件，這原為誤解。固然，完全的道德，使人避免一切精神的、肉體的弊害（根據其本身行為的），這是必要的；話雖這樣說，但在世界上，誰曾期待過完全的道德？我曾明言：延至可以養活自己的子女而始結婚，這是我們的義務；又謂不耽溺於不德的情慾滿足，是我們的義務；這完全是眞實的；但我未曾說：確能完全完成其中之一（何況是同時完成兩者）。在此及其他若干情況之下，這兩種義務如果放棄一種，則其他一種也許是很容易實行的；但是，如果這兩種義務都要實行，則世上任何力量，都不能使人不犯其中之一的罪惡。能夠這樣做的只有神。因為神可以較量誘惑而定罪惡的輕重，且能由慈善以調節正義。再則，道德家可以諄諄教誨：應當實行此兩義務；至於個人，只有在遇到的誘惑之下，任憑自己的良心而行動。我為了例解，在顯然是描繪幻想的光景之時，曾有怎樣的說法，那是另一問題，我在實際適用我的原則之時，就是這樣採用具有缺點的人類。所以，在觀察人類的時候，而且，既已知道對於人口定有某種障礙存在，所以，我絲毫毋須躊躇地明言：對於結婚之戒愼的障礙是勝於夭

⑭ 如謂：有了怎樣程度的希望，始可結婚，至少，在健康方面，其所得工資，按穀物平均價格，足以養活每一結婚的現在嬰兒平均數。

折。而且我確實相信：在此決斷上，經驗肯定我是完全正確的。

進步的政府，如果尋求過去的實例（對其臣民，付與較大程度的先見、勤勉及自尊心），那末這些結果，在類似的增殖事情之下，定常帶來婚姻率的減少。這是證據，即：一般品性上道德價值的增加，與誘惑的增加（關於某一特殊罪惡的），至少，非不相容；試看本書最後一章所引挪威、瑞士、英格蘭及蘇格蘭的實例，在對各國加以比較之時，可知沒有證據：謂因婚姻及出生的比率低，故此特殊的罪惡也就一定多。

對於立法者，僅此確已足夠。他不能相當正確地推測：獨身時代的純潔程度。他的一般結論，只是根據一般的結果的；但是，這些對他顯然是有利的。

對楊先生現所說明的方案，大多我決不反對。我雖恐怕：因此乃使貧民不能消費小麥而將以牛乳與馬鈴薯過活；但是這種弊害，如果限制小屋的數量，確可避免；謂因對於五十萬以上的家族，無法給與同樣的扶助，所以我們對於五十萬的家族，應當使其更爲舒適；在這一點我完全同意於楊先生。事實，我已提議：應當普遍改良小屋、應當在有限的程度採用牝牛主義、應當以適當的注意對大部分的勞動階級分給相當程度的土地。

對於貧民給以被救恤資格的法律，應當廢止；在最初宣言這種廢止的時候，我對這樣的一切提案（在其廢止之後，有使較爲快適傾向的），不惜滿腔讚意；由於這種見解，乃極希望與貧民結成某種契約。在某種條件之下，對勞動者借給土地的方案，最近已在Groucestershire的Long Newton教區試行，而其結果已由Estcourt先生公布（與以此爲基礎的一般提案一起公布）。現在的成功確是可驚的。但在此情況（及在此情況的其他一切情形）之下，我們常須記住：任何救貧的實驗，直至下一世代長成時止，不能說是完全的⑮。諸如對於貧民的慈善設施，即使後來終於失敗，但在設立當時未有不是成功的。雖然這樣說，但是如果這種實驗，現在可以得到利益，而且將來不致於弊多於利，那就毋須躊躇，應當進行。此時，我們只是希望：在引出推論之時更爲愼重而已。

關於下層階級的土地所有，其所有的利益，對此一般的問題，我們必須記住：這種所有決不新奇。過去，這種制度，我們知道，幾乎任何國家，都曾實行；即在現在，也在若干國家實行（特別是在有饑饉恐懼的國家）；但是，農民決沒有得到愉快的生活，毋寧是極爲貧困。確實是，就此後的弊害來說，主要依賴於土地所有的農民，比較一般依賴於工資的農民，遠易陷於這種危險；這是極明白的。如爲地域相當廣闊而地力種類繁多的國家，即使遇到荒年，這也常是部分的；其所受的影響，各地不同。因此，或則由於牧草、穀物或馬鈴薯的歉收，或則由於家畜的死亡，如果落在一窮人的身上（他主要是依靠二、三英畝的土地而

---

⑮ 對於由救貧法而給與救恤的補償，其一切的計劃，特別是土地的分配計劃，這在今後的世代，將是極難的問題。暫時，雖可萬事圓滿，其率激減；但是，到了後來，他們或則又以與過去同樣的速度增加，或則這種計劃會受到過去對我所有同樣的一切反駁（但是，沒有可以辯解的同樣正當論理）。

生活），那末，他就完全沉淪於悲慘絕望的境遇。他大多沒有購買必需品的現金，所以，他與依靠工資而生活的人（不問其種類如何，依靠工資，可以購買與其社會地位相當的一般穀物分量者），到底是無法比較的。瑞典農家的勞動者，主要是被以土地支付，且常有二、三頭牛；但是該國，在離開甲地不很遠地方的人們過著比較富裕生活的時候，往往甲地的農民幾乎是在餓死的狀態。一般的事實是：幾乎任何遭遇歉收饑饉（的危險）特多的國家，都是或則農場極小，或則勞動者主要是被以土地支付。中國、印度斯坦及過去的蘇格蘭高原地方，乃有一些例證，可以肯定這種觀察。而且，楊先生在其自己的旅行記中，關於法國的土地細分，詳述由於微細的歉收而引起窮困；他說：這種歉收，如在英格蘭，幾乎未經注意地過去，但在法國，則招致可怕的慘禍⑯。

所以，該國如果採用某種方案，欲靠土地救恤貧民，則其最後的成功，絕對必須：莫使他們以土地爲其主要的資源。而且，因此，恐怕如果嚴守以下兩原則就已足夠。即第一是：土地的分割不可過大，因使小屋的居住者，妨礙其平常的勞動；第二是：如果勞動價格（由於土地的某種扶助，是另一問題），按照穀物平均價格，不足以養活三個（或至少二個）孩子，那就停止分配更多的土地與小屋。如果雇傭勞動者仍舊可以獲得同樣的生活必需

---

⑯ Travels in Frence, vol. . c. xii. P.409。所謂饑饉的危懼最少的國家，恐怕是以農業爲其最繁榮產業的國家。

品（實質上與過去一樣），那末，貧民由於土地所有，絲毫不會受到像我現在所想像的弊害，當可增加極多的快適與幸福。反之，如果沒有這些條件，那就一定不免接近法國、瑞典及愛爾蘭的貧民狀態。不，過去所行各種局部的實驗，乃不許有與上述略爲相反的推定。的確，這些實驗的結果，正與在何人的期待一樣。如果諸君並不減低勞動價格，又如不由勞動者奪去其平常的職業，而能給與一英畝或二英畝的土地生產物與一頭牝牛的好處，則其境遇因此而可完全改善，誰可懷疑？但是，如因過分擴大這種制度，乃以土地爲其主要的資源，而勞動價格下跌（且照楊先生的說法，其程度到了貧民不堪小麥的消費，而以牛乳與馬鈴薯爲食），那當然不一定會有上述的利益。目前在 Lincolnshire 及 Rutlandshire 所行的制度，乃使當地的農民境遇成爲英領內最優秀的；但是，即此制度，如果沒有適當的注意而予以擴大，則可能會使英國勞動階級的境遇等於下層愛爾蘭人的境遇；因此即在現在，像楊先生這樣的驚訝，還是沒有必要的。

某些必需貨物的供給，如由政府自行控制，這都是危險的且非善策；恐怕勞動者的供給，也無背於此一般原則。因此我決不想：設置成文法，用以控制他們的增加；但是，社會所能給與他們的任何扶助，本來不能無限制的，至於境界線何在，則由我們決定；因此，如由此點而視增加，則任何事情都得像過去一樣，聽憑個人的努力與個人的考慮。

如果這種計劃爲政府所採用，那末，這對從事於我們防衛的人們，定爲給與最善獎勵與報酬的手段。假使徵兵期較短，而且操行優良的人，在期滿以後，給與資格——有了這種資格，他如爲農業勞動者則可獲得一所住宅與少數土地；他如爲工業勞動者則可在都市獲得一所住宅與退職金——這些都是不能轉讓的；因此青年大受刺戟，不僅爲國家服役，且在服役期間操行謹慎；這樣不久，當可在國內儲備許多「兵役可能人口」（這些是歐洲的不幸狀態所異常需要的）。社會，事實所能給與的，乃是有限的扶助；因此，在控制這種限度的時候，使能達到某種重大的目的，這由任何一點看來，都是公平的，都是適當的。

如果救貧法可以繼續現在的情形，那末，我們至少必須知道：它的結果何以不像預想這般有害？又，如果沒有這種結果，則到底不能責難或更改使救貧法不能繼續的部分。對於各教區，強制其本身貧民扶養的法律，乃有若干反對的餘地。這種法律，乃使監督者及教會委員，警戒防止不絕的新來者，經常繼續與其他教區的糾紛。這樣，這乃妨礙勞動由甲地至乙地的自由移動；因此，遂使勞動價格，在王國各地大不相同。這使所有的地主，與其在領地內建築小屋，毋寧予以毀壞；而且，這種鄉村住宅的缺乏，乃使更多人們（比較普通的情形）出奔都市；因而促使農業衰微，因而促使製造業興起。固然，這些是有不少的弊害，但是，如果沒有引起這些的原因，那將產生更大的弊害。我與楊先生都認爲：如果建築較多的小屋而以很低的價格出租，則在王國內，恐怕沒有一個教區不立刻爲新婚夫婦所充滿。不，我與他都認爲：在部分地方，住宅的不足，過度阻止結婚。但是一般說來，住宅的阻止作用，在現在的情形之下，是最有益的；又，我們能繼續救貧法至如此之久，幾乎完全由於這一原因；這是我毫不懷疑的。如果誰都能不麻煩別人而於路旁或附近的荒地，自由建築茅屋，而且在他及其家族無法於別處求得工作與食物的時候，常由教區，立刻確實給與工作與食物，那末，我不相信：即在遙遠的未來，實行救貧法的規定也是全不可能的。所以，下一事情的了解，那是要緊的。此即：我們能夠維持現在的制度而至今天，不是因爲：「這一」或「任何其他」社會，事實具有雇用並扶養所有出生者的力量，其實是由於間接的作用（這種作用，在此制度設立的時候，未曾講到，又在此後，常被責難），使出生數常大受限制；這樣，使被抑制於扶養可能的範圍之內。

救貧法的明白傾向，確是獎勵結婚；但如比較詳細地檢討其直接與間接的一切結果，事實獎勵結婚至如何程度，則屬疑問。救貧法在其一般的作用上，顯然阻礙嚴謹與節約，而促進懶惰與棄嬰；又比較沒有救貧法的時候，乃有遠使「善」與「惡」置於同一水準的傾向。但是我不想斷言；救貧法大大獎勵人口。固然，比較在類似情形之下的別國，則英國的出生率甚低，這是不錯的；但其原因，應求諸政治的優秀、人民的比較知恥以及對於清潔快適的趣味比較普及。而且這些原因，因與救貧法的二倍作用相混合，所以讀者即可了解：即使想略爲正確斷定其對人口的影響如何，都是極端困難的⑰。

⑰ 對於救貧法最有利的看法，是說：救貧法在其過去所帶來的一切情形之下，未曾大爲獎勵結婚；的確，人口條例的報告，似乎證明了這種主張。如果這是眞的，則在本書之內，對於救貧法所有的反對論，有些是將消

在對本書的反對論中，相當有力而引起我的注意的（常有一般性質的）唯一議論，乃如下述。這是對於原則適用的反對論，不是對於原則本身的反對論；而且據我所知，這從未曾以其現在的形態提出。根據我自己的推理及在本書內所述的事實，可說：對我認爲貧民境遇的永久改善所絕對必要的出生率低落，一定同時爲政治的改善，及其對社會下層階級所給個人人格的向上。因此，目的雖然不錯，但是爲了達到這種目的，因爲無需宣傳某些新的意見（這種意見可能引起貧民的偏見），不致產生無法正確預料的結果，它只須改革內政、普及教育，並努力剷除一切障礙物（它妨礙一切可以共同享受的特權與利益的普及），那末我所希望的結果（而且，只有它可以永久獲得這些利益），就可期待。

這種議論的眞實而有力，是我所承認的；我對此的唯一答覆是：具有促進或妨礙「到達所期目的」傾向的主要原因，如爲一般所了解，那末就得承認：我們是向此目的更快而且更正確地前進。特別是，下層階級眞正的地位，如對他們明白說明，我一定認爲：他們的習慣與氣質將有根本的改善；如果此事逐漸地而且愼重地推進，再加以道德與宗教的適當薰陶，恐怕不會發生任何危險。我總不信：眞理的一般傳布是有害的。固然這種情形，也是

滅。但是，我特別請讀者注意；在此情況之下，這種反對論的消滅，是與本書的一般原則，嚴密一致的；而且，並不顚覆本書所欲樹立的主要論旨，這實是似可確認的方法。

可以想像的；但如予以承認，則得十分愼重。如果肯定眞理利益的一般假定，一經根本動搖，那末，擁護眞理的一切熱忱也將陷於同樣的運命，知識與道德的利益也將受極大的創傷。而且，何況是那種不可輕易助長的不遜——此即誰都想像：他已深入自然法（比較上帝所制定的自然法更爲深入），即此與人類的幸福相一致尤爲深入。

在這種印象下，我自由公布我的學說。我對本書各種一般原則的眞實，具有充分的自信；因此，除非提出與過去任何反對論都大不相同的某些反對論，我不能不認爲：這些是無可爭辯的。但是，關於這種原則的適用，確是另有說法。而且，因爲相反種類的危險必須避免，所以對於這一問題，應有自由敘述意見的餘地。總之必須承認：努力以關於這一問題的眞理流布於貧民之間，果爲有利或不利，我們無論如何決定，凡有力量決定法律與社會組織的人們，知道這些是極有益的。軍隊的全體，常是未必知道他們的詳細情形，這有時確是所希望的；但是，軍隊的指揮者們，如果是在同樣的無智狀態，那恐怕是非所希望的。

只要出生率並不減少⑱，對於大部分人民的健康與幸福，不能帶來某些永久的改善；又如在其構成上，由於成人的比率較多，而致無法創造新的資源（馴致無法獲得各種可以促使

⑱ 常須記住：出生率減少，而絕對數可能是每年不絕地增加的。此事，過去四十年間，曾在英格蘭及蘇格蘭實際發生。

有效人口繼續增加的人口）——，如果實際確是如此，那末，此事的了解以及至少對此問題不能有反對行爲（受過去偏見的影響）——即使不爲促進這種結果而直接講究某些手段⑲，

⑲ 應當注意的是，由於大的死亡（或由於某種特別的異常需要）而致男子缺乏，這在任何國家都是容易發生的；這決不否認以上所述的一般原則。增加的傾向，不論怎樣大，男子的異常供給，不是六個月或六年所能辦到的；這是完全明白的。但是，即使是在以超過普通的供給爲目的之時，有使死亡率減少傾向的各種原因，比較直接的結婚獎勵；它的效果，不僅確實而且迅速。出生的增加，有使我們的目的並未最後完成而發生的，——事實雖然常是如此，但是假定出生保持不變，則死亡率的減少，不能不同時帶來有效人口的增加。關於這一問題，我們常易爲幾乎不變的勞動需要（普及於一切繁榮國家的）所欺。但因勞動價格必須充分養活若干數的家族，故在勉強可以扶養人口的國家，獨身者乃有餘裕，勞動在一人的生活費上乃有不變的需要。如果能以我們自己的價格雇用勞動者，那末無疑的，我們在英國不久就可雇用二倍的勞動者。這是因爲：與需要產生供給一樣，供給也可產生需要。現在木棉業的大發展，不是因爲：按照過去的價格，需要大爲增加；實是因爲：遠比過去廉價的比例，供給增加。這當然立刻使需要擴大。但是，因爲即使改良機械，也不能以每天六辨士而獲得人手，所以，我們乃非依從他們養育的必然狀態不可。而且如果人們，略爲留意占社會最多數的階級的幸福，或對有關這一問題的政策具有正當的見解，那末，與其選擇由只有比較少數可達成人的高出生率獲得必要的人口，不如選擇由勞動價格（只能由極低的死亡率而發生的）與習慣而獲得必要的人口。

那確是最重要的。而且，同意救貧法的廢止，不如改革救貧法（大大應用使其慈悲意志挫折的一般原則知識），規制其實施，藉以除去其附帶的弊害，較少責難；這是不能懷疑的。

我想講的問題只還有一個。而且，這與其說是理論的問題，毋寧說是感情的問題。不能由自己的愛憎規律信與不信的許多人們，一方面完全承認本書所含一般原則的正確，但同時這種承認對於我們有關人性的見解，投以較大的暗影，而且特別是使我們對於未來進步的預想縮少。在這些感情上，我是不能稱讚他們的。如由過去的省察，我不僅能相信：人類社會之根本的而且極異常的進步是可能的（又如確信這是可實現的），那末無疑的，我注意到忽視了某種原因（它的作用，乃一舉而使我的希望消滅）而悲觀。但是，如果人類過去歷史的考察——只有因此而使我們可以判斷未來——或使幾不可能懷抱這種確信，那末我寧願聲明：相信某種眞實而根深的困難存在。與此困難的鬥爭，鞭撻人類之自然的呆滯，喚起才能並使精神活潑進步；這種困難，必須承認是最明白而且特別適合於考驗的狀態。這樣，我不相信：如無人們的邪惡與不正（影響於人爲制度的），則人生幾乎一切的惡害都最容易除去的[20]。

[20] 由猛烈迫近生活資料界限的人口壓力所生的困難與罪惡，及由亂交所生的窮困與罪惡，乃是人生的 Scylla 與 Charybdies（按：爲義大利與西西里島間的兩岩石名，相傳都是怪物的棲息之所）。各人無法避開這些岩

抱有此後一意見的人，定必經常生活在憤懣與失望的狀態。在開始生活時所抱的熱心希望，不久，就將碰到最殘酷的障礙。社會正規的進步，不論在如何有利的情形之下，對他總是遲緩而不滿足；在他的眼裡所看到的，不是這種正規的進步，常是更加退步的運動與最絕對的顛倒。他所歡喜而仰望的變革，看似充滿新而無望的惡害。而且他最信任的人們，或則由於經驗的教訓，或則由於富貴的誘惑，似常放棄他所愛惜的大義。在這種不斷的失望狀態，他動輒以一切的事物歸諸最惡的動機，而在絕望裡放棄改善的方針。而且，因由一部判斷全部，所以，如果他沒有特別優良的心情與可讚美的氣質，那末，他常陷於這種成爲人們末路的可厭的「嫌人症」（按：所謂嫌人症，大概原文爲 misanthropy，意指孤癖或怪癖）。

反之，持有另一意見的人，因以比較穩健的預想出發，所以，當然少有失望的恐懼。比較最善的社會狀態與最惡的社會狀態，由此類推；因而得到這樣明白的推論，即：最善的社會狀態也可更進一步；具有充分活氣的預測（在確保其最忍耐的努力時），常是湧到他的心頭。但是，他注意問題四圍的難點；因他知道：爲欲達到一目的，如何時常失去某另

石，那是確實的事實；這種眞理，也是我所強力支持的；但是這些岩石，並非形成與人爲制度沒有關係的困難；這是對此問題稍有知識的人，誰都不敢主張的。

一目的（以及即使社會向某方面急速進步，但另方面則比較停滯），所以，他常對失敗有所準備。這些失敗並不帶來失望，乃只產生知識；這些失敗並不阻撓他的熱忱，乃是因而給與比較賢明與比較有望的方向。而且，他關於人類的意見，是有廣泛的基礎，所以，逐個見解即使失望，也不會因而變更他的意見。即使到了晚年，恐怕他像相信罪惡的存在與頻度一樣，而確信道德的實在與普及。而且直至最後，他以正確的信念繼續等待：過去的歷史，雖然同時是有一切的退步，但明確保證是有社會的改善。

如果愚者多福，則聰者就無意義，那固屬如此；但像這例子，如果愚者無福，而且如果關於社會的一切謬見，不但斷然阻止進步的運行，且使造成這種謬見的人們終非大大失望不可，那我以爲：常是最正確計算未來前途的人們——他們的感情與預測，是最當給與安慰的；又這種人們，其本身也是比較幸福的，同時，對於社會的進步與幸福，也有無可倫比的貢獻。

（追記）此附錄的最後一張在印刷的時候（一八〇七年），我聽到由人口原則得出了奴隸買賣辯護論；大爲驚奇。因我認爲：由人口原則所生的正當結論，是正與此相反的，故對該問題，不得不有一言。

由反對奴隸買賣所引起的死亡率判斷，則奴隸買賣恐怕會使非洲的住民絕種（或使人類殲滅）；如果這是對於奴隸買賣的唯一反對論據，那末，恐怕可由人口原則找到有關這種憂慮的若干慰藉。但是，奴隸買賣之有廢止的必要，據我所知，這未嘗立腳於這種憂慮；所以，奴隸買賣的擁護者，講到規制人類增殖的法則，這不能不說是笨至頂點。

奴隸買賣的廢止，主要可由以下兩論據予以防禦；即：

一、非洲海岸的奴隸買賣，乃與西印度群島後來的虐待，都使發生很大的人間苦惱，故其繼續進行，對於作爲人類（又作爲基督教徒）的我們，是不名譽的。

二、西印度群島的耕作，即使奴隸不再輸入，也同樣可以有利地（不，更安全地）繼續。

關於第一論據，本書已經講過：因爲人類增加的傾向，有時很大，除了某些肉體的或道德的障礙（具有「過度異常」作用的）之外，任何事物，無法永久抑止一國的人口於生活資料的平均以下。在西印度群島，黑人勞動者的不斷徵集，這是必要的；因此，對於人口的直接障礙，定以「過度異常」的力量發生作用。對於人口的一切障礙，已經說過，可分爲道德的抑制、罪惡及窮困。在奴隸狀態，道德的抑制雖然影響不大，但是不論在任何狀態，這到底不能永久繼續而使人口減少。所以，全部的效果，都應歸諸罪惡及窮困的「過度異常」作用。因此，講到本書中所含的事實，畢竟證明：西印度群島的奴隸狀態，由全體看來極爲悲慘，奴隸廢止論者的敘述也非過分誇張。

西印度群島的奴隸，其不絕減少的主要理由，可說是在：由於許多男子的常被輸入，以致男女之數懸殊；而此事情，立即決定他們境遇的殘酷，因成他們的道德狀態墮落之一有力原因。

此外，也許有人說：許多的都市，不能維持其住民的人數，但是，沒有因此而得到同樣的責難。不過，這兩情形決不能比較的。爲了獲得較好的社會或較高的工資，如果人們歡喜曝身於不潔的空氣與較大的罪惡誘惑之下，則何任艱難，也不能訴說當然的苦情。都市的高死亡率主要落在嬰兒身上；這在成人幾乎全不注意。男女同數，任何人只要勤勉幾年，就可期待家庭生活的幸福。他在如此期待的時候，即使染到不願結婚的惡習，他除了自己不能抱怨別人。但在黑人情形完全不同。男女數的不同，立使他們多數得不到家庭幸福的一切機會。他們絲毫沒有使其勞苦愉快、使其工作鼓舞的這種希望；反之，他們的命運注定不斷的窮困與最有害的過度勞動；結果，他們沒有任何愉快的希望；因此我們看到：有人歡迎這樣多的人，在人生的盛年遭遇死亡；不勝驚奇。

第二的論據，乃與第一的論據一樣，可由人口原理得到有力的支持。概觀各種國家，可知：不論政府如何邪惡而專制，不論氣候如何顯然不利於健康，幾乎除了上述的唯一例外，人口不能達到生活資料的水準，這沒有的。因此，即使由於廢止非洲的奴隸買賣，而致西印度群島的奴隸高升有限的相當地位（又即使他們的市民狀態與道德習慣，僅與世界統治最不得法的國家內的大部分人們相接近），我們如果認爲：他們不能由生殖而充分供應對於勞動的有效需要，那與一般自然法是矛盾的。而且，如此生長的人口，由任何一點看來，很難說是不更優於現存的人口。

因此，支配人類增減法則的方案，最有力地致力於一切奴隸廢止論，那完全是顯然的。

關於非洲民族間的社會狀態，在記述的時候，讀者立刻會注意到：奴隸買賣的問題與我的目的並無關係。而且我也深怕：如果深入這一問題，或過於瑣碎。但是，我上揭主要採自 Burke 的全部事實，即使不能絕對證明：非洲的戰爭是爲在海岸的買賣所刺戟（因而深刻化），但至少有強力確認其假定的傾向。非洲的狀態，像我已經講過的，正如在「以爲人類的掠奪比較農業或製造業尤爲有利的職業」的國家，我們所可期待的。幾百年前，這些民族的情形，我們幾乎沒有足以信賴的知識。但如 Burke 所述有規則的掠奪遠征，不論如何早已有之；但是某些事情（像歐洲人的交易一樣，這樣，使已獲得的掠奪價值，定更增加），乃使上述的遠征更加深刻；其不實際阻止朝向幸福境界的一切進步，到底是無法想像的。歐洲各國民（雖然野蠻），於其仍舊繼續在非洲購置奴隸時候，則非洲一定（雖然野蠻）將仍繼續供給他們。

附錄二

一八一七年

一八〇七年本書最末版（第四版）發行以後，出現了兩本著作；它宣稱的目的，乃與本書的原則與結論正相背馳。而此著作，就是 Weyland 先生的《人口及生產諸原則》（The Principles of Population and Production）及 James Grahame 先生的《關於人口原則的研究》（An Inquiry into the Principles of Population）。

我很高興拿這問題，如此聽憑公眾判斷；我不想自有更詳細的答覆，以動搖此判斷。但我曾經聲言：我準備對我原則及結論的認眞的反對論（出於率直與誠實的精神的），一定立刻加以檢討；而上述兩著作甚少，其中之一是具有這種資格的；另一也決非缺少個人的敬意；因此，我都準備簡單地予以答覆。

但是因爲格累姆（Grahame）先生的著作，瑣碎而沒有極明白的目的，所以，如果該書並無若干誣妄的好標本，我不認爲有講到的必要。不過，這種標本，是當予以指摘的。

格累姆先生討論人口過剩的傾向（基於人類增加的法則）說：部分的哲學者視此傾向爲自然先見（如此藉以補充由人類罪惡及情慾的人命濫費）的證據，但同時則謂：『以馬爾薩斯先生爲首的一派，乃以人性的罪惡、愚舉及爲其各種產物的饑饉、疫病及戰爭，解釋爲恩惠的救濟政策——即自然使人類匡正由人口過剩（自然法則沒有控制作用時所生的）所發生的混亂』。（P. 100）

這些都是中傷我及我所交哲學者們的說法。如果這種責難是正確的，那末的確，在若干處，我們自有可恥的大理由。因爲他們是如此解釋我們的。第一：根據他們的解釋，我們主張：以饑饉爲對食物缺乏的恩惠的救治政策；而其理由，過剩人口畢竟不外爲缺乏生活資料的人民；因此，（此處所指摘的）饑饉的恩惠的救治政策，可說只能適用於由食物不足所生的混亂。

第二：根據他們的所說，我們認爲：自然藉疫病的手段，使人類可以匡正由人口過剩所生的混亂。換句話說：人類是過剩人口的必然結果，而且自己進而故意創造疫病（爲了預防比較預防手段既非惡性、又非致命的疫病）。

第三：我們乃被責難；對於以人類的罪惡及愚舉，由過剩人口所生的弊害之恩惠的救治方策，及其必然的結果——這些罪惡，不但不予責難而反予獎勵。

在如此狹小的範圍之內，竟有這許多的無理、矛盾及妄說，這是不容易的。最先的兩種責難，恐怕是格累姆先生所特有的，而且，對此的防禦，可在其很無理與矛盾之內發現。就第三的責難而言，不能不說：這決不能誇稱是新的。固然，在無理的一點，與前兩者幾無遜色；又其所攻擊的，在本書的任何地方都無法找到；又不論由其任何部分，都不能有正當的推論；但是，十四年間，在各處不絕地反覆；今天則表現於格累姆的著書之內。我現在最後講到這一點。而且，萬一今後仍舊發現這種責難，則不論對此責難或對發出此責難的人們，我已不想傾聽；此點希望給予充分諒解。

我即使只說：此生活資料增加更快的人類傾向，乃因某種形態的罪惡及窮困，而被保持於與這些生活資料的同一水準；又我即使只說：這些惡害是絕對不可避免的，以人類的任何努力都無法使其減輕；也絲毫不能責難我，說我以罪惡及窮困爲這種惡害的救濟方策，而未以救濟方策的本身爲惡害。以饑饉及由食物缺乏所必然發生的疾病，解釋爲對於由此缺乏所引起的惡害之恩惠的救濟政策，藉此責難我的格累姆先生，對他，可回敬以約略相同的答覆。

但是，我未說過這樣的命題。我未以爲：由過剩人口所生的罪惡及貧困的惡害是不可避免的，是不能減輕的。反之，我曾指摘藉排除或和緩其原因而排除或和緩這種惡害的方法。我曾努力表示：此事的實行，可與人類的道德及幸福沒有矛盾。人口不論如何可能的增加，只要這不使罪惡及窮困比例地增加，我決不以爲惡害。罪害及窮困的惡害（而且，只有這些），是我抗爭不止的大敵。我顯曾提議：以道德的抑制爲其合理而適當的救濟政策。而且，這種救濟政策的善惡與可否是另一問題，而此提議的本身及我對此的說法，證明：我決未即以罪惡及窮困爲救濟政策。

但是，本書的一般理論及其後半部的特殊目的，不僅明示：我未以罪惡及窮困爲救濟政策；而本書各處的每一章句，對此問題極爲明白，任何頑固的盲目者，都沒有被誤解的餘地。

所以，多少以權威自命的論者，居然放出如此的責難，這固然是難以想像的；如此十分的無智，又如此十分的偏見，不能不說是一種證據；證明這種論者，對於這種問題的爭論，他沒有說話的資格。

但是格累姆先生的誤解，不限於上述的章句。在其諸論之內，他說：為了防止過剩人口（關於其惡害，他以為我不亞於歐萊斯先生），我曾『勸告應訴諸人類為了匡正或和緩惡害的即時努力，即康多塞所規定的抑制』。（P. 18）這是全無根據的主張。我每次講到康多塞所暗示的限制，從未說過最明白的不贊成。固然，我常說一切人為的或不自然的人口限制方法都是悖德的；且似有剝奪對勤勉必需刺戟的傾向，而時特予責難。如果任何夫婦，都能隨其希望限制兒女數，那末人類的懶惰，必大激增；而且，不論每一國家的人口或全世界的人口，都永久不會到達其自然而適當的程度。但是，我所勸告的抑制，完全是另一回事。這不僅為理性所指示，並為宗教所承認，且最有刺戟勤勉的傾向。我想：像希望結婚（這是特別希望的狀態）這樣，促進強有力的努力與善行，這是不易想像的。但是，這如在安樂裡享受，定可獲得勤勉、節約及戒慎的習慣。而且，置諸如此的見地之下，這是我平常的心願。（參照第四篇第　章）

我在敘述英國救貧法的時候；又，我在敘述救貧法（特別是由近年實施的結果看來）所以有使殘存於英國農民間的獨立精神殲滅傾向的時候，雖謂『就個別事例而言，要求別人同情的貧困，是可憐而不名譽』，但是它的意義，當然使勞動者不為其自己或近親而麻煩教區；這只是說：像在英格蘭以極大努力求其實現的適當自尊心，由下層階級的幸福看來，是極可希望的。格累姆先生對於此節所下的解釋，謂係富人『以侮辱之針，使貧困的苦痛加倍；於是，貧者為了自尊心，與其選擇從屬的狀態，毋寧選擇絕望的深淵』。（P. 236）這正是誤解與誇張的典型。

我就我們慈善的實際指導，曾特設一章（又在其他地方的其他句節之內），對於仁愛的高德，寫下正當的讚辭。讀了本書的這些部分而對全體的一般論調及精神曾經注意的人們（或者是相當公平的），我極望他們不爲格累姆先生的這種反駁所眩惑。他的反駁，說我忘了慈善及仁愛的道德可以高揚人性的威嚴，而欲根絕這些道德；而且對於我的見解，他說：『富人所必要的，只是對於災害的冷酷，只是抑制慈善心的發動；而於他們與其同胞之間，常是由其內心，澈底除掃唯一的精神連鎖，即道德心』。（Id.）實在說來，格累姆先生可能沒有讀過我所指的一章。這是因爲：不論它的文字或精神，與上述句節的責難，鮮有雲泥之別。

這些只是格累姆先生若干誤解的例子而已；一一指摘不遑枚舉；但是關於這一問題，我只想這樣說；此即：他的所說，只就所爭論的著作，斷章取義加以攻擊，很多是有欠公平的。而且，格累姆先生一再犯此；但是，他未始沒有注意到：他所攻擊的目標，有些措辭與句節是我自己認有需要改變或削除的。

的確，格累姆先生的著作，雖然是有這種誤解，但是，如其文體及論調，在我的大部分反對者中，不是比較值得尊敬的，那末，對於這種誤解我就毋需特別注意。

就格累姆先生著作的主旨及目的看來，它的企圖，是謂「移民乃對過剩人口的天然對策；如果這種對策不能充分適用，那末，其他可以取代的方策，其所得的結果，畢竟都比弊害本身尤爲惡毒」。這些是本書內時常講到的兩點，此處毫無再說的必要。移民這種手段，即使能夠自由行使，但早晚總要行不通的。因此，在任何情況之下，都不能以此爲充分的對策。後一命題，是如何想法的問題；對此，確信是有充分根據的人們，誰都可以合理主張的。但是眞正說來，經驗是絕對予以否定的。不過，對於另有想法的人們，他們除了當然默認其所說的必然結果以外，再無其他可說。所謂這些結果，畢竟是說：由過剩人口所生的（換句話說，由極低工資及工作缺乏所生的）貧困及悲慘，是絕對無法醫治的；這必隨地上人口的增殖而不絕地增加；而且，不論立法上的智識及個人的慈善如何努力（縱使這是人類道德之健全有益的行使，有時縱使改變人類苦難的分配，並可變更其壓力），但在減少這種壓力的總量上，又在阻止其增加上，是毫無力量的。

Weyland 先生的著作，比較格累姆先生的，大爲精細；而且具有極明確的目的。而且，他在討論這一問題的詳細情形時，關於抑止人口於實際生活資料水準的障礙，都是完全贊成我的；事實上，在文明社會，人口緩慢的增加原因，顯然只有道德的抑制、罪惡及窮困；但是因爲他的出發點，是大膽而明白地否認我的前提，所以結局（如由這種出發點，那是當然的），不能不承認：達到正相背馳的結論。

Weyland 先生巧妙地敘述我的主要命題，而且他在講到我所求得的結論之後，乃謂：『如果承認前提，那的確不能否定這種結論』（Principles of Population and Production, p. 15）。

我不希望此外的讓步。而且，如果證明我的前提是建築在脆弱的基礎上，那末，我就不惜即刻放棄由上述前提所得的推論。

我爲決定這一爭論點，沒有認爲：必須重述這些前提的證據（由理論及經驗兩方面所歸納的）；因爲這些已經講得很明白。這些講得已很明白，這是人們所承認的；再則，即使許多人仍不承認由這種前提所得的結論，但也承認：對於這些並無攻擊的餘地。所以，現在所必要的，只在檢討 Weyland 先生對於這些前提所施的反對論是否正確。

Weyland 先生說：『可視爲關於人口原則的誤謬及曲解的原因，是以在某特殊社會狀態可能證明的最迅速的人口增加率，想像爲在一切社會狀態都是自然的而且理論上可能的增加率；阻止這種最迅速的可能的增加率，其一切的原因，乃以對於自然自發的增殖率的障礙（而在阻止這種壓倒的激流上，顯不充分的障礙）爲特徵。這種推論法，好比假定：以蘇格蘭巨人的身高爲人類身高的自然標準，使普通人未達此標準的原因——可視爲這種原因的一切理由，名爲對普通人成長的障礙；兩者沒有不同』。（Id. p. 17）

Weyland 先生在此時所選的例證是極拙劣的。這是說：他的例證，在任何一點都與問題不相適合。欲以人類的身高例證不同國家的不同人口增加率，毋寧是如下的比較及推論，遠適合於目的。

如在一國，全部居民各自頭上，載著不同的重量；各人各有與其所有壓力大小相比例的身高；而且各人在其所載的重量除去或減輕之時，身高增加；再如假定：在全居民中，得免這種重載的少數人，具有拔群的身高；因而認爲：居民所載的重量，都是他們身短的原因，而未載重者的身高，則被認爲在此居民的身高不受妨礙時、他們所能達到的標準；這樣的想法，不是一定妥當的推論麼？

關於不同國家的不同增加率，我們眞正觀察的，事實是什麼呢？我們在我們所能注意的幾乎一切國家，沒有看到：自然的增殖率被大部分的人民爲欲獲得充分的生活必需品時所遭遇的困難——這比較直接表現於某種形態的道德的抑制、罪惡及窮困之內——所抑壓麼？我們不是時常承認：增殖率的遲速，是與這些障礙的輕重相比例的；而其結果，西班牙、法國、英格蘭、愛爾蘭、俄羅斯的一部分、西屬美洲的一部分及北美合眾國等，各以不同的比率而增殖麼？我們不是承認：在任何國家，資源增加而使發生對勞動的需要（同時對下層階級給與超過生活必需品的大餘裕）之時，則此國家的人口，即使過去是停滯的（或極緩慢增加的），立即開始急速的增殖麼？而且，由生活必需品或便利品的獲得困難所生的壓力，幾全消滅；馴致對於早婚的障礙極少，大家族也完全可以容易扶養——在這樣的少數國家或地方，不是承認其人口增加率常是最大的麼？

而且，如在上述明白的大事實之外，加以「不論理論或經驗，都沒有力量使我們相信，兩性間的情慾及婦女的自然出生力，都隨社會的進步而減少」之時（又如在想到北美合眾國的氣候未必特別健康，該國與其他各國主要不同的性質，乃在生活資料的急激生產及分配之時），則因家族扶養所生的困難及（由這些困難所必然發生的）道德抑制、罪惡與窮困（的多少），在推斷不同國家所能看到的不同增加率的原因上，畢竟不是最正當、最正確的麼？此外，我們雖有某些理由可以承認，美洲的增加率是特殊的、不自然的、法外的，但是，根據歸納與類推的所有法則，則在歐洲，或在美國，如果實行同樣程度的早婚，如果大家族扶養之資源同樣地豐富，如果勞動階級的職業同樣地健康，那末，不是可有這樣的結論麼？即：沒有增殖率不及美國的國家，不，有時確實還有增殖率更快的國家。

Weyland 先生另一奇妙的例證，有如下述。——他說：工商業國家的人民，完全沒有每二十五年增加一倍的物理傾向，這與『隱元豆成熟之後沒有向空中伸延的傾向是一樣的』；假定這種傾向，乃是「捕風捉影」的理論，『這如一加研究，乃與事實的經驗完全背馳；其實行時的危險，有似假定小槍的著彈距離爲實際著彈距離的二倍，然後命令我軍向此假定的有效線內前進而欲即時殲滅敵軍——乃與這種將軍的理論無異』。（Id. p. 126）

我不知道：誰曾假定現實的著彈距離（或不同國家現實的人口增加率）與實際的觀察結果大不相同；因此我全不知道：Weyland 先生所提的例證，如何可以適用？又我如何能說他類似誤算將軍？我，事實所做的（如果他容許我用他自己的比喻），乃如下述。即：以有同樣效力的同量火藥，由同一槍身發射的小彈，其著彈距離，也因當時的情形而大不相同；我發現這種事實的結果，乃努力研究這些事情的原因何在？又，各槍彈的著彈距離，由於槍彈在中途遭遇障礙的多少（或貫通媒質的厚薄）而成反比例，我發現這種事實的結果，而推論著彈距離的不同是由於這些障礙；而其結果，與其說：不同著彈距離（縱使不論槍身與火藥都無何不同）是由於某種神秘的變化（由各彈在不同時候的自然傾向之內所產生的），不如說：實際長短的著彈距離（雖然一定距離的著彈自然傾向或子彈所有的力量常是一樣的），只有因外部的抵抗而有所不同，來得正確而且妥當；這種結論，不論在理論上或在經驗上，都較適合。

發射物通過不同濃度的抵抗媒質，對其不同速度及到達距離有過研究的科學家，曾有如何的結論，應由 Weyland 先生自加判斷。而且，道德的、政治的哲學者，何以遵循此正相反對的原則，這是我不能了解的。

但是，只是 Weyland 先生的議論（否定比較生活資料尤爲迅速增加的人類自然傾向），乃與這一周知的事實——即在不同情形與不同進步階段的各國，事實乃以大不相同的比例而增殖——，相俟而證明：他的適用是錯誤的。

所以這些例證，即使不再深究，關於「國家不同則增加率亦異」這一事實，只要「人類如無食物就無法生活」是人類的法則，就可知道：這些不同的增加率，乃與各國食物出產力的枯竭程度的不同，同爲絕對而必然的。而且，由實際發生的這種不同的增加率，推論「人口在社會經過的各階段，持有一種自然的傾向；即停留在對其人口提供食物的地力界限之內」，這與下述的推論，同樣地合理；即由堅固的四壁而必然被幽禁於牢獄之內的人，乃有停留在牢獄之內的自然傾向（或如挪威蒼鬱的松柏森林，因爲已無長成的餘地，故無伸展的自然傾向）。而此竟成爲 Weyland 先生全著作根底的第一大命題。

固然，Weyland 先生既未證明，也未近乎證明：人口增加的自然傾向乃非無限的。又，即使道德的抑制、罪惡及窮困，一概不論，他也未嘗舉出一個理由，承認十億的人口乃與一千的人口並非同樣容易地每二十五年增加一倍，但是他的議論的一部分，在某種條件之下，無疑地，似爲眞實的。如其果然，即使毫不推翻這一論文的前提，但對結論的一部分，將有根本的影響。

論旨，簡單地說是這樣的。——由已極進步的社會狀態所生的自然分工，其中特別是在地力豐沃而農業已大改良的各國，以一大部分的人民驅逐至都市，而使多數人從事不健康的職業，結果，對於人口增加的直接障礙，其有力的程度，即使以食物的豐富也無法克服。

這樣的情形當然是可能的。而且，我已預想到這種可能，在表明論文的第二命題時，已有所陳述。

這樣看來，在我與 Weyland 先生之間，値得注意的唯一實際問題，是像上述情形，應被認爲：照我的論文中的說法是極稀有的例外，還是應被認爲：如照 Weyland 先生的看法，是進步途上各階段必然的狀態。不論如何假定，人口當仍爲某種形態的道德抑制、罪惡或窮困所抑壓。但是，道德的、政治的結論，幾乎在任何國家的現狀，都是根本不同的。如據一方的假定，則道德的抑制，除了最稀有的少數情況，是一最有用而必要的道德，如據另方的假定，則爲最無用而不必要的道德。

這一問題的解決，只有訴諸經驗。Weyland 先生常是引證英國的情形，事實可說：他的理論幾乎只是建設在一國特殊的政策之上。但是此時的引證，是完全與他的理論相矛盾的。他爲了表示：鄉間的出生，用以補充都市及工場的需要是如何地困難，而有若干詳細的計算。讀者偶一見之，不能不感覺到：英國正迫於人口減退的危機，而大爲恐怖。或則至少，我們確信：這與那可怕的「非再生產點」（照 Weyland 先生的說法，如果到了這一點，在生活資料停止增加之先，人口自行停止），只是隔了一張紙。

這些計算，即在二十年前，確實也與今天同樣可以適用。而且，這些主要是根據長期間（比較此處所說的期間更長）的觀察的。但是此後究竟發生了什麼？儘管英國一切的都市都已擴大，儘管製造業及其從業人員的比率已有最激速的增加，儘管陸海軍都有最法外的異常需要；一言以蔽之，如照 Weyland 先生的理論，在很久以前我們已經到了「非再生產點」——儘管事物的情形是如此，但是英國的人口，卻以空前的（在其歷史的任何時期都未嘗有過的）急激速度而增加。已如本書的前篇所指摘，在一八〇〇年至一八一一年的十年間，英國人口（即使對於第一次調查報告的推定不足，加以斟酌），曾以五十五年間增加一倍的比例而增加。

我想：這一事實乃隨社會的進步，而使兩種學說根本推翻；即⑴謂大都市及工場內結婚嫌惡的增加與死亡率的增加常是壓倒增殖原理；⑵如借 Weyland 先生的說法，『人口雖有普遍地迫近生活資料的不便傾向，但愈迫近這種資料，則逐漸極緩其慢』。（按：以上數字爲譯者所加。）

雖然在此十分明白的事實之前；又雖然在此十分明白的證據之前（即在此急激增加的期間，城鄉的幾千人們，不能像靠教區扶助而有充分的生活資料足以獨立養活一家時從早結婚），凡有思慮的人士，何以迷於這種無謂的計算，而得到與經驗完全矛盾的結論，則完全難於理解。

前所指摘的事實，乃適用於歐洲已知的最進步的社會階段，而且對於人口的現實障礙，即在最進步的各國，也主要由於生活資料的不足；都市及工場即使增加，生活資料如果增加，立可絕對地證明其被克服的原因，所以這種事實，認爲完全決定本問題的關鍵，也毫無錯誤。

但是，處理像人口原則這樣廣泛的問題，只由一國尋求例證，本來是不正確的。而且如果看看其他國家，則 Weyland 先生的人口學說，即使是可能的，則更完全與事實背馳。防止人口可能過剩的大都市及工場（它的作用，有如人類的墓地），是在瑞士、挪威及瑞典的什麼地方呢？在瑞典，鄉村人口對都市人口的比率爲十三對一；在英格蘭，此比率爲二對一；但是，英格蘭比瑞典增加得更快。這一事實，如何能使與此學說（即謂文明及改良的進步，常是帶來人口增加自然傾向的相對減退）相調和呢？挪威、瑞典及瑞士，一般說來，並非政治不得宜的國家。但是，那裡是有必然的「預想的改變」呢？這種改變，照 Weyland 先生的說法，在任何社會，都隨地力的減退而發生；『使許多人嫌惡結婚；且使敢於結婚的較多人，不可能出生與他們同樣的數量，以塡補殘餘者的不足』。（p. 124）在這些國家，使人們迴避結婚的，不是完全沒有一家扶養的希望麼？使敢結婚的較多的人們，不可能出生與其同樣的數量，不是極度的貧困（即由生活必需品的供給不足而發生的疾病）麼？凡有思慮之士，看到這些及其他歐洲各國之後，能說沒有充分的理由抑壓對於早婚的性向麼？而在並不抑壓對於早婚的性向之時，能不否定夭折的發生（由於過度的窮困而必然不可避免的）麼？而且，明知道：一般由需要與供給決定的工資，大可養活大家族的國家，這在歐洲幾乎或完全沒有，而主張：人口並未迫近生活資料，或『過剩人口的弊害，至一國人口增加至其資源的極限時止，必然不會感覺到』；這能如此麼？

Weyland 似乎確是拿自己的兩眼蓋住，把自己的兩耳塞住而口述該書的。我對他的人格與意志雖然是很尊敬的，但是不能不說：遭遇到如此與經驗完全矛盾的理論，決非我的幸福。對於一切實際的目的，可以承認人口增加的自然傾向是「一定量的」；又，各國乃受可用以雇用及支持勞動的資源所規制（即使是在任何進步的階段，不論是農業國或工業國，又不論是都市多或都市少），這只要一看歐洲各國，就是顯然的事實。固然，這種現實的增加或人口的現實極限，常遠不及土地食物生產力的極限。因爲第一：現實所有人類的熟練努力，以最可能的方法，用於食物的生產，這到底是無法想像的；第二：本書前篇已經詳論，地力所許可的最大食物生產，在私有財產制度之下，到底是無法產生的。但是這已知道的眞理，顯然只對現實的食物量及現實的人民數，有其影響；對於有關人口自然傾向的問題（爲了人口，而欲增加食物的出產，超過地力），是毫無關係的。

以上的觀察，乃充分表示：Weyland 先生的四大命題（這是屬於第一命題的），在我們所熟知的各國，完全不受我們所知任何社會現象的支持。此四命題的最後命題，有如下述：——『這種傾向（人口的自然傾向，即欲保留人口於提供食物的地力以內），跟著宗教、道德、合理的自由及人格財產的確保而逐漸發生完全的影響，乃發揮全幅的作用，不絕地支持人民快適而富裕』。（c. iii. p. 21）

在此處所指摘的道德性之內，並不包括道德的或戒愼的結婚抑制。而且如果這樣解釋，那末我毫不躊躇地表示：這種命題，比較斷言「挪威對於十億的居民，可以容易生產食物」，尤與既知的自然法則相矛盾。我在重視道德及宗教對於社會幸福的結果一點，相信也不亞於 Weyland 先生，但在道德的義務之內，我確使包含抑制早婚的意志（在沒有充分希望扶養一家之時）。而且，只要這種克己並不包含在道德之內，那末，我與 Weyland 先生的意見就完全不同；我斷然否定他的命題；我以爲：在現在的自然法則之下，任何程度的宗教與道德，又任何程度合理的自由與生命財產的安全，都不能置社會的下層階級於安樂富裕的狀態。

關於 Weyland 先生的最後第五命題，（c.iii. p. 24）因在此版第三篇的最後章已有附加的標註，予以答覆，所以此處只記以下一事。即：駕凌食物的人口增加趨勢（這開始出於一匿名著作家所提倡，而且，這很使格累姆先生歡喜，所以他一再說起），其一例證，爲了證明與其支持的學說正相反對的學說，我樂於採用。如不先有食物的增加，則增加的人口將要餓死①，——這種憂慮乃被嘲笑；說似憂慮：在出生之先，如無衣服的增加，則增加的人就非裸體不可。我們在前一情形的憂慮，是否有正當的根據，是另一問題；至在後一情形的憂慮，則確實應當充分承認的；至少社會的行動，常正如此想法的。在以後的二十四小時內，英格蘭及威爾斯將有約八百個嬰兒出生。在此預定時間出生的總數之內，在其出生之前未曾準備衣服的，恐無十人。揮舞不知用法的刀劍，雖說是危險的，但是揮舞這樣的例證——即不知適用的方法，而有時具有證明與預期相反的傾向者——也同樣是危險的。

關於 Weyland 先生的理論，再無深入詳論的必要。他在英國，由其理論所引出的實際結論，正如由其前提的性質所期待的。如果人口沒有迫近生活資料的傾向，而其趨勢反漸大爲緩慢，那末 Weyland 先生的推論——即我們應當對於勞動者的家族給與豐富的教區扶助，而獎勵勞動階級的增加——也許可獲支持。但是這種前提，完全是錯誤的；而其同時，這種結論如果仍能實行，則其結果，一定爲不必要的貧困與寄食的不斷增加。英格蘭及威爾斯的人口，四分之一以上，是依食於教區的扶助。而且，Weyland 先生所推薦的制度（已在中部地方廣泛採用），如果遍及全王國，則貧困的水準將達到如何的高度，這可不言而喻。對於二歲以上兒童的教區扶助，如只給與農業勞動者（Weyland 先生之所謂國家的

① 我毫不覺得：曾經這樣說過。我只說過：他們的情形可能退化；這確是眞的。

養殖者），這是沒有報償而使工場工人及職工的工資下跌；它的不正當，那是當然的。而且，因使包含全部勞動階級，如果這是正當的，則將出現如何可怕的光景。在社會的半數或四分之三間，將出現怎樣的平等、怠惰、襤褸與依食的光景？在這種制度之下，欲由儲蓄銀行及其他一切組織（促進勤勉與節約的），期待某種根本的利益，是做夢也不許可的。至工資低落到這種制度所引導的水準止，將無儲蓄的力量，也無儲蓄的動機。

Weyland 先生，奇怪的，乃以英格蘭的財富與繁榮的大部分，歸功於由救貧法養育的廉價人口；而以爲：如果勞動由其自然率來決定，一切勞動者（不論有無家族）都按其熟練及勤勉比例支付，那末，英國工商業的優越（駕凌於別國的），到底無法獲得。

對於這種謬見的實際反駁，可見之於蘇格蘭的情形。即在該國，比較其自然的資源，過去五十年間，在農工商業上，其迅速發展，確有甚於英格蘭；但可安心斷言：根本未曾有救貧法的存在。

對於財富的進步，怎樣的勞動價格最爲有利，這是不容易決定的。對於外國商業確有認爲過高的。但我以爲：過低的情形遠爲多些；我想：外國商業十分繁榮的國家，勞動階級得不到高貨幣工資的例子，恐怕是沒有的。不能大量購買，也就不能大量出賣；任何國家其勞動階級，如果不在可以購買外國貨物的狀態，當然無法大量購買。

但是，置下層階級於此狀態，最有力量的是聽其自然。因此，這是對於未婚者及有家族者，以同率支付的勞動價格；據此，對於勞動階級的一大部分，立可給與力量（可觀的程度），購買外國製的消費品，並支付奢侈稅。所以，反之，對於勞動階級購買國外製的消費品並支付奢侈稅，最可損傷其力量的，是對家族各員，使其只能獲得爲其生計維持所必需的食物（或則給與僅有極少多餘的津貼，分爲工資與教區扶助的兩種形態）。

在考察戒愼抑制的增加作用（可使貧民狀態大爲改善的）時，爲表示毋須想像 Weyland 先生所說那法外而不可能的工資起見，我試介紹某實際家對於勞動價格問題所給的命題。而且，這一命題如果實現，即使它的實行方法與其提倡者所說的方法極不相同，恐怕是有很大的效果的。

亞搭爾．楊先生提倡：一天勞動的工資，無論如何應予調節，使等於購買一 pick 小麥的數額。照他的說法，這一分量，是前世紀相當長的時間（當時，救貧稅低，對於能夠勞動的人，未有生活的補助），農業勞動者可以工作得到的。而且他更接著說：『勞動者，（此時）除了收穫的五星期，對於四十七星期的勞動，得到七十 bussel 的小麥；而且，因爲六人的家族，一年消費不了四十八 bussel，所以，這種工資顯然切斷對於教區扶助的一切要求；因此自然產生結論：得到這種支付的人們，其對此的一切權利，可使永久根絕。（Arthur Young, Amals cf Agriculture, No. 270, p. 91.note）

這種調節如爲法律所強制（或則像 Young 先生所說，用爲教區扶助的分配指南），則將遭遇難於克服的反對。有時，這將成爲「化歉收爲饑饉」的手段。而且，如果這發生一般的作用，同時，在勞動階級之間，其習慣毫無變更，那末，這畢竟等於說：不論國家的盛衰，也不論其資源尚屬豐富或已枯竭，在任何情形之下，人口可正確地以同比率增加。這種結論，是包含著不可能。

但是這種調節，如果不靠法律的強制，而代以對結婚的戒慎障礙（其增大的作用），則其結果就完全兩樣；這對社會將最有利。此時，勞動階級習慣上的逐漸變更，帶來增加率的必然遲滯，跟著社會的進步，不僅不以食物量的減少相壓迫，反使享受便利品與快適品的數量增加；同時還使勞動的供給，與有效需要成比率。而且，跟著耕作及財富的增進，下層階級的境遇，乃將繼續不斷地改善。

每天一 pick 的小麥，無論如何不是過分的工資。固然，在尚未耕作的初期，而穀物的交換價值低廉的時代，工作的所得往往還遠多於此。但在穀物的價格高過製造品及外國貨物的國家（例如英格蘭），則上述穀物量，使大部分的勞動階級，獲得比較快適而獨立的境遇，當有大的效果。而且任何土地，如果對於雇以耕作的勞動者不能支付上述的分量，是不會耕作的；這由人類社會的道德與幸福的見地看來，是極可想望的。

這些工資，其平均最少額，對未婚者或結婚而有小家族者，都極可生活。同時擁有大家族者，即使有時不免受到激烈的壓迫，但是一般如果犧牲便利品與快適品，則可毋須教區的扶助而生活。而且工資的數額與分配，不僅使一切的勞動階級，增進其對勤勉與節約的刺戟（使他們的大部分，得到極優秀的地位），又使他們，對於大量的外國貨物及國內製品，發生有效需要；這樣，同時促進個人的及一般的幸福，增進一國工商業上的繁榮②。

　　但是，Weyland 先生認爲：道德的抑制，這與人類的性質，又與宗教對於結婚的明白命令，是不能完全調和的。他想用以代替的對於人口的障礙，與人類的性質、啓示的戒律及神的恩惠，是否更爲調和，只有待於讀者的判斷。這種障礙已經說過，不外爲都市及工場的不健康與死亡率③。而且，本來在現世（所謂考驗之世），使實踐「道德的抑制」的道德，與神的恩寵相調和，我不感覺有何困難；如果我與 Weyland 先生都必相信：一大部分的人類，由於神的不可測的命令，注定要在大都市內夭折，那末我不能不自白：關於這一問題，不能希望有何推論。

　　如果這種不健康與死亡率，事實爲對進步社會的人口增加之本來的、自然的障礙，那末，我們過去二十年間在英格蘭所實行的都市與工場衛生上的改良，當然，乃使神的計劃蹉跌。固然，因爲我對 Weyland 先生是很尊敬，我不想反對他的一切計劃（他的計劃是減少

---

② 工商業者嚷著要求廉價的穀物與低貨幣工資；但是，他們只想到以其貨物向外國出賣，而常忘掉：對此輸入的貨物必須在國內找到市場。不過，在勞動階級的貨幣工資與貨幣收入一般很低的時候，對此而求廣闊的市場，這是不可能的。

③ 在都市，比較農村，一家扶養的費用較大，而且容易求得不正的情慾滿足；除此以外，不能說：都市的人，比較農村的人，更厭惡結婚。

都市的死亡率，減少工場對其少年勞動者健康的惡影響），但是他的原則，確實導向這種結論。因爲他的理論，乃使充滿於都市及工場的英格蘭死亡率，由於可以讚美的降低死亡率（使更低於幾在純農業狀態的瑞典死亡率）的努力，從根予以傾覆。

我在「道德的抑制」及其「對社會的影響」兩章，目的所在，是在表示下一事實。此即：由人口原則所生的弊害，乃與由人類情慾的一般過度或不規則的滿足所生的弊害，正同其性質；而且，由這些弊害的存在，我們既沒有理由可以推論：增殖原則過於強烈，不適於神所指示的目的；也沒有理由可以推論：因有由人類情慾所生的弊害存在，對於這些情慾所必要的，不是調節與指導，乃是減少與根滅。

如果這種看法是正當的，則其當然的結果，即使人口原則所引起的弊害很大，但在目前的情形之下，由此所生的利益，抵消弊害而尚大有餘。

關於這種利益的性質，在本書主要目的所許可的範圍之內，已於上述兩章略有敘述。但是這一問題，在最近薩謨涅（Sumner）先生著的《創造的紀錄》上，已有巧妙的論述；所以我很高興：我在本書只能記其輪廓的觀察，而成功地已被包含在該書之內（關於它的發展與完成）。

關於由人口原則所生的有益效果，我完全與薩謨涅先生同其意見；如果破壞人類的自然傾向（比較生活資料的可能增加，其增加更快的傾向），或使之大爲減退，則定使社會上立身的希望與零落的顧慮（這是對人類能力的改良及人類幸福的增進，所必不可缺的），非減少不可。不過我雖有這種確信，但不想變更我對由人口原則所生的弊害所已有的觀察。這些弊害，即使與利益相抵而尚有餘，但仍不失其名稱與性質。如果由此理由，由不同的見地加以觀察，而不名此爲弊害，則恰似反對「稱情慾的不規則滿足爲惡德」；這與因爲我們的情慾是人類道德與幸福的主要源泉，所以斷言這些帶來窮困，是同樣地不合理。

我一向認爲人口原則是特別適合於考驗狀態的法則。固然，如此顯著確認這種與聖書的教義（關於地上的人類狀態的）相合致的看法，不能指摘爲我們所知一切自然法則之一。而且，各人由於實踐道德——這是由自然之光所明示，由天啓的宗教所承認的——，而有力量可以避免人口原則給與社會的惡結果，所以，神對人類的道理，關於此自然的大法則，不能不說全被擁護。

所以，我不勝遺憾而同時驚奇的是：對此人口論的原則所放的反對論，不少部分出於道義敬神之念甚爲深厚的人們；因我由衷尊敬這些人們，故如獲得他們的贊成與承認，那是我最爲歡喜的。現在得到了這樣的結果，畢竟因爲本書所用部分言辭過於苛酷，對於人性的弱點與基督教的慈善感情有欠充分寬大。

固然我注意到；弓過彎於一方；我不否認：爲使拉直，致過彎於另方（按：矯枉過正）。但我充分審判的結果，在本書之內，如有部分，結局足以阻止弓的拉直，阻止眞理的進步，我準備立刻加以取消。我服從這種審判，我已經刪除最受反對的句節；即在這一版上，也已有同樣的修正。我希望而且相信：由於這些變更，本書可以面目一新，而無傷於其原則。但是我仍舊相信：一切公平的讀者（不問其是否一併讀到本書的這種變更），當可承認：著者胸中所潛在的第一實際計劃（即使這種計劃的敘述有何不周之處），畢竟為欲改善社會下層階級的境遇（並增進其幸福）。

一八二五年

本書最終版出版以後，葛德文先生曾有答辯。但是，它的性質，不論由其內容或其態度看來，凡是公平而有能的眞理探究者，恐怕一定都是贊成我的（都不認爲有答辯的必要）。以汙語相應酬，這不論對我或爲讀者，都是不愉快的。而且，否定最顯著、最無疑問的事實（關於美國、愛爾蘭、英格蘭及其他各國的人口增加）④，而以瑞典（歐洲最貧寒的一國），視爲可以判定食物最豐富時，自然的人口增加之標本，——與這樣的人認眞論事，顯然對於著者本身是無何好處的，這也不是協力樹立眞理的讀者諸君所要求的。

---

④ 參照《大英百科全書》補遺「人口」項。

托馬斯·羅伯特·馬爾薩斯年表

年代	生平記事
一七六六	二月十四日，生於英國倫敦附近的薩里郡（Surrey）的貴族家庭，年幼時在家接受教育。
一七八四	進入劍橋大學耶穌學院學習，學習哲學和神學。
一七八八	以優等成績卒業，同年被委任為英國國教牧師。
一七九一	獲得劍橋大學碩士學位。
一七九三	當選為劍橋大學耶穌學院院士。
一七九七	擔任英國教會薩里郡（Surrey）地區的牧師。
一七九八	匿名出版《人口論》（書名為：*An Essay on the Principle of Population as it Affects the Future Improvement of Society, with Rremarks on the Speculations of Mr. Godwin, M. Condorcet, and Other Writers.*），被統治階級賞識，一舉成名。
一八〇〇	出版《當前糧食漲價原因的研究》（*An Investigation of the Cause of the Present High Price of Provisions*）。
一八〇三	旅行歐洲並進行人口調查後，大幅增訂並以真名再版《人口論》（書名改為：*An Essay on the Principle of Population, or, a View of its Past and Present Effects on Human Happiness, with an Inquiry into Our Prospects Respecting the Future Removal or Mitigation of the Evils Which It Occasions.*）。之後皆有小幅度修訂：一八〇六年第三版，一八〇七年第四版，一八一七年第五版，一九二六年第六版。

一八〇五	結婚並養育三個孩子。同年擔任英國東印度公司學院的首位英國政治經濟學教授，並進行政治經濟學的研究，直到逝世。
一八一一	開始與英國著名經濟學家大衛・李嘉圖（David Ricardo）在純學術與公共經濟政策上有許多爭論，因此成為摯友。兩人的著名爭論在於是否該廢除英國穀物法。
一八一四	出版《穀物關稅論》（*Observations on the Effects of the Corn Laws*）。
一八一五	出版《地租論》（*An Inquiry Into the Nature and Progress of Rent*）。
一八一九	成為皇家學會會員。
一八二〇	出版《政治經濟學原理》（*Principles of Political Economy*）。
一八二一	在涂克（Thomas Tooke）的資助下，與李嘉圖、老彌爾（James Mill）、托倫茲（Robert Torrens）等人組織經濟學會（Political Economy Club）。
一八二三	出版《價值的尺度》（*The Measure of Value Stated and Illustrated: With an Application of it to the Alterations in the Value of the English Currency Since 1790*）。
一八二七	出版《政治經濟學定義》（*Definitions in Political Economy*）。
一八三四	組織統計學會（Statistical Society）。同年十二月二十九日逝世，死後葬於英格蘭的貝斯修道院（Bath Abbey）。

索引（下）

人名索引

名詞索引

英文

一畫

二畫

三畫

六畫

七畫

八畫

九畫

十畫

十一畫

十二畫

十三畫

十四畫

十五畫

十六畫

十七畫

十八畫

二十畫

經典名著文庫 052

人口論（下）

作　　者 —— 托馬斯・羅伯特・馬爾薩斯（Thomas Robert Malthus）
譯　　者 —— 周憲文
發 行 人 —— 楊榮川
總 經 理 —— 楊士清
總 編 輯 —— 楊秀麗
文庫策劃 —— 楊榮川
主　　編 —— 李貴年
責任編輯 —— 何富珊
文字校對 —— 沈美蓉
封面設計 —— 姚孝慈
著者繪像 —— 莊河源
出 版 者 —— **五南圖書出版股份有限公司**

地　　址 —— 臺北市大安區 106 和平東路二段 339 號 4 樓
電　　話 —— 02-27055066（代表號）
傳　　眞 —— 02-27066100
劃撥帳號 —— 01068953
戶　　名 —— 五南圖書出版股份有限公司
網　　址 —— http://www.wunan.com.tw
電子郵件 —— wunan@wunan.com.tw

法律顧問 —— 林勝安律師事務所　林勝安律師
出版日期 —— 2019 年 8 月初版一刷
定　　價 —— 650 元

版權所有　翻印必究（缺頁或破損請寄回更換）

國家圖書館出版品預行編目資料

人口論 / 托馬斯・羅伯特・馬爾薩斯（Thomas Robert Malthus）著，周憲文譯．— 初版．— 臺北市：五南，2019.03
冊；公分．—（經典名著文庫；51-52）
譯自：An essay on the principle of population
ISBN 978-957-11-9994-8（上冊：平裝）．—
ISBN 978-957-11-9995-5（下冊：平裝）

1. 人口理論

542.11　　107017289